刑事诉讼原理
与实务研究

姜焕强◎著

中国水利水电出版社
www.waterpub.com.cn

内 容 提 要

本书在撰写过程之中体现了内容新、实用性强和雅俗结合的特色。其中,内容新是本书站在时代的前列,以新视角新眼光去审视当今刑事诉讼程序的有关问题,在撰写全书的过程之中选用的法条全部来源于最新的权威法律文件。实用性强是全书以"法律在于实用"为理念,将法条和实际紧密结合,使法条生动形象,也使得全书实用性更强。雅俗结合则是本书虽然是一本学术性的专著,但是语言的通俗化风格明显,论述的法条深入浅出,便于读者理解。

图书在版编目(CIP)数据

刑事诉讼原理与实务研究/姜焕强著.--北京:
中国水利水电出版社,2015.6(2022.9重印)
ISBN 978-7-5170-3394-3

Ⅰ.①刑… Ⅱ.①姜… Ⅲ.①刑事诉讼法一研究一中国 Ⅳ.①D925.204

中国版本图书馆 CIP 数据核字(2015)第 163743 号

策划编辑:杨庆川 责任编辑:陈 洁 封面设计:崔 蕾

书 名	刑事诉讼原理与实务研究
作 者	姜焕强 著
出版发行	中国水利水电出版社
	(北京市海淀区玉渊潭南路 1 号 D 座 100038)
	网址:www.waterpub.com.cn
	E-mail:mchannel@263.net(万水)
	sales@mwr.gov.cn
	电话:(010)68545888(营销中心)、82562819(万水)
经 售	北京科水图书销售有限公司
	电话:(010)63202643、68545874
	全国各地新华书店和相关出版物销售网点
排 版	北京鑫海胜蓝数码科技有限公司
印 刷	天津光之彩印刷有限公司
规 格	170mm×240mm 16 开本 15.75 印张 204 千字
版 次	2015年11月第1版 2022年9月第2次印刷
印 数	2001-3001册
定 价	48.00 元

前　言

　　十八大以来,建设中国特色社会主义法制国家逐步被提上议程。法制化建设是中国走向现代化的重要基础,也是中国实现长治久安的重要保障。法律作为治国安邦的最后一道防线,起着维护国家秩序、保障人民安全的重要作用。法学教育对于法制建设有着"基石"的作用。在我国全面深化改革的关键时期,法律教育不仅要让人民知法、懂法,更要让人民畏法、守法、敬法;不仅要为建设高素质的法律职业共同体服务,而且要为社会培养大批治理国家、管理社会、发展经济的高素质人才。对于法学的研究不论是从现在来看还是从长远来看都有着十分重要的意义。

　　本书是对刑事诉讼法的研究。刑事诉讼法做为众多部门法之中的一支,是一部十分重要的程序法,主要目的是解决国家确定公民有罪所要遵循程序的问题。全书共七章,第一章和第二章介绍的是刑事诉讼的理念和原则,这是对刑事诉讼进行深刻研究的基础和前提。理解刑事诉讼的理念和原则便于我们从全局的角度去看待刑事诉讼,理解刑事诉讼对于国家的重要意义。全书从第三章起是对刑事诉讼的具体内容进行的研究。第三章和第四章是对刑事诉讼审判前的准备工作进行的研究,其中以证据制度的一般理论和刑事诉讼审前程序为重点。司法审理以证据为依托,在审理前有关证据的处理必须遵从司法的相关规定。而且在刑事诉讼的审理之前,为了保证之后的审理过程的公平公正,有关程序(例如:立案、侦查等)必须符合国家规定。第五章是对审判过程之中的程序进行的研究,其中以一审、二审为研究的重点。第六章是对审理的结果进行监督和执行。审判完成之后,审理的结果的执行情况至关重要。"法律的尊严在于执行"体现了司法执行的重要性。第七章刑事诉讼特别诉讼程序,作为刑事诉讼程序的增补章节,使全书对于刑事诉讼的研究更加完整。

本书作为一本法律专著,在撰写的过程中形成了自己的特色。其一:内容新。随着社会逐步向前发展,曾经适用的法条法理逐渐不再适用,而今对于刑事诉讼的研究必须接受最新的观点而放弃过时的观点。本书站在时代的前列,以新视角新眼光去审视当今刑事诉讼程序的有关问题,在撰写全书的过程中选用的法条全部来源于最新的权威法律文件。其二:实用性强。全书以"法律在于实用"为理念,将法条和实际紧密结合,使法条生动形象,也使得全书实用性更强。其三:雅俗结合。书籍是作者思想的升华,然而书籍的作用在于使得人们能够理解和掌握书中的知识,实现其社会的价值。本书虽然是一本学术性的专著,但是语言的通俗化风格明显,论述的法条深入浅出,便于人们理解。

本书在撰写的过程中,参阅了大量资料,在此对有关学者表示衷心的感谢。同时,受时间、水平等有关因素的限制,书中难免会出现疏漏和不足之处,恳请有关专家与读者批评指正,但有教益,感佩莫名。

作者

2015 年 5 月

目　　录

第一章　刑事诉讼理念

　　要对刑事诉讼的原理有进一步的认识与探究,首先必须弄清楚刑事诉讼的理念。本章主要从四个方面阐述刑事诉讼的理念,即:控制犯罪与保障人权相统一;实体公正与程序公正并重;公正优先,追求效率以及控审分离、控辩平等对抗和审判中立。

第一节　控制犯罪与保障人权相统一

　　控制犯罪与保障人权是刑事诉讼目的不可分割的两个方面,必须保持两者的平衡与统一,片面地强调任何一个方面,都是违背刑事诉讼法的根本宗旨的。

一、控制犯罪

　　控制犯罪,就是指通过刑事诉讼活动,在准确、及时地查明案件事实真相的基础上,对构成犯罪的被告人公正地适用刑法以抑制犯罪,以及通过刑事程序本身的作用来抑制犯罪。实现国家刑罚权,也可以广义地解释为控制犯罪。这是因为,一方面,实现刑罚权的结果具有抑制犯罪的作用;另一方面,实现刑罚权是一个过程,即使某些情况下最终未能实现具体刑罚权,但在实现刑罚权的具体程序中,其活动本身就具有抑制犯罪的功能。

二、保障人权

　　保障人权,就是指在通过刑事诉讼控制犯罪的过程中,保障公民合法权益不受非法侵犯。具体而言,包括:①无辜的人不受追究;②有罪的人受到公正处罚;③保障诉讼参与人的诉讼权利;④尊重当事人人格,将犯罪嫌疑人、被告人作为人来对待,同时在诉讼中防止被害人受到二次伤害。保障人权,最重要、最核心的是保障犯罪嫌疑人、被告人和被害人的人权。

在刑事诉讼中保障人权的最基本理由,乃是出于对人性的尊重。即使我们知道这个人就是我们要抓的犯罪分子,即使这个犯罪分子恶贯满盈,我们也必须以文明的方式来对待他。犯罪分子也是人,不能够因为他的犯罪行为而将其打入另类。那些像拴狗一样把犯罪嫌疑人、被告人一律拴在看守所,以及强迫犯罪嫌疑人、被告人提供证明他自己有罪的证据等做法,显然不是基于对人性的理解和尊重,而是对人性的侮辱和践踏。

任何人在刑事诉讼中,均应当享有一些与生俱来而不可剥夺的权利。在刑事诉讼中,我们不能只是一味的强调对于违法乱纪分子的打击惩罚,相反的,在这个过程中,我们还应当注意对这些公民的基本权利的保护。他们虽然有诸多危害社会或他人的行为,但在刑事诉讼中,我们要秉承着"对事不对人"原则,在对其不当行为作出严重惩罚的同时,保障其作为一个社会公民的基本权利。他们有做人的权利,他们有人格的尊严,可能只是因为一时的冲动而触犯法律,我们一直是一个强调"人民当家作主"的国家,人民不仅有生存的权力,还有基于生存权之上的其他更高级的权力,人是作为有尊严的主体而存在的社会个体。在刑事诉讼的过程中,要时刻注意不能侵犯公民的基本权利,否则,他们会对社会明文规定的制度失去信心,对法律的公平公正失去希望,可能会对社会做出更大的危害。

刑事诉讼中的人权保障之所以非常重要,主要是由于在刑事案件的执法过程中,部分相关工作人员总是会不自觉的滥用权力,仗势欺人甚至以权谋私,这些对于维护司法公正,保障民主法治都是极为不利的。他们在无形之中就会侵犯诉讼参与人的权利,特别是在刑事案件中相对而言处于弱势的被告人以及犯罪嫌疑人的权利,进而导致一些不公正的审判,进而在全社会都会产生一种对司法机构的权威质疑不信任的现象,这严重背离了当初国家设置专门司法机关和刑事机构的初衷。因此，我国的刑事诉讼法严格规定要把惩治犯罪的权力关在制度的笼子里，并规定在执法过程中不得损害一系列法律明文规定的保障人权的原则。如不得强迫自证其罪原则和非法证据排除规则等相关的原则，随着我国社会主义民主法制建设的不断发展，我国《刑事诉讼法》中的人权理念和制度保障将进一步加强和完善。

三、控制犯罪与保障人权相结合

控制犯罪与保障人权之间的关系表现为既统一又对立。

两者的统一性主要是指作为刑事诉讼目的的两个矛盾方面，控制犯罪与保障人权共处于刑事诉讼的统一体中，相互依赖，贯穿刑事诉讼程序的始终。一方面，正确控制犯罪与保障被害人权利以及无罪的人不受刑事追究是统一的。同时，正确控制犯罪也不能脱离程序性权利的保障。我国刑事诉讼中的许多冤假错案就是因为一些执法人员滥用手中的司法权力，违反宪法中有关公民权利的保障的规范、程序、制度。更有甚者，采用刑讯逼供、诱供来使犯罪分子伏法，这些做法严重损害了公民的基本权利。因此，追求正确控制犯罪，就不能忽视保障人权。另一方面，保障人权也不能完全脱离正确控制犯罪。刑事诉讼中的保障人权，指的是在控制犯罪过程中实现保障人权的目的。在某种意义上，控制犯罪的直接目的也是保障人权。犯罪是一种对国家和社会危害最大的违法行为，直接侵害公民的人身权利、财产权利和其他权利，危害国家安全、公共安全，破坏社会秩序。只有准确、及时、公正地打击犯罪，公民的基本权利才有可能得到有效保障。如果有罪不究、有罪不罚，保障人权就只是一句空话。故保障人权的诉讼目的，往往是通过对犯罪行为的准确惩治而达到的。相对保障人权来说，控制犯罪具有工具性价值。现代刑事诉讼法存在的价值基础之一，就在于能够确保刑法的贯彻实施以维护社会正义，实现保障人权的诉讼目的。当然，整个刑事诉讼的过程，一定是要在充分保障人权的基础上进行的。在刑事诉讼中,不但应当保护被害人的合法权益,而且更要保障被告人及其他诉讼参与人的合法权益免受非法侵害。这是诉讼制度民主化的必然要求。因此,在刑事诉讼过程中,应保障控制犯罪与保障人权的有机统一,这是刑事诉讼的最终诉求。在控制犯罪的同时注意保障人权,在保障人权的同时也不放弃控制犯罪的职责,只有保障两者的和谐统一,才能体现现代刑事诉讼法的内在精神。

但是,刑事诉讼目的中的控制犯罪与保障人权,也时常表现出对立性。通过刑事诉讼程序,实现刑事诉讼控制犯罪与保障人权的有机统一,是刑事诉讼法所追求的理想状态。但理想并不等于现实。在刑事诉讼实际运作过程中,控制犯罪与保障人权往往难于协调而出现冲突,在有些情况下甚至相互对立。这是由追求控制犯罪与保障人权所体现出的不同价值观导致的。诉讼价值观,是诉讼目的赖以形成的内在根据。不同的诉讼价值观,对刑事诉讼目的的冲突会作出不同的权衡。例如,英美法系国家崇尚个人自由,强调人权至上,提倡个人权利应当超越国家利益,故在刑事诉讼中比较偏重人权保障,整个刑事诉讼程序都采当事人主义。当控制犯罪与保障人权不能兼顾时,往往选择保障人权,这就是英美法系国家的刑事诉讼普遍确立"证据除外规则"的直接原因。而由于大陆法系国家比较注重国家和社会的总体利益,关注控制犯罪的诉讼效率,因而其刑事诉讼结构普遍采职权主义。当刑事诉讼的双重目的产生冲突的时候,控制犯罪往往成为社会的主导价值观。正是刑事诉讼目的的这种对立性,决定了刑事诉讼结构的多样性。当前,世界各国普遍注重保障人权,使刑事诉讼法不断朝着更加民主、科学、文明的方向发展。

第二节　实体公正与程序公正并重

公正公平一直是人类社会不断追求的价值目标。在各种社会结构中,要保障社会的公正,最基本的就是要保障社会结构的公正,而社会基本结构的公正是要通过诉讼公正来体现的。可以说,诉讼公正是社会正义的最后一道屏障。诉讼公正不仅是诉讼的灵魂和生命所在,更是体现社会公平正义的窗口。诉讼公正又称司法公正,它包括两方面的内容,一是实体公正,二是程序公正。

一、实体公正

实体公正,即结果公正,指案件实体的结局处理所体现的公正。刑事案件的实体公正,主要包括以下几个方面的要求:①在对犯罪事实进行定罪量刑时,必须有充分的事实依据,不能主观臆断;②根据刑法的有关规定,准确认定被告人及犯罪嫌疑人有罪与否并确定其罪名;③在发生疑问,不能确定被告人或犯罪嫌疑人是否有罪以及罪名轻重无法准确判定的情形下,应当遵从有利于被追诉人的角度来做处理;④在依法判定刑罚时,要遵守罪行相适应的原则;⑤已生效的裁判得到合理有效的执行,使实体公正最后得以真正实现;⑥对于错误处理的案件,特别是无罪错作有罪处理的案件,应当及时依法采取各种救济方法予以纠正,并进行相关补偿。

二、程序公正

程序公正,即过程公正,指诉讼程序方面体现的公正。刑事案件的程序公正,主要包括以下几个方面的要求:①严格遵守刑事诉讼法的规定(此处要注意,该要求是以刑事诉讼法的内容公正为前提的。在内容公正的前提下,才能毫无保留按其程序行事,否则就是错上加错,执法过程中必然会出现更大的问题)。②认真保障当事人和其他诉讼参与人,特别是犯罪嫌疑人、被告人和被害人的诉讼权利。③禁止采用刑讯逼供,用不正当措施诱供来取证。④保障各个司法机关依法独立行使职权,不受其他相关机构以及社会关系的影响。⑤审前程序尽量透明,审判程序公开。⑥在刑事案件的审判过程中,要保障法庭的居中裁判以及控辩双方在法律地位上的平等。⑦按法定期限办案、结案。以上七点,第一点可以说是形式上的程序公正,后六点可以说是实质上的程序公正。

在现代国家,刑事审判程序并不仅仅是为了发现真相(这一价值背后隐含的目标实际上是打击犯罪,因此两个词语基本上可以相互替换)。打击犯罪既不是刑事诉讼的唯一目标,也不是刑事诉讼的最高目标。相反,与打击犯罪、发现真实处于同一层次的目标还包括保障人权、维护社会的一些基本关系(比如婚姻关系、律师与委托人之间的职业秘密)等内容。

就其根本来说,刑事诉讼与民事诉讼一样,其首要目标仍然是解决纠纷,只不过这种纠纷通常是由代表国家的政府提起的、以公民为另一方的纠纷。法院在解决纠纷的过程中还要禁止邪恶的事件、展示文化的意味、树立善良的风俗、塑造行为的模式。从这个角度来说,法院的决定必须具有正当性,或者说可接受性。对此,查尔斯·尼桑曾经精辟地指出:裁决的可接受性是法律能够道德化和具有教育功能的关键。因此,审判尽管表面上看起来是一个发现真实的过程,而实际上则是一场戏剧,公众通过参与其中吸收应当如何行为的信息。在这个过程中,发现真实和打击犯罪均不是最终目标,它们与程序公正一样,都服从于更高的目标:树立司法机构的权威性,加强裁判的正当性。

毋庸讳言,之所以需要程序的正当性来加强司法机构以及法院裁决的权威性,最根本的原因还是在于程序本身的缺陷,即刑事审判不可能成为一种完善的正义。在这方面,罗尔斯是正确的。无论诉讼程序如何设计,均不可能完美地实现实体正义的结果。在这样的情况下,一个可能在实体上错误的裁判结果如何获得其正当性就是一个问题。至少,司法机关的权威性和裁判的正当性绝无可能单纯通过裁判结果的正确性而得到确立。因此,程序的正义就成为加强司法机关权威性和司法裁判正当性的一个重要考虑。

三、实体公正与程序公正的关系

程序公正和实体公正各自有其独立的公正内涵和标准,不能互相代替。而且,应当注意到的是,在刑事诉讼中,当事人之所以采用诉讼权参与诉讼,他们的主要目的其实是为了得到一个公平合理的审判结果,并非主要是求得诉讼过程的公正。司法实践中,当事人不服一审判决提起上诉的,或者对已生效裁判提出再审申诉的,其理由绝大多数是实体不公。

程序的价值首先在于保证实体价值的实现。一般而言,只要保障了程序在设计和事实上的公正公平,也就保障了实体结论的公正公平。我国的《刑事诉讼法》为了准确及时地查明犯罪事实,正确地定罪量刑、惩罚犯罪、保护无辜,从诉讼原则、规则、制度和程序方面作了较系统的规定,并在两次修改中不断加以完善。但是,不论程序设计得多么完善,执行程序多么严格,实体公正也未必能完全实现,美国学者罗尔斯说:"关键的是有一个决定什么结果是正义的独立标准,和一种保证达到这一结果的程序。""审判程序是为探求和确定这方面的真实情况而设计的,但看来不可能把法规设计得使它们总是达到正确的结果。"①因此,司法工作人员在诉讼过程中不能只满足于追求程序公正,而是要进一步认真实现实体公正的目标。

程序价值的第二个方面在于它的独立价值,所谓独立是指程序公正本身就是社会正义的一项重要内容,它是独立于实体公正而存在的。程序公正所体现出来的民主、法治精神,程序公正所包含的人权和文明的精神是不依赖于其他任何制度而存在的。就如在足球比赛中,各项球赛规则的制定并不是仅仅为了保障有实力的那一队获胜,还要使球赛本身的过程具有观赏性,使得球赛本身具有公平性,只有这样,才能实现整场比赛的内在

---

① [美]罗尔斯著;何怀宏,何包钢,廖申白译.正义论[M].北京:中国科学出版社,1988,第86页

价值。程序公正既是目的,同时又是手段。公正的刑事诉讼程序,不仅仅体现看得见的正义,向社会大众传递司法活动中的民主和人权精神,同时也保证了刑事案件处理上的客观公正。

程序独立价值也体现在它的终局性上。诉讼虽然必须努力追求实体公正,但不能没完没了,否则既影响效率,更导致司法权威的丧失。因此,在一定情况下,宁可以牺牲实体公正为代价去维持已生效裁判的稳定性,维护司法的权威性。例如冤假错案必须纠正;但量刑偏轻偏重的已生效刑事裁判就不必提起审判监督程序加以纠正。

另外,程序独立价值还体现在增加当事人对案件处理的实体结果的可接受程度上。如果程序不公,即使结果公正,有时当事人仍不理解、不接受而导致上诉、申诉;相反,如果程序公正,实体处理略有缺憾,也可能使当事人采取理解、容忍的态度而息讼。但是如果实体处理发生严重不公,如定罪发生根本性错误或量刑明显不当,这种情形下,即使程序公正,也无法或难以平息当事人心灵上的不平而必然继续寻求种种纠错的方法。

关于实体公正和程序公正的关系,外国学者见仁见智,莫衷一是。在美国,程序优先比较盛行。如美国一位著名大法官曾这样说:"只要程序适用公平,不偏不倚,严厉的实体法也可以忍受。"①但也有学者认为程序的手段作用更重要。他们说:"尽管程序也促进了一些独立于实体法目标的价值,但是庞德归纳出了一切程序性体系以实现实体法为存在的理由这一特征,在这一点上他无疑是正确的。"大陆法系国家的学者则较多持实体和程序并重论。如德国的一本权威教科书指出:"在法治国家的刑事诉讼程序中,对司法程序之合法与否,被视为与对有罪之被告、有罪之判决及法和平之恢复,具有同等之重要性。"

我们认为,程序公正和实体公正,总体上说是统一的,但有

① 宋冰.程序、争议与现代化——外国法学家在华演讲录[C].北京:中国政法大学出版社,1988,第 375 页

时会不可避免地发生矛盾。在二者发生矛盾时,在一定的情况下,应当坚持以下处理原则:①作出有利于被告人的解释;②不能冤枉无辜。具体而言,就是说如果由于错误地认定事实或适用法律,造成错判错杀、冤枉无辜的,一旦发现就必须提起救济程序予以纠正,并给予家属补偿,这种救济程序或国家补偿不受终审程序和诉讼时限的限制;在侵犯被告人权利的情况下,又要作出不利于被告人的实体处理时,应当作出有利于被告人的解释。

总之,程序公正和实体公正如车之两轮,鸟之两翼,互相依存,互相联系,不能有先后轻重之分。不过我国刑事诉讼过程的实际情况并非如此,"重实体,轻程序"的司法实践在我国仍普遍存在,我们应当对此进行纠正。在立法方面,要强化程序的诉讼性,并且增加针对违法的程序性制裁的规定,使得刑事诉讼法可以得到严格的贯彻落实;在执法方面,要严格执法,即遵守实体法,也遵守程序法。

第三节 公正优先,追求效率

当今各国刑事程序日益关注诉讼效率。诉讼效率指诉讼中所投入的司法资源(包括人力、财力、设备等)与案件处理数量的比例。讲求诉讼效率就是用最少的资源投入获得更大的诉讼产出。要追求诉讼效率,就是要不断降低诉讼过程中的投入成本,减少诉讼案件的拖延和积压,进而加速诉讼案件的处理和运作。之所以强调诉讼效率,首先是由司法资源的有限性决定的;其次,效率常常是公正的保障。如果诉讼过于拖延,无辜的人得不到及时释放,有损司法公正。诉讼不及时,证据可能湮灭,真相可能因此而难以查明,社会正义就难以实现。此外,效率也意味着及时惩罚犯罪,而犯罪与刑罚之间联系越紧密,其对犯罪的震慑效果也就越好。效率对于实现公正和控制犯罪的价值,正如贝卡里亚所说:"惩罚犯罪的刑罚越是迅速和及时,就越是公正和有益。"

"说它比较公正是因为：它减轻了捉摸不定给犯人带来的无益而残酷的折磨，犯人越富有想象力，越感到自己软弱，就越感受到这种折磨。还因为，剥夺自由作为一种刑罚，不能被施行于判决之前，如果并没有那么大的必要这样做的话。""只有使犯罪和刑罚衔接紧凑，才能指望相联的刑罚概念使那些粗俗的头脑从诱惑他们的、有利可图的犯罪图景中立即猛醒过来。"

在当代社会，犯罪率日益呈上升趋势，这使刑事司法系统面临的压力越来越大。要在刑事诉讼的过程中，达到控制刑事犯罪的目的，同时保障在这一过程中实现对人权的保护，对法律秩序和社会安全的维护，就需要投入大量的诉讼成本，这一过程就涉及到诉讼的经济性问题。诉讼效率所关心的问题正是如何保证在各项诉讼资源有限的条件下，实现诉讼效果的最优化，或者说如何用最少的诉讼资源的投入获得更大的诉讼成果。所以，诉讼效率已经成为世界各国法律制度共同追求的重要价值目标之一。同时，诉讼效率也直接关系法律制度是否科学、合理。在一定程度上，诉讼效率是法律制度的生命之所在。在刑事诉讼领域，诉讼效率的实现，必须依靠诉讼程序运作具有经济合理性和相应措施来保障。无论是相对于国家还是相对于其他诉讼参与人来说，能够投入诉讼的人力、物力和财力都是有限的。刑事诉讼效率的目标，就是以尽量少的诉讼成本耗费来完成刑事诉讼的任务，并实现刑事诉讼所追求的基本价值。在经济学领域中，一般认为，下列三种措施是提高经济效率的基本途径：其一，多投入多产出，以实现经济效率极大化；其二，通过减少成本消耗，争取以最少的资源投入来实现经济效率的极大化；其三，投入的成本或资源不变，通过改进成本或资源的投入方式来达到经济效率极大化的目的。对于资源有限的刑事诉讼来说，后两种措施因比较符合经济合理性的客观要求，所以更具有参考价值。追求刑事诉讼效率的极大化，不能简单地照搬某种模式，而应当与每个国家的具体情况相结合。在一般情况下，刑事诉讼效率的提高，是通过科学地配置有限的司法资源及合理地设计刑事诉讼程序的手段来实现的。第二次世界大战以后,世界各国刑事诉讼程序的一个显著变化,就是简易程序和其他速决程序的运用范围逐步扩大。如英美法系国家普遍适用"辩诉交易"的方式结案,大大提高了刑事司法系统处理案件的能力;而大陆法系的法国、德国等,对轻微的刑事案件采用处刑命令程序,在短时间内以非正规程序予以处理,也同样节省了大量的人力、物力。这类速决程序正是人类社会努力探寻刑事诉讼效率提高的有益尝试。如西方国家在效率理念的指导下,对诉讼程序进行了许多改革,如美国大力推行辩诉交易、德国扩大有罪不起诉的案件范围等。我国《刑事诉讼法》也规定了"准确、及时地查明犯罪事实"的内容,而且我国《刑事诉讼法》还从诉讼期限、轻罪不起诉和简易程序等多方面体现了诉讼效率的理念。

在刑事诉讼中,追求效率,是以公正为前提的,效率在公正得以实现的基础上才有意义,公正是诉讼的生命、灵魂。如果公正不存在,也就无所谓效率。因此,在刑事诉讼中,公正与效率的关系,应当是公正第一,效率第二。罗尔斯说:"某些法律和制度,不管它们如何有效率和有条理,只要它们不正义,就必须加以改造和废除。"①在刑事司法中,应当在保证司法公正的前提下追求效率,而不能草率办案损害实体公正和程序公正。如果只讲"从快",而违背诉讼的规律性,"联合办案"或剥夺被告人辩护权等,虽然结案率很高,但错案往往也会增多,不仅做不到公正,也难以真正实现效率。因为错案率高,不仅会放纵犯罪,还会冤枉无辜,其后不论再追究犯罪还是纠正错案,都会投入比当时多得多的成本。

第四节　控审分离、控辩平等对抗和审判中立

刑事诉讼的基本职能分为控诉、辩护和审判三种。在现代

---

① ［美］罗尔斯著;何怀宏等译．正义论［M］．北京:中国社会科学出版社,1988,第3页

民主法治国家的刑事诉讼中,这三种基本职能的互相关系可概括为:控审分离、控辩平等对抗和审判中立的理念。

一、控审分离

控审分离是现代刑事诉讼的重要原则和制度。控诉权与审判权实现彻底分离,是刑事诉讼内在规律的要求,是刑事诉讼民主化、科学化及文明进步的重要标志。这项原则的基本要求是控诉职能与审判职能分别由不同的主体承担,即法官不能同时兼任控诉人;未经起诉的事项,审判机关不得审判。从认识论的角度来看,控审分离使得通过审判这一再认识过程对侦查、起诉阶段形成的认识进行检验成为可能,有利于纠正认识中的错误,查明案件事实;从心理学的角度来看,控审分离可以避免一个主体兼具控诉、审判两种职能所导致的固执性及被追诉主体心理的不平衡,这种心理冲突与角色冲突会妨碍司法公正。如封建社会的纠问式诉讼制度,采取控审不分、司法与行政不分的集权专制主义诉讼结构,法官既是审理者,又行使控诉职能,同时还是行政长官,而被告人为诉讼客体,只是刑讯逼供的对象,无任何诉讼权利可言。这种野蛮黑暗的诉讼结构,由于完全违背了诉讼规律,故必然会造成冤狱遍地,最终为控审分离的诉讼结构所取代。

在古代纠问式的诉讼模式中,没有专门的公诉机关,控诉职能和审判职能是由一个司法机关行使的。近代的司法改革,确立了控审分离原则,这是刑事司法制度史上的一个重大进步。控审分离的意义不仅在于强化国家追诉犯罪的能力,保障在各个司法机关明确分工的前提下提高公诉的质量;更关键的是保证审判机关中立化,保证审判机关在执法过程中能够客观公正。

使国家司法机关内部有明确具体的分工,有利于强化国家追诉犯罪的能力,提高公诉的质量;更主要的在于使审判机关中立化,从而保证审判机关客观公正地审理和裁判案件。

在控审分离的条件下,控诉成为审判的前提,同时也限定了审判的内容;审判程序是控诉的继续,但具有权威性作用和决定性影响。由此而产生两项诉讼原则:一是不告不理,即刑事诉讼必须经公诉人或自诉人提起,法官不得不告而审;二是起诉与审判对象的同一性原则,即起诉是审判的前提,法院审判的范围要受到起诉的制约,审判对象与起诉对象保持同一,法官一般不可脱离起诉之被告人、起诉之事实,另审被告人、另定事实。这两项诉讼原则都体现了控诉权和审判权必须由不同诉讼主体行使的职权原则。

二、控辩平等对抗

控辩对等是现代刑事诉讼程序的核心机制,是"平等武装"理念的具体化,是司法公正的前提条件,是程序公正的基本含义。该项原则主要包含两个方面的内容:一是要保证控辩双方在形式诉讼过程中的法律地位平等。两者都是诉讼主体,不存在谁的地位高,谁的地位低的问题,他们在法律上是完全平等的。法官在控辩双方的平等参与下,居中裁断,他的职责之一就是保障在庭审过程中维护控辩双方的地位平等。只有二者地位平等,才能进行公正的对抗,诉讼结果的判决也才可能有公正性。这是程序公正的基本要求。二是控辩双方的诉讼权利相同或对应。诉讼权利相同是指,控辩双方享有同样的诉讼权利,如在庭审中,控辩双方都有提证权、质证权、上诉权等;相对应的诉讼权利是指,一方享有一种诉讼权利,而另一方享有与之相对应的诉讼权利,在立法上一定要保持各方在诉讼权利总量上的对等性。如在公诉案件庭审中,控方有权发表公诉词,而辩护一方有权发表辩护词;一方享有举证权,而另一方有权进行反驳;等等。

三、审判中立

审判中立是对审判的基本要求,也是审判职能的基本特征。刑事审判中立有两层意思:一是审判者不能由与控辩双方有任何直接或间接社会关系的人担任,保证其在审判过程中不受任何情感的影响和思想的倾向;二是审判者在审判过程中应保证审判结果是对控辩双方都公平公正的,不能偏向任何一方。就是审判者与控辩双方之间应保持一个等腰三角形的结构。因此,为了保证审判中立,控审必须分离,同时必须要保证控辩双方在审判中的平等地位。

审判者不仅不能由控辩双方的主体或与案件有直接、间接利害关系的人来担任,而且审判者应当对控辩双方不偏不倚,保持等距离的地位,即控辩审三者之间的关系应当保持等腰三角形的结构。审判只有中立才能公正,无中立就无公正可言。为了保证审判中立,控审必须分离,而且控辩双方主体在审判中的诉讼地位必须平等。

审判中立的观念已经成为国际社会的共识。联合国《关于司法机关独立的基本原则》第 2 条规定:"司法机关应不偏不倚、以事实为根据并依法律规定来裁决其所受理的案件,而不应有任何约束,也不应为任何直接或间接不当影响、怂恿、压力、威胁或干涉所左右,不论其来自何方或出于何种理由。"所有这些,都包含着要求审判者独立与中立的理念。在我国,人民法院依法独立行使职权,审判时注重发挥控诉与辩护双方的积极性,法官总体上处于中立地位。不过,在实践中,我国法庭审理中证人等很少出庭,书面审现象还相当严重,从实质上讲控诉与辩护的对抗有时还难以实现。因此,需要按照审判中立的要求,改革审判前的侦查程序,不断完善审判程序,以确保法庭调查的实质化和审判中立的实现。

综上可见,控审分离、控辩平等对抗和审判中立,这三者是既相互联系又相互区别的现代刑事诉讼的基本理念和要求,他们构成控辩审三者之间最合理的关系,是实现现代司法的根本保证。

第二章　刑事诉讼原则

　　刑事诉讼原则是刑事诉讼中各方参与人在进行刑事诉讼时所必须遵循的基本准则。刑事诉讼法的基本原则对刑事诉讼的全过程都具有指导意义，具有统摄具体诉讼制度和程序性规定的功能。我国的刑事诉讼原则具有与世界其他国家相一致的一面，同时也有针对我国具体实际体现自己特征的一面。

第一节　程序法定原则

一、程序法定法则的内容

　　程序法定原则是现代法治原则在刑事诉讼中的具体表现，可谓刑事诉讼的"帝王原则"。其基本内涵有两方面：一是立法方面，国家应在相关的法律文件中明文规定刑事诉讼程序，以此来追究犯罪、保障人权；二是执法和司法方面，这就要求各执法机关（包括侦查、起诉、审判机关）在执法过程中必须遵循法定的程序，不能违反法律的规定，要在法律允许的范围内行使职权，才能对犯罪嫌疑人、被告人提起指控和对其定罪判刑。

　　确立程序法定原则，对于防止司法专断，保障公民的基本人权，从而公正合理地实现刑事诉讼的任务具有重要意义。它不仅是程序公正的核心内容，也是实现实体公正的必经途径。

二、贯彻程序法定原则的具体要求

　　（一）参与刑事诉讼的国家机关的职权及其行使程序以及诉讼参与人的权利、义务等都应由立法机关作出明确规定

　　这包含四层意思：①刑事程序立法内容应包括参与刑事诉

讼的国家机关的职权及其行使程序、诉讼参与人的权利与义务、诉讼行为的程序要件等基本问题;②刑事程序的立法主体应当是作为民意代表的代议机关,这是程序法治的合法性前提;③对上述基本问题的法律规定应当是精确和严密的,不应存在法律调整的"死角";④程序立法内容应当公开,以保证有效的诉讼监督,防止"暗箱操作"。

(二)参与刑事诉讼的国家机关必须严格遵守和执行刑事程序的规定

参与刑事诉讼的国家机关只有在法律明确授予其执法权力时,才能代表国家行使职权,并且在行使权力的过程中,也不能跨线越界,要严格按照法定的条件和程序,不能实施一些超出法定权限或是突破法律规定的行为。在此需要特别注意的是,当遵守程序法治和追求实体价值发生矛盾冲突时,要坚持合法性优先。

(三)为保证法定程序得到遵守,应建立相应的诉讼监督机制

国际通行的诉讼监督主要有三种:①由检察官监督司法警察的侦查行为,这是实行"检警一体化"的大陆法系国家(如法国)的一般做法;②由法官对侦查、起诉行为进行审查和授权,并允许权利受到侵害的公民向法官提出救济的请求,由法官决定是否释放被逮捕的嫌疑人、是否排除相应的证据、是否宣布搜查程序无效,这是英美法系的一般做法;③由上诉审法院对本审级之前诉讼活动的程序和结果的合法性进行审查,特别是各国最高法院通过个案审理所发布的司法解释或判例规则,对于统一侦查官员的行为准则,强制侦、诉官员遵守法定的程序,具有重要的作用。这在美国、加拿大等国较为常见。

(四)违反程序法定原则应承担相应的法律后果

程序法定原则的贯彻以程序性制裁为后盾,从而表现出一定的法律强制性。对违反程序行为的制裁,除实体法上的制裁(如追究违法官员的刑事责任、民事责任或给予一定的纪律处

分)以外,各国还广泛采用程序上的制裁方式,主要有以下四种:①排除违法方法收集的证据;②立即释放被违法拘捕的犯罪嫌疑人或被告人;③宣布程序无效;④撤销定罪判决,宣告被告人无罪。具体在何种情况下采取何种制裁方法,由各国根据本国占主导地位的诉讼价值观和刑事程序的特点确定,有的国家还赋予了法官一定的裁量权。

三、程序法定原则的理念基础

第一,程序法定原则是法治国家的必然要求,是国民主权原理的体现。

第二,程序法定原则是确保法律实现良性发展的需要,程序法定原则在维护立法平衡与司法平衡的关系中起着至关重要的作用。

第三,程序法定原则是保障刑事诉讼的公正、秩序的前提。

第四,程序法定原则是在刑事法领域实现人权保障的基础。

第二节　无罪推定原则

一、无罪推定原则的内容

无罪推定原则的基本含义是,任何人在法院依法确定有罪以前,应被推定为无罪。这一原则产生于资产阶级革命时期,后被西方国家普遍规定为刑事诉讼中的一条重要原则,有的国家还在宪法中对此原则进行了明确规定。

尽管各国法律上对无罪推定的表述不尽一致,但基本思想是一致的,都强调了一个中心思想,即要充分保障被告人的合法权益。无罪推定原则强调所有的公民在依法被确认为有罪之前,都应当首先推定为其无罪。这一原则主要包含三层意思:①除了法院,没有其他任何机关有权作出公民有罪决定的宣告;②强调证据裁判精神,在证明被告人有罪时应当有理有据;③被告人只有在判决生效之后才被认为是有罪的,在此之前,不能因为其被逮捕起诉审判就简单判定为其有罪。

二、无罪推定原则的正确理解

正确理解无罪推定原则,需要把握以下几点。

(1)该原则并非是实体性原则,即在实际的刑事案件中,不能以该原则为依据来判定被告人的有罪与否,它体现的是一个理念,要求审判机关重视被告人在刑事诉讼过程中的法律地位。它是一个程序性原则,无罪推定不是无罪认定,二者有着本质的区别。无罪推定原则是现代刑事诉讼的奠基石。

(2)无罪推定是一种假定,并且这种假定是可以被推翻的。它首先假定被告人是无罪的,然后如果有充足的证据就可以推翻它。该原则强调的是证据裁判主义,并非罪刑擅断,因此不是不可推翻的推定,他最求的不是形式真实,而是实质真实。

(3)无罪推定是现代刑事诉讼中处理疑案的一个基本法则,当案件证据不足,不能证明被告人有罪时,应当本着有利于被告人的精神,按无罪处理。

(4)无罪推定的受益者,绝不仅仅是被告人个人,而是全体公民。社会上的任何一位公民都可能会因为一些自己意想不到的原因牵扯到刑事案件中,从某种意义上来讲,他们都是潜在的刑事诉讼的主体,因此,这一原则实际上反映了国家和公民个人的关系。

三、由无罪推定原则所衍生出的诉讼规则

(一)沉默权

沉默权规则与无罪推定的人权保障精神密不可分。不过这是一种消极意义上的辩控权,是犯罪嫌疑人和被告人成为诉讼主体的消极体现。他们没有证明自己无罪的责任,因此有权保持沉默,不应被拷问,被逼供。同时也不能仅凭被告人的一面之词,就断定其有罪,要结合其他的证据。只有他们享有沉默权,

其他权利才有保障,也只有这样才能有效抵御来自司法机关对其权利的损害。

（二）控方承担证明犯罪嫌疑人、被告人有罪的责任

这是无罪推定原则的必然结果,犯罪嫌疑人、被告人不能自证其罪,他们只是有证明自己无罪、反驳控诉的权利但并没有这项义务,证明犯罪嫌疑人、被告人有罪的责任应由控方承担。控诉机关拥有充分的司法资源,他们的责任,就是在保护公民的各项合法权益的同时,根据调查搜集到的证据揭露并惩罚犯罪嫌疑人、被告人,进而将他推到罪犯的地位。

（三）有利被告原则（亦称疑案处理原则、罪疑从无原则）

罪疑从无这一原则要求除非证明被告人有罪的证据达到充分的程度,否则,被告人应当被认为是无罪的。如果证据达不到必须的程度,即使被告人仍有犯罪的嫌疑,但还是应被判无罪。有利被告原则,从根本上防止了冤假错案的发生。罪疑从无原则是与罪疑从有、有罪推定对立的。无罪推定原则的进步性和合理性就体现在这一点上。

第三节　司法独立原则

一、司法独立的含义

司法独立是指国家确权的中立机关及其工作人员在按照法定程序和方法对冲突事实适用法律的过程中排除任何非理性干预的法律自主性。

司法独立原则有三层含义:第一层含义指就政治层面而言,司法独立指司法权独立,源于孟德斯鸠的三权分立原则;第二层指法院独立,法院独立是司法权独立的制度表现,包括法院独立于非法院机构和法院之间相互独立,审判权只能由法院行使,其他任何机关不得行使;第三层是指法官独立,法官独立行使审判

权,只服从宪法和法律,既不受立法、行政机关的干涉,也不受其他法院或本法院其他法官的影响,强调法官的自主性,法官独立是司法独立的最高形态。

二、司法独立原则的必要性

司法独立原则是现代民主政治在刑事诉讼领域中的重要体现,它是通过权力制约的方式对其他的国家机关的权力进行有效监督,进而防止国家权力的专制和滥用。同时,该项原则有效地保持了司法的中立性,不仅对于增强司法本身的责任感以及防止司法腐败起到了十分重要的作用,也为司法公正目标的实现提供了良好的外部环境。因此,司法独立原则是很多现代法治国家普遍承认的基本原则。

第四节　控审分离原则

控审分离原则是刑事诉讼职能的分离,其实质是对专门国家机关在刑事诉讼中的角色与职能进行划分。在传统纠问式刑事诉讼中,刑事司法权力高度一体化,控审职能集中于法官,刑事诉讼呈现一种单方追究的态势。一方面,这容易导致权力扩张,滋生权力滥用的土壤;另一方面,由于缺少权力间的限制,被追诉者的利益极易受到侵犯。随着资产阶级革命的胜利,这种集权模式与资产阶级的三权分立、人权保障等宪政理念发生尖锐对立,已从根本上不能适应司法治理的需要。基于对封建传统的反思,为实现程序法治目标,现代各国普遍实行控审分离原则。

控审分离原则主要有以下含义:

(1)刑事追诉权和裁判权分别由警察、检察机关和法院各自独立行使。法院不得实施侦查、起诉等追诉活动,在法院之外设立的警察、检察机构作为专门控诉机构,对符合法定条件的案件展开侦查和提起公诉。警察、检察机关承担刑事追诉职能,担当维持社会秩序的角色,而法院专司裁判之职,解决刑事纠纷,担当社会秩序修复的角色。

（2）刑事审判程序的启动权属于检察机关。在刑事审判程序启动问题上实行不告不理,没有检察机关的起诉,法院不能单方启动案件的审判。检察机关起诉时,只要具备起诉条件,法院必须予以受理。

（3）起诉和审判的对象同一。检察机关起诉时,应在起诉书中载明被指控的人、犯罪事实和罪名,法院审判的对象和范围应限于起诉的对象和范围,检察机关没有起诉的被告人和犯罪行为,法院不得进行审理。法院如果主动追究没有起诉的人或犯罪行为,就违反了诉审同一原则,实际替代检察机关行使了追诉权。

控审分离原则是资产阶级刑事改革者们在反对封建司法的过程中提出来的,它是我国现代刑事诉讼结构的一个重要的支点,对于现代刑事诉讼仍有着十分重要的意义。另一方面,控审分离原则明确了检察机关和法院的职责界限,凸显了公诉机关的指控角色,使得刑事辩护有了明确而具体的对象,有助于被告人、辩护律师积极参与诉讼,维护被告人的合法权益;另一方面,控审分离使刑事诉讼中的国家权力形成制衡,有利于保证法官的中立性和被动性,保证刑事审判的公正性。

第五节　控辩平等原则

控辩平等原则是指,在刑事诉讼过程中,对刑事被告人和刑事追诉机关应当给予平等的对待。不过要注意的是,这里的平等是程序意义上的平等,而不是实体意义上的平等。

控辩平等原则的具体内容有:一是程序参与的平等,即在审判过程中,控辩双方应有平等的机会进行质证并进行陈述;二是诉讼手段的平等,即控辩双方都可以充分利用一切司法资源,求得诉讼机会;三是对抗的平等,即在庭审过程中,控辩双方有平等的机会对对方提出的观点进行诉讼攻防;四是保护的平等,即在整个刑事诉讼过程中,法官必须保持客观公正,做到不偏不倚,在综合考虑控辩双方意见的基础上作出最后的判决。

控辩平等原则在英美法系的刑事诉讼中体现得非常明显,可以说英美对抗制的诉讼结构就是建立在控辩平等原则基础之上的。大陆法系国家由于奉行职权主义诉讼结构,控辩平等的实现程度不如在英美法系那样高,但这种现象自 20 世纪 80 年代以后正在悄悄改变。三十多年来,欧陆国家进行的大规模的刑事诉讼法的修订运动在很大程度上就是从贯彻控辩平等原则出发的,它们在刑事诉讼法中大量增加人权保障的规定,就是为了实现控辩平等。德国有学者将这种改变称为遵循"手段同等原则"。

控辩平等原则彰显了现代刑事诉讼中国家追诉权同公民权利的良性互动关系,有效地遏制了国家追诉权的恶性膨胀,该项原则的意义在于通过平等对抗这种程序公正的刑事促进实质公正,将刑事诉讼真正纳入法制的轨道,进而实现刑事诉讼的任务和目标。

第六节　辩护原则

犯罪嫌疑人、被告人有权自己或委托律师进行辩护是现代各国刑事诉讼的一项重要原则。这就是辩护原则。

辩护原则的主要内容是:被告人,包括犯罪嫌疑人,在刑事诉讼的任何阶段都有权进行辩护,反驳控诉,被告人既可以自行辩护,也可以委托律师或其他人为自己辩护。根据这一原则,被告人在刑事诉讼中享有辩护权,为保障这一权利得以有效行使,法律应赋予被告人其他相关的诉讼权利,如:知悉被指控罪名的性质和内容的权利;被告知可以委托律师进行辩护或提供法律帮助的权利;询问证人、鉴定人的权利;申请调取新的物证、书证,通知新的证人到庭的权利;对判决、裁定提出上诉的权利等。

　　从本原意义上讲,刑事辩护权应属被告人本人,它是被告人基于被指控的特定事实而产生的反射性权利。但被告人在刑事诉讼中行使辩护权会受到诸多主、客观条件的限制:首先是被告人法律知识和诉讼技巧的缺乏;其次是被告人行为自由可能受到限制;最后是当事者亲自调查取证可能更为困难。为保障被告人辩护权的实现,辩护人这个角色在刑事诉讼中的出现便具有了合理性和必要性。特别是在现代社会,由于刑事诉讼程序日益精细化,因而被告人甚至整个刑事诉讼程序的运作对辩护人的依赖程度加深,辩护人角色的重要性也日益凸显。为回应这一现实要求,各国普遍在立法中认可了辩护人在刑事诉讼中的独立地位,并不同程度地拓宽了其在刑事诉讼中的活动范围。

　　辩护原则还要求赋予被追诉者活动律师帮助的权利,通过法律专家代为行使其辩护权。律师帮助权包括以下内容:被追诉人与律师的会见交流应当得到充分保障。一方面,被追诉人应有充分的时间和便利选任律师并与其选任的律师联络沟通;另一方面,被追诉人与律师会见联络的秘密性应受到尊重,以保证被追诉人在毫无心理障碍的情况下与其律师交流案情和意见;被追诉人在刑事诉讼的各个阶段都完整、平等地享有获得律师帮助的权利。尤其是在刑事诉讼的早期,被追诉人在面对警察拘留、侦查的情况下获得律师的帮助尤为重要。为实现这一权利,不同诉讼阶段的办案人员在首次面对被追诉人时,都应明确告知其享有律师帮助的权利;被追诉人有获得刑事法律援助的权利。一个世纪以来,西方国家相继确立刑事法律援助制度,为需要律师帮助而又因经济贫困、无力聘请律师的被追诉人提供免费的法律援助,如美国的公设辩护人制度、英国的值班律师制度等。

　　第二次世界大战后,维护被告人的人权成为资本主义国家刑事改革的主流,各国纷纷扩充了辩护原则的内容,主要表现在:①将辩护律师介入诉讼的时间提前。目前,各国普遍允许被告人或犯罪嫌疑人自被采取强制措施起,便有权聘请律师并获得律师帮助。②明确规定被告人有获得法律帮助的权利。如美国联邦宪法第 6 条修正案规定:在一切刑事案件中,被告人有获得律师帮助的权利。美国联邦最高法院通过判例确立了在刑事诉讼关键阶段,重罪案件的被告人如因经济困难或其他原因未委托律师,则要为其指定律师提供法律援助。法国刑事诉讼法规定,如果被拘留人无法选定律师,或者无从与选定的律师取得联系,那么被拘留人可以要求律师公会会长为其指定一名律师;被拘留人的此项要求应该以一切方法毫不延迟地通知律师公会会长。

第七节 迅速及时原则

一、迅速及时原则的含义

迅速及时原则是刑事诉讼效率价值的具体要求。现代刑事诉讼以迅速、公正地解决刑事案件、实现国家刑罚权为根本目的,不仅要求准确地查明案件事实、惩罚犯罪,还要求尽可能迅速地推进刑事诉讼程序,使案件得到及时处理,以实现诉讼的高效化。这就是刑事诉讼原则中的迅速及时原则。

二、诉讼迅速原则在刑事诉讼中的体现

(一)明确诉讼期间或办案期限

(1)能使办案机关在法律规定的可以预见的一定时间内办理刑事案件;诉讼期间涉及一些主要诉讼行为的诉讼期间,如英国、美国、法国刑事诉讼中的警察拘留期间,法国的先行羁押期间,各国法律规定的上诉期间;不同诉讼阶段的办案期限,如美国迅速审判法规定的起诉到审判之间的期限,中国法律规定的审查起诉、一审和二审期限等。

(2)通过期间的规定,可以防止诉讼的拖延,而将诉讼限定在法律规定的期间之内。在犯罪不断增长、案件负担加大而司

法资源配置相对滞后的背景下,各国司法机关普遍采用加快诉讼行为、提升办案节奏的方式加以应对。

（二）集中审理的制度

（1）整个审判阶段以庭审为中心,所有的事实、证据和法律观点等都应在庭审中一并提出,审判结论也应在庭审过程中形成,而不是在别的场合。

（2）对一个案件应该一次连续审理完毕,即使对需要进行两天以上审理的复杂案件也应当于次日继续审理,直至审理完毕为止。

（三）完善、简化程序

根据案件不同,设立不同的程序,对于轻罪案件,尤其是被告人认罪的轻罪案件,各国普遍采用简易、速决程序进行处理,如德国的处罚令程序、法国的直接出庭程序、英国的简易审判程序、美国的辩诉交易制度等。

第八节　禁止重复追究原则

禁止重复追究原则又称为禁止双重危险原则。该原则的基本含义为,任何人不得因同一行为而受到两次以上的刑事起诉、审判和量刑。具体而言,在陪审团审判的案件中,陪审团一旦组成并进行宣誓,禁止双重危险原则即发生效力;法院审判案件的过程中,当第一个出庭证人作证或是法庭收到第一份证据之后,不论法院做出怎样的裁定,被告人的统一行为都不得再受到重新起诉或审判。

在法官审判的案件中,当第一份证据被提交给法庭,或者第一个证人出庭作证之后,无论法院作出无罪或有罪判决还是终止诉讼的裁定,被告人的同一行为都不得再受到重新起诉或审判。

禁止双重危险原理的价值包括四个方面:①对同一犯罪再

行起诉产生一种令人难以接受的高风险：政府会通过用它的优越资源消磨一个人而对无辜者定罪；②对同一犯罪再行起诉会使一个人蒙受尴尬、折磨和经济损失，并强迫他持续生活在焦虑和不安的状态之中；③第五修正案保护被告人"由特定法庭完成审判的可贵权利"，审判从一开始，被告人的利益就有相当分量，因为他能够通过他信任的法庭裁判来一劳永逸地结束他与社会的对抗；④双重危险条款的主要目标是保持裁判的终局性。

大陆法系国家与禁止双重危险原则对应的是一事不再理原则。一事不再理原则源于古罗马程式审判程序中的诉权消耗理论，并构成当代既判力理论的核心内容。根据一事不再理原则，法院的判决一旦生效，就产生了"既判力"，而一般情况下，既判的事实应视为真实，不论其正确还是错误，任何法院都不能将其推翻。这样，判决生效后，国家的处罚权就已耗尽，不得再对被无罪释放的人提起诉讼，也不得再次对已被判处刑罚的人进行追究。与禁止双重危险原则一样，一事不再理原则也有维持裁判终局性和稳定性的功能。

不过，一事不再理原则与禁止双重危险原则仍有差异。例如，在大陆法系国家，只有已经生效的判决才具有既判力，而在法院判决生效之前，只要控辩双方依法提起上诉，即使是控告方提出不利于被告人的上诉，也不受一事不再理原则的限制。与此不同，禁止双重危险原则强调的是任何人不得因同一行为受到"双重危险"，刑事案件只要进入庭审程序，"危险"即已产生，此后再次追诉或者审判即构成"双重危险"而受到禁止。由此可见，禁止双重危险的适用范围显然比一事不再理原则更加宽泛，更有利于保障被告人的实体利益。另外，一事不再理原则针对的主要是法院，其主要功能是防止法院对同一事实作出前后矛盾的判决，以维护司法权的威信，保证司法秩序的安定性。而禁止双重危险原则所针对主要是检察机关，其主要作用在于限制追诉权的滥用。

在此，我们有必要对大陆的"一事不再理"原则进行说明，

"一事不再理"原则是以法院的生效裁判为前提,法院作出的有罪或无罪判决适用"一事不再理"原则,法院做出的纯程序性的裁判不适用该原则。这一原则是维护裁判力的原则,其宗旨是强调法的安全性。

第九节　中国刑事诉讼的基本原则

我国刑事诉讼法的基本原则是由《刑事诉讼法》明确规定的。我国的刑事诉讼法原则是一个完整的体系,任何一项原则的实现都是要以其他原则的实现为基础,这些原则是相互联系、相辅相成的,破坏任何一个原则,都会直接影响到其他原则的实现。

我国刑事诉讼的基本原则主要有以下几点。

一、侦查权、检察权、审判权由专门机关依法行使

（一）主要内容

侦查权、检察权、审判权由专门机关行使原则的含义主要有三个方面：

（1）侦查权、检察权、审判权只能由专门机关行使,除了公安机关、检查机关以及人民法院之外的其他任何团体和机关都不能享有这些权力,也就是说,这些职权具有专项性和排他性。

（2）在处理刑事案件的过程中,这些专门的机构是有专业的分工。人民法院负责行使审判权,人民检察院行使检察权,行使侦查权的除了公安机关外,还有人民检察院（利用职权行使法定范围内的由其将侦查的犯罪案件）、国家安全机关（利用职权对危害国家安全的案件进行侦查）、军队保卫部门（利用职权对军队内部的刑事案件进行侦查）以及监狱（对罪犯在监狱内犯罪的案件进行侦查）。

（3）专门机关必须依法行使侦查权、检察权、审判权。换句话说,在刑事诉讼中,对专门机关行使侦查权、检察权、审判权的

考察,一般应当从以下三方面入手:第一,该机关有没有该项权力(尤其是管辖权)。例如,公安机关不能自行决定逮捕,人民法院不能自行执行逮捕。显而易见,对于法律没有授予的权力,专门机关无权行使,否则,即构成严重违法。第二,该权力的行使是否符合法定的条件。享有某项权力仅仅为专门机关提供了一种抽象意义上的正当性,专门机关在具体行使某项权力时,还必须具备法律设定的条件。只有具备了法定条件,专门机关行使该项权力才具有具体的正当性,否则,亦属于违法。例如,依据法律规定,人民检察院享有拘留权,但是,如果人民检察院对不符合拘留条件的人员实施了拘留,则该拘留亦属于违法之列。第三,该权力的行使是否遵循了法定的程序。法定程序是对权力的动态控制,是防止权力被滥用的重要保证,因此,在现代社会中,对程序的尊重程度是衡量一国法治文明程度的重要标志。在程序的约束下,社会公众对专门机关的诉讼活动具有进行预测和监督的可能。

(二)意义

在我国确立并认真实行这一原则有着非常重要的意义。

第一,它是我国建立现代司法体制的要求。为了尽快建立现代刑事诉讼体制,有必要规定这样一个原则,这一方面可以防止行政对司法的干预,另一方面可以在刑事诉讼中建立三机关的分权制衡体制。

第二,侦查权、检察权、审判权由专门机关行使,能够维护正常的社会秩序,保证法律的统一和正确实施。侦查权、检察权和审判权由专门机关行使,明确了公、检、法机关在刑事诉讼中的职责权限,一旦出现刑事案件,公、检、法机关依法开展工作,就能保证及时侦破案件,惩罚犯罪分子。同时,还能避免其他机关、团体和个人插手刑事诉讼,造成司法权行使的混乱。公、检、法机关作为行使司法职权的专门机关,熟悉法律,有丰富的司法经验,具备正确执行法律的条件,因而能够保证刑事法律得到统一的贯彻执行。

第三,侦查权、检察权、审判权由专门机关行使,能够保护公民的人身自由及其他合法权利免受侵犯。

二、人民法院、人民检察院依法独立行使职权

（一）主要内容

人民法院行使审判权,人民检察院行使检察权,在法律规定的职责范围内都是独立的,不受行政机关、社会团体和个人的干涉。

1. 审判权独立、检察权独立并非不受党的领导

中国共产党是执政党,是领导我们一切事业的核心力量。党的政策方针是我们制定法律的依据,坚持党对司法机关的领导,是保证国家机关依法独立行使职权的根本保证。只有在具体的司法实践中切实贯彻党的政策方针,依靠党的指挥,听从党的命令,才能保证刑事诉讼的大方向不出错。但是,党委通常情况下不应对个案的处理作具体指示,不应在人民法院、人民检察院正常行使职权过程中加以干涉。换句话说,党的领导应当是组织上的领导、方针政策的领导,而不应干涉具体案件的办理。

2. 审判权独立、检察权独立并非不受各级人民代表大会的监督

各级司法机关产生于各级国家权力机关,应对其负责并报告工作,接受其监督。各级人民代表大会对人民法院、人民检察院办理的案件有权提出批评和纠正意见。但是,各级人民代表大会的监督也应当是一般监督,而不应当是对具体案件的指示、命令;在监督方式上,各级人民代表大会的监督必须是通过法律规定的监督手段进行的监督。

3. 人民法院、人民检察院应当自觉接受人民群众、社会舆论的监督

法律规定"不受行政机关、社会团体和个人的干涉",但是此处的干涉是指一些不正当的非法行为(如以权代法、以权压法、以言代法),并非正常的有建设性的正确的意见。任何国家机关

在进行执法的过程中都要自觉接受人民的监督,接受群众的意见,以便更好地改进工作,提高自己的办事效率效果,真正实现为人民服务。

4. 人民法院行使审判权和人民检察院行使检察权,必须严格遵守宪法和法律的各项规定

人民法院必须在法律规定的范围内正确行使其职权,不仅要遵纪守法,按法定的程序行事,同时要注意避免出现越权行事的行为。人民法院和人民检察院必须保证自己的每一项审判既遵守程序法,又遵守实体法。

5. 人民法院、人民检察院作为一个组织整体,集体对审判权、检察权的行使负责

在我国,独立行使审判权、检察权的主体是人民法院、人民检察院,而不是某个审判员或检察员个人独立行使审判权或检察权。因此,该原则不同于西方国家的司法独立原则。西方国家的司法独立是资产阶级"三权分立"原则的重要内容,属于政治制度的组成部分。在我国,独立行使审判权、检察权原则不是一项政治原则,而是一项刑事诉讼基本原则。

由于人民法院和人民检察院实行不同的领导体制,因而它们独立行使职权的主体范围有所不同。根据《宪法》第127条的规定,人民法院上下级在审判工作中是监督关系,因此,其独立行使职权是指不同级别的各个人民法院独立行使审判权,各人民法院的审判活动各自独立,上级人民法院对下级人民法院的监督只能通过第二审程序、死刑复核程序以及审判监督程序来进行,上级人民法院不能直接指示下级人民法院如何办理具体案件。

(二)实行该原则的注意事项

(1)要处理好依法独立行使职权与中国共产党领导的关系(谨防领导变幕后司法)。

(2)要处理好依法独立行使职权与国家权力机关监督的关系(谨防监督变干扰)。

（3）要处理好依法独立行使职权与社会及人民群众监督的关系（谨防舆论司法或民意压法）。

三、依靠群众

依靠群众原则是党的群众路线在刑事诉讼的体现，是我国刑事诉讼的特点之一。

贯彻依靠群众原则，必须正确处理好专门机关与依靠群众的关系。依靠群众是公安司法机关智慧和力量的源泉，在专门工作中必须相信群众，尊重群众，宣传发动群众，为群众参加诉讼提供方便并接受群众监督，不能脱离群众。公安司法机关还应当成为群众同犯罪分子作斗争的组织者，指导群众依法同犯罪行为作斗争。另一方面，必须注重依靠群众与专门机关相结合。刑事案件具有复杂性的特点，仅仅依靠群众是不能完成刑事诉讼任务的。公安司法机关是专门同犯罪作斗争的国家机关，不仅熟悉国家的法律、政策，掌握着现代化的刑事侦查技术，了解犯罪的特点和犯罪分子的思想动态、活动规律，而且具有一套科学完整的工作方式和程序，可以有力地打击犯罪。所以，《刑事诉讼法》规定侦查权、检察权和审判权由专门机关行使。因此，在刑事诉讼中要注重发挥专门机关的作用，加强专门机关的思想、组织、业务建设，提高公安司法机关工作人员的政治、业务素质，使之成为群众同犯罪分子作斗争的坚强后盾，才能真正实现刑事诉讼法的任务。

四、以事实为依据，以法律为准绳

我国《刑事诉讼法》第 6 条规定："人民法院、人民检察院和公安机关进行刑事诉讼……必须以事实为根据，以法律为准绳……"

以事实为根据，就是公安司法机关在进行刑事诉讼，认定被告人的行为性质是否属于犯罪及确定刑事责任时，应当以客观存在的案件事实作为处理问题的根本依据。公安司法机关必须重证据、重调查研究,忠实于事实真相;据以定案的事实,必须以收集到的证据所证实的案件事实为根据,而不能以主观臆测、想象或查无实据的议论为根据,没有确实充分的证据来证明案件事实,就不能对被告人定罪量刑。

以法律为准绳,就是指公安司法机关要依照法律的规定,按照法律的要求,遵照法律的规定,对案件的具体事实做出正确的处理。不能凭着一己好恶或一时情绪来定案,也不能根据其他因素,如外界压力、自己的利益来定案。以法律为准绳,还指公安司法机关及其工作人员严格按照《刑事诉讼法》规定的原则、制度和程序办案。在办案过程中,切实保障公民的人身权利。在认定被告人的罪名及其刑罚时,只能以刑法为唯一依据,凡刑法未规定为犯罪的行为,不得判决被告人有罪,刑法的从重、从轻或减轻处罚的规定,公安司法机关也应遵守。

以事实为根据,以法律为准绳是紧密联系,相辅相成的。事实是正确适用法律的基础,如果不以事实为根据运用法律,就会丧失客观标准,会对案件作出不正确的处理。不以法律为准绳,则无法保证查明案件事实,即使查清了案件事实,也会失去方向和尺度。只有两者相结合,才能既准确惩罚犯罪,又有效地保障人权,全面实现刑事诉讼的任务。

五、对一切公民在适用法律上一律平等

(一)主要内容

我国《宪法》第 33 条第 2 款规定:中华人民共和国公民在法律面前一律平等。第 5 条第 5 款规定:任何组织或者个人都不得有超越宪法和法律的特权。为了在刑事诉讼中贯彻《宪法》规定的"公民在法律面前一律平等",《刑事诉讼法》第 6 条规定:"……对于一切公民,在适用法律上一律平等,在法律面前,不允许有任何特权。"我国宪法和法律规定的这条原则,是在批判吸收资产阶级启蒙思想家提出的"法律面前人人平等"原则的基础上,结合我国的司法实践经验,根据人民的意志确立的。

这一原则的基本含义是:司法机关在办理刑事案件时,不受民族、种族、性别、职业、社会出身、宗教信仰、受教育程度、财产状况、居住期限等因素的影响,对一切公民的合法权益都应依法给予保护,对一切公民的违法犯罪行为,都应依法予以追究,在法律面前,不允许有任何特权。在司法实践中,实施犯罪行为的人是多种多样的,有党和国家的高级干部,也有平民百姓。不论行为人是谁,只要其行为构成犯罪,都应依法追究其刑事责任。不能因为他地位高、功劳大而不予追究或轻罚轻判,也不能因为他是平民百姓而重判严惩;不能因为他地位高、功劳大而享有更多的诉讼权利,也不能因为他地位低而限制他依法享有诉讼权利。同样,受犯罪行为侵害的公民也是多种多样的,有国家的高级干部,也有一般的公民。不论受害人是谁,法律都应当对侵害他的犯罪者予以惩办。不能因为受害人地位高而对犯罪者重惩快办,也不能因为受害人地位低而对犯罪者轻惩慢办。

对一切公民在适用法律上一律平等,同在法律规定的范围内区别对待并不矛盾。在法律范围内区别对待,是依照犯罪事实等情况,根据法律的规定进行的。例如,把主犯同从犯、胁从犯区别对待等。这种区别对待所依据的事实,主要是犯罪的情况以及犯罪分子犯罪前后的表现,它们属于刑法规定的影响量刑的情节,区别对待的标准是法律,区别对待的目的是更好地实现刑罚的目的。所以,在法律范围内区别对待,正是实现了在适用法律上一律平等的原则,它与因当事人地位不同而区别对待,有原则的区别。

(二)意义

对一切公民在适用法律上一律平等,符合我国法律的社会主义性质,它对于正确进行刑事诉讼有极其重要的意义:首先,在刑事诉讼中贯彻实行这项原则,有利于反对和防止特权。其次,实行这项原则,有利于广泛调动人民群众建设社会主义民主和法治的积极性,维护社会主义法治的尊严,而且,还可以密切党群关系,使党内、政府内特权思想、特权行为大大减少。

六、分工负责、互相配合、互相制约

我国《刑事诉讼法》第 7 条规定："人民法院、人民检察院和公安机关进行刑事诉讼,应当分工负责,互相配合,互相制约,以保证准确有效地执行法律。"这一原则是刑事诉讼各机关处理相互关系的一项基本准则,是同刑事诉讼的客观规律相适应的。这种分工负责、互相配合、互相制约的工作关系是在长期的刑事诉讼实践中确立的,是我国刑事诉讼活动的一个重要特点。

分工负责,是指在刑事诉讼中人民法院、人民检察院和公安机关分别按照法律的规定行使职权,各负其责、各尽其职,不可混淆也不可代替。任何超越职权的诉讼行为都违反了该项原则。关于各专门机关的分工,《刑事诉讼法》第 3 条第 1 款作了明确规定:"对刑事案件的侦查、拘留、执行逮捕、预审,由公安机关负责。检察、批准逮捕、检察机关直接受理的案件的侦查、提起公诉,由人民检察院负责。审判由人民法院负责……"相关司法解释进一步细化了三机关的各自职责。

互相配合,是指在刑事诉讼中,公、检、法三机关应当通力合作、协调一致,共同完成刑事诉讼的任务。如,对于公安机关提请逮捕、移送审查起诉的案件,检察机关要认真审查并作出相应决定;对于人民检察院的提起公诉,人民法院应当审理并作出判决;对于人民检察院的批准逮捕、决定逮捕和人民法院决定逮捕及需要公安机关执行的判决、裁定,公安机关应当执行。各机关不应各自为战、互不联系,更不应推诿扯皮、互相掣肘。

互相制约,是指公、检、法三机关在互相配合的基础上,在履行自己的职责,做好自己的分内工作的同时,还应对一些重大的刑事诉讼活动进行把关,对其他的机关发生的错误进行及时纠正进而达到相互制约,相互约束的目的,避免因为权力的过于集中而导致的一些腐败现象。制约和监督具有共同点,都是为了防止滥用职权,但两者并不完全相同。诉讼中的监督是一种法定的职权,双方只是监督与被监督的关系,具有单向性,刑事诉

讼的监督权只能由人民检察院行使;而制约作为一项诉讼运行机制,要求某一诉讼职权的行使必然要考虑到另一职权的存在,职权的行使互相之间必须协调一致,不妨碍其他职权的行使和诉讼任务的实现。双方互为制约者和被制约者,是双向关系。

分工负责、互相配合、互相制约是一个完整的、统一的整体,三者相辅相成,辩证统一,任何一项均不可偏废。分工负责是互相配合、互相制约的前提,如果不进行分工,刑事诉讼的职能由单一的机关行使,就不可能互相配合,互相制约,势必造成司法专横。互相配合、互相制约是分工负责的落实和保障。只有实行互相配合,才能协调三机关的工作,有效地同犯罪作斗争;只有实现互相制约,才能防止出现偏差或错误,准确查明案件事实,正确适用法律,正确完成刑事诉讼法的任务。配合和制约之间也具有紧密的联系。如果只强调配合而忽视制约,就会放弃原则,放弃分工,其结果是互相迁就,终究会发生错误或偏差而放纵犯罪,冤枉无辜;如果只强调制约而忽视配合,公、检、法三机关就会消极推诿,互相扯皮,甚至相互对立,与刑事诉讼的目标背道而驰,妨碍诉讼的正常进行。

七、人民检察院依法对刑事诉讼进行法律监督

(一)法律依据

根据宪法和人民检察院组织法的规定,人民检察院是国家的法律监督机关,对宪法和法律的实施实行监督。《刑事诉讼法》第 8 条规定:"人民检察院依法对刑事诉讼实行法律监督。"此处的刑事诉讼监督,不仅仅是指人民检察院要严格行使其诉讼职权,在此之外,他们还需要对刑事诉讼的整个环节全部过程(包括从立案、侦查、起诉、审判到执行的全部过程)进行全面监督。换句话说,尽管人民检察院的所有职权都是其法律监督权的具体表现,但是,在刑事诉讼中,人民检察院的职权仍然可以分为两部分:一是作为刑事诉讼活动的一个必要组成部分所享有的诉讼权力,如作为国家公诉机关,人民检察院享有批准逮

捕、提起公诉、对职务犯罪案件进行立案侦查等权力。二是作为法律监督机关为保证诉讼活动依法进行而享有的监督权,如人民检察院对公安机关不立案的监督,对审判活动、执行活动的监督等。

(二)主要内容

1. 立案监督

在立案阶段,对于公安机关应当立案而不立案的案件,人民检察院享有监督权。《刑事诉讼法》第 111 条规定:"人民检察院认为公安机关对应当立案侦查的案件而不立案侦查的,或者被害人认为公安机关对应当立案侦查的案件而不立案侦查,向人民检察院提出的,人民检察院应当要求公安机关说明不立案的理由。人民检察院认为公安机关不立案理由不能成立的,应当通知公安机关立案,公安机关接到通知后应当立案。"据此,对于公安机关不立案的,人民检察院有权要求公安机关说明不立案的理由;对于不立案理由不能成立的,人民检察院有权通知公安机关立案,公安机关应当立案侦查。

此外,最高检《规则》规定了对公安机关不应当立案而立案的监督。

2. 审判监督

检察机关对法院的审判实行监督,主要包括两个方面:第一,对审判活动实行监督。《刑事诉讼法》第 203 条规定:"人民检察院发现人民法院审理案件违反法律规定的诉讼程序,有权向人民法院提出纠正意见。"法院进行任何审判活动,都必须遵守法律规定的诉讼程序,任何不遵守法律规定的诉讼程序的活动,都是违法的活动,检察机关都有权监督。第二,对法院作出的判决、裁定实行监督。检察机关对法院作出的判决、裁定实行监督,其方式是提起抗诉。检察机关的抗诉分为两种:一是二审程序中的抗诉;二是审判监督程序中的抗诉。前者是针对一审法院作出的还未发生法律效力的判决、裁定提出的,后者是针对已经发生法律效力但在认定事实或适用法律上确有错误的判决、裁定作出的。

3. 执行监督

人民检察院认为人民法院的减刑、假释裁定不当的，应当向人民法院提出书面纠正意见，人民法院应当重新组成合议庭进行审理，作出最终裁定。人民检察院认为刑罚执行机关批准对罪犯暂予监外执行不当的，应将书面意见递交批准暂予监外执行的机关，该机关接到人民检察院的书面意见后，应当立即对该决定重新审查。此外，人民检察院还要对于刑罚执行机关执行刑罚的活动是否合法实行监督，如果发现有违法的情况，应当通知执行机关纠正。

我国《刑事诉讼法》第9条规定："各民族公民都有用本民族语言文字进行诉讼的权利。人民法院、人民检察院和公安机关对于不通晓当地通用的语言文字的诉讼参与人，应当为他们翻译。在少数民族聚居或者多民族杂居的地区，应当用当地通用的语言进行审讯，用当地通用的文字发布判决书、布告和其他文件。"这一规定是本原则的直接法律依据。

本原则由三个相互关联的内容构成：

（1）各民族公民都有使用本民族语言文字进行诉讼的权利。具体来讲，不论是作为当事人还是作为其他诉讼参与人，各民族公民都有权用本民族的语言回答公安、司法工作人员和其他诉讼参与人的问话，发表自己的意见；都有权用本民族的文字书写证人证言、上诉书、申诉状及其他诉讼文书。

（2）公安、司法机关有义务为不通晓当地语言文字的诉讼参与人指派或聘请翻译人员进行翻译。这就意味着翻译人员的劳务报酬由国家支付，而不由诉讼参与人承担。

（3）在少数民族聚居或多民族杂居的地区，对案件的审理应当用当地通用的语言。起诉书、判决书、布告、公告或其他文书，应当使用当地通用的一种或几种文字；对于不通晓当地通用文字的诉讼参与人，在有条件的情况下，应当用他所通晓的文字向他送达诉讼文书，或者聘请翻译人员，向他翻译诉讼文书的内容。

（三）意义

1. 保障各司法机关依法进行刑事诉讼

刑事诉讼活动是一个系统工程，我国的刑事诉讼从立案到执行，要经过五个诉讼阶段，参加诉讼的司法机关，除检察院外，还有公安机关、国家安全机关、法院、监狱等，这些机关都有一定的职权。规定检察机关对刑事诉讼实行法律监督原则，目的在于让检察机关对其他司法机关的诉讼活动进行检查、督促，保障它们都能依法办事，使刑事诉讼活动协调有序地进行下去。

2. 保障诉讼参与人依法享有诉讼权利

诉讼参与人特别是诉讼参与人中的当事人，虽然也是诉讼的主体，但他们往往要在司法机关指挥下进行诉讼，司法机关能否依法诉讼，直接关系到他们的合法权益能否得到有效保护。检察机关依法监督其他机关的诉讼活动，也是为了维护诉讼参与人的合法权益，保障他们的诉讼权利得以实现。

3. 维护国家法制的尊严

刑事诉讼活动是国家法制的重要组成部分，刑事诉讼的质量代表着国家法制建设的水平。检察机关依法监督刑事诉讼，保障刑事诉讼依法有序进行，防止出现错案，就是维护国家法制的尊严。

八、各民族公民有权使用本民族语言进行诉讼

各民族公民都有使用本民族语言文字进行诉讼的权利，这是保证各民族公民在刑事诉讼中享有平等地位的重要条件。在刑事诉讼中，只有坚决贯彻执行这一规定，才能保证诉讼的顺利进行和案件的正确处理，才能真正保障各少数民族公民平等地享有诉讼权利，申请回避权、获得辩护权、上诉权等诉讼权利才可能得到行使和实现。同时，坚持各民族公民都有使用本民族语言文字进行诉讼的权利，也有利于进行法制宣传、教育。在少

数民族聚居地区或多民族杂居地区的人民法院用当地通用的语言进行审讯,用当地通用的文字发布判决书、布告和其他文件,能够使当地居民了解案件情况,知道犯罪行为和被告人应受到的惩罚,实际上对当地居民可以起到法制宣传、教育作用。

九、犯罪嫌疑人、被告人有权获得辩护

(一)内容

1. 在刑事诉讼的各个阶段,犯罪嫌疑人、被告人都可以依法行使辩护权

辩护,是指刑事案件的犯罪嫌疑人、被告人及其辩护人反驳控诉一方对犯罪嫌疑人、被告人的指控,从实体和程序上提出有利于犯罪嫌疑人、被告人的事实和理由,维护犯罪嫌疑人和被告人合法权益的诉讼活动。辩护权是犯罪嫌疑人和被告人享有的一项最基本、最重要的诉讼权利。犯罪嫌疑人、被告人所享有的其他诉讼权利,都以辩护权为核心。因此,刑事诉讼中的犯罪嫌疑人、被告人,不论他是危害国家安全的犯罪分子还是其他刑事犯罪分子,不论案件性质如何,案情如何重大,都依法享有辩护权。根据《刑事诉讼法》的规定,犯罪嫌疑人、被告人除可以自己行使辩护权外,还可以委托律师、监护人、亲友以及人民团体或者犯罪嫌疑人、被告人所在单位推荐的人担任辩护人,帮助其行使辩护权。

2. 公安机关和人民检察院应当保障犯罪嫌疑人依法享有的辩护权

公安机关和人民检察院在侦查和审查起诉阶段必须保证犯罪嫌疑人充分行使辩护权。为此,应当做到几点:

(1)告知犯罪嫌疑人享有辩护权,允许犯罪嫌疑人进行辩护,并认真听取其申辩意见。

(2)告知犯罪嫌疑人在侦查阶段可以委托辩护人。《刑事诉讼法》第33条规定,"侦查机关在第一次讯问犯罪嫌疑人或者对犯罪嫌疑人采取强制措施的时候,应当告知犯罪嫌疑人有权委

托辩护人"。

（3）人民检察院自收到移送审查起诉的案件材料之日起 3 日以内，应当告知犯罪嫌疑人有权委托辩护人。

（4）在人民检察院审查批捕、案件侦查终结前、审查公诉中、二审法院决定开庭审理等活动中，应当听取辩护人的意见。

3. 人民法院有义务保证被告人获得辩护

人民法院审判案件，应当充分保障被告人依法享有的辩护权利。人民法院在审判阶段主要应当做到以下几点：

（1）自受理案件之日起 3 日以内，应当告知被告人有权委托辩护人。

（2）在决定开庭审判后，应当将起诉书副本至迟在开庭 10 日以前送达被告人及其辩护人。

（3）在开庭的时候，告知被告人享有辩护权利。

另外，人民法院、人民检察院和公安机关还应当做到以下两点：①犯罪嫌疑人、被告人在押期间要求委托辩护人的，应当及时转达其要求；②对于符合法律援助条件的犯罪嫌疑人、被告人，应当通知法律援助机构指派律师为其提供辩护。

十、未经法院判决不得确定有罪

（一）主要内容

我国《刑事诉讼法》第 12 条规定：未经人民法院依法判决，对任何人都不得确定有罪。这一规定是未经法院依法判决不得确定有罪原则的法律依据。

根据我国《刑事诉讼法》的这条规定，我们认为，未经法院依法判决不得确定有罪原则包括以下两点基本含义：

1. 只有法院才有确定被告人有罪的权力

在我国，参加刑事诉讼的机关有公安机关、检察机关和人民法院。公安机关和检察机关在刑事诉讼中行使侦查权和检察权，它们都属于控诉一方，在刑事诉讼中承担控诉职能。人民法院行使审判权，承担审判职能。在刑事诉讼中，控诉与辩护、控诉方和被告人（犯罪嫌疑人）相对立，审判居于二者之间。在这种情况下，确定被告人（犯罪嫌疑人）有罪的任务，只能由法院来最后完成，否则就会使被告人（犯罪嫌疑人）处于极为不利的地位，其合法权益就无法得到保护。

2. 在法院确定被告人有罪的判决、裁定发生法律效力之前，不能把犯罪嫌疑人、被告人当做罪犯看待

在刑事诉讼中，犯罪嫌疑人、被告人是被追究刑事责任的对象，已经有一定证据证明他们犯了罪，他们因此也与一般公民出现了差别。但是，在诉讼过程中，由于还未经生效判决、裁定确定他们是有罪的人，所以不能把他们当做罪犯看待，而只应把他们作为特殊的公民，一方面根据诉讼需要，限制或暂时剥夺他们一定的人身自由权，另一方面要依法赋予他们诉讼权利——以辩护为核心的诉讼权利，以便让他们反驳错误的控诉。同时，国家应保护其合法权益不受侵犯。任何把犯罪嫌疑人、被告人当做罪犯看待的想法和做法，都是不正确的，这不仅有损于司法的公平公正原则，还会对公民的权益造成侵犯。在刑事诉讼中不把犯罪嫌疑人、被告人当做罪犯看待，要准许它们有作为社会公民行使诉讼的权利，同时应由控诉方承担证明犯罪嫌疑人（被告人）有罪的责任。在没有确实、充分的证据证明被告人有罪的情况下，法院只能作出被告人无罪的判决。犯罪嫌疑人、被告人在一般情况下没有证明自己有罪或无罪的责任，但有说明自己无罪、罪轻或者不应当被追究刑事责任的权利。

(二)该原则在刑事诉讼中的体现

(1)《刑事诉讼法》区分了"犯罪嫌疑人"、"被告人"、"罪犯"的称谓。犯罪嫌疑人、被告人是被追究刑事责任的对象，即是被追诉人。被追诉人自侦查机关立案到人民检察院提起公诉之前这段期间，成为"犯罪嫌疑人"；在人民检察院向人民法院提起公诉后，称为"被告人"；经过人民法院生效裁判确定有罪之后，才被称为"罪犯"。这种区分，有利于被追诉人充分行使诉讼权利，

反驳错误的控诉,保护自己的合法权益。

(2)明确规定举证责任由控诉方承担。《刑事诉讼法》第49条规定:"公诉案件中被告人有罪的举证责任由人民检察院承担,自诉案件中被告人有罪的举证责任由自诉人承担。"因此,控诉方有责任收集和提供能够证明犯罪嫌疑人、被告人有罪的各种证据,并应使这一"证明"达到确实充分的程度,而犯罪嫌疑人、被告人不负提供证明自己有罪或无罪证据的义务,不得因犯罪嫌疑人、被告人不能证明自己无罪,便推定其有罪。当然,犯罪嫌疑人对侦查人员的提问应当如实回答,但是对与本案无关的问题有权拒绝回答。

(3)确立了"疑罪从无"的原则。我国《刑事诉讼法》规定,人民检察院提起公诉,人民法院对被告人判决有罪,都必须建立在案件事实清楚、证据确实充分的基础上,因此,对于事实不清、证据不足的疑案、疑罪,应当作出有利于被追诉人的处理,并且应当按无罪处理,而不能是从轻处理。根据《刑事诉讼法》第171条和第195条的规定,在审查起诉阶段,对于二次补充侦查的案件,人民检察院仍然认为证据不足,不符合起诉条件的,应当作出不起诉的决定;在审判阶段,对于证据不足,不能认定被告人有罪的,人民法院应当作出证据不足、指控的犯罪不能成立的无罪判决。

(4)人民检察院在审查起诉阶段,对于犯罪情节轻微,依照刑法规定不需要判处刑罚或者免除刑罚的犯罪嫌疑人所作出的不起诉决定,对未成年人作出的附条件不起诉决定,其性质属于无罪的处理。

十一、保障诉讼参与人的诉讼权利

《刑事诉讼法》第14条规定:人民法院、人民检察院和公安机关应当保障犯罪嫌疑人、被告人和其他诉讼参与人依法享有的辩护权和其他诉讼权利。诉讼参与人对于审判人员、检察人员和侦查人员侵犯公民诉讼权利和人身侮辱的行为,有权提出控告。

该原则的基本含义有以下两点：

（1）公安、司法机关不得以任何方式剥夺诉讼参与人享有的法定权利，并负有保障犯罪嫌疑人、被告人和其他诉讼参与人依法享有诉讼权利的义务。对于阻碍诉讼参与人行使其享有的诉讼权利的行为，公安、司法机关应当予以制止。

（2）犯罪嫌疑人、被告人和其他诉讼参与人在其诉讼权利受到侵犯时，有权采用法律手段来维护自身的合法权益。

《刑事诉讼法》第47条规定：辩护人、诉讼代理人认为公安机关、人民检察院、人民法院及其工作人员阻碍其依法行使诉讼权利的，有权向同级或者上一级人民检察院申诉或者控告。人民检察院对申诉或者控告应当及时进行审查，情况属实的，通知有关机关予以纠正。第115条规定：当事人和辩护人、诉讼代理人、利害关系人对于司法机关及其工作人员有下列行为之一的，有权向该机关申诉或者控告：①采取强制措施法定期限届满，不予以释放、解除或者变更的；②应当退还取保候审保证金不退还的；③对与案件无关的财物采取查封、扣押、冻结措施的；④应当解除查封、扣押、冻结不解除的；⑤贪污、挪用、私分、调换、违反规定使用查封、扣押、冻结的财物的。受理申诉或者控告的机关应当及时处理。对处理不服的，可以向同级人民检察院申诉；人民检察院直接受理的案件，可以向上一级人民检察院申诉。人民检察院对申诉应当及时进行审查，情况属实的，通知有关机关予以纠正。

（3）犯罪嫌疑人、被告人和其他诉讼参与人一方面有权利参加诉讼，另一方面也要遵守其相应的法律义务，否则，刑事诉讼无法顺利进行。

保障犯罪嫌疑人、被告人和其他诉讼参与人诉讼权利的行使是公安、司法机关的一项义务。由于在整个诉讼过程中都有诉讼参与人的参与，因而在司法考试中经常会设计一些综合性题目，考查诉讼参与人在不同诉讼阶段享有的权利。在具体制度和程序的学习过程中,应当注意对诉讼参与人诉讼权利的掌握。

十二、具有法定情形不予追究刑事责任

(一)主要内容

我国《刑事诉讼法》第 15 条规定:"有下列情形之一的,不予追究刑事责任,已经追究的,应当撤销案件,或者不起诉,或者终止审理,或者宣告无罪:情节显著轻微、危害不大,不认为是犯罪的;犯罪已过追诉时效期限的;经特赦令免除刑罚的;依照刑法告诉才处理的犯罪,没有告诉或者撤回告诉的;犯罪嫌疑人、被告人死亡的;其他法律规定免予追究刑事责任的。"

上述规定是依照法定情形不予追究刑事责任原则的直接法律依据,从这一规定中可以看出,不予追究刑事责任的情形,大体上可以分为三类:

第一类是不能追究刑事责任的情形。这种情形是指行为人的行为虽然违法,也具有社会危害性,但由于行为人的行为情节显著轻微、危害不大,依照刑法规定,尚不构成犯罪,故不能追究刑事责任。

第二类是依法不追究刑事责任的情形。包括:①犯罪已过追诉时效期限的。这是指有的犯罪分子犯罪后,经过若干年没有被追诉,本人也未再犯新罪,对社会已无危害,没有必要再对他追究刑事责任。我国《刑法》第 87 条对此作了具体规定。②经特赦令免除刑罚的。特赦是一种赦免制度,受到特赦令免除刑罚的犯罪分子,不论其刑罚是已执行一部分还是完全没有执行,人民法院、人民检察院、公安机关都不应再次进行追究。③于告诉才处理的案件,国家把此类犯罪的追诉权赋予被害人,即把被害人的告诉作为追究犯罪分子刑事责任的条件。如果被害人没有告诉,或者告诉以后又撤诉的,就是被害人放弃了追诉权利,也就不具备追究刑事责任的条件,人民法院就不应立案或者继续审理,进行追究。④其他法律规定免予追究刑事责任的。

第三类是无法追究刑事责任的情形。这是指犯罪嫌疑人、被告人死亡的情形。我国刑法实行罪责自负原则,只有实施犯罪行为的人才承担该行为的法律责任。犯罪嫌疑人、被告人已经死亡的,追究刑事责任的对象已经消失,事实上已经无法对其进行追究,因而再追究其刑事责任就失去了意义。

(二)意义

这一原则具有重要的意义:首先,有利于保证国家追诉权能够统一、正确地行使,防止任意扩大追诉范围。其次,有利于防止和及时纠正对不应追究刑事责任人的错误追究,以保护其合法权益。最后,有利于节省司法资源。这一原则可以使人民法院、人民检察院和公安机关避免无效劳动,集中精力打击那些严重危害社会主义现代化建设,严重危害社会治安、国家安全的犯罪分子和其他刑事犯罪分子,以保障现代化建设的顺利进行,维护安定团结的社会秩序。

因此,在实践中执行这一原则的总的精神是,在任何诉讼阶段上发现了这些情形都应当采取相应的措施,尽快结束刑事追诉,以防止刑事诉讼程序无谓地延续下去:①在立案阶段。人民法院、人民检察院和公安机关在对控告、举报和犯罪人自首的材料进行审查后,如果认为有上述情形之一的,就应当作出不予立案的决定。②在侦查阶段。公安机关和人民检察院在侦查中发现有不论上述哪种情形的,都应当作出撤销案件的决定。撤销案件是指撤销原来的立案决定和对犯罪嫌疑人采取的强制措施,终止案件的侦查程序。③在审查起诉阶段。公安机关侦查终结的案件,移送人民检察院后,人民检察院在审查起诉中发现具有上述情形之一的,应当作出不起诉的决定。④在审判阶段。人民法院受理案件后,发现有上述情形的,应当分别不同情形处理。对于第一种情形,应当作出判决,宣告无罪;对于被害人撤回告诉的,应当用准许撤诉的裁定结案;对于其他情形,应当裁定终止审理。

十三、追究外国人刑事责任适用我国刑事诉讼法

《刑事诉讼法》第 16 条规定,对于外国人犯罪应当追究刑事责任的,适用本法的规定。对于享有外交特权和豁免权的外国人犯罪应当追究刑事责任的,通过外交途径解决。这就规定了追究外国人的刑事责任应适用我国《刑事诉讼法》的基本原则,这一原则是国家主权在刑事司法领域的体现。

这一原则具有三方面的含义:

(1)对于外国人的犯罪行为,依照我国刑法应当追究刑事责任的,适用我国《刑事诉讼法》,由我国公安司法机关进行立案、侦查、起诉和审判,不应对其差别对待。

(2)对享有外交特权和豁免权的外国人,其犯罪行为应当追究刑事责任的,不适用我国《刑事诉讼法》的规定,而是通过外交途径解决。

(3)国家主权高于刑事司法权,因此在刑事诉讼中,必须坚持国家主权的独立和完整。

第三章　刑事证据制度的一般理论

刑事证据的特殊重要性,在于其旨在揭示犯罪的存在和确认犯罪嫌疑人,整个刑事程序都围绕关键的证据问题展开。刑事证据规则与民事证据规则有很大不同,在民法中,法律专门规定了各种证据形式及其证明价值的大小;而在刑事诉讼中,收集证据需遵循证据自由原则,除法律另有规定外,任何证据形式都可被采信,法官依其内心确认作出判决。在刑事诉讼中证据规则具有一定的特殊性和重要性,因为必须考虑以及协调不同的、且通常是相对立的各种利益:一方面为了查明案件事实需要相对强制性且有效地收集证据;另一方面,需要保护公民基本权利和自由。

第一节　刑事诉讼证据的种类

证据的种类,也称证据的法定形式,是指法律规定的证据的不同表现形式。我国《刑事诉讼法》第48条第2款规定:"证据包括:(一)物证;(二)书证;(三)证人证言;(四)被害人陈述;(五)犯罪嫌疑人、被告人供述和辩解;(六)鉴定意见;(七)勘验、检查、辨认、侦查实验等笔录;(八)视听资料、电子数据。"

一、物证

(一)物证的概念

物证是指以其外部特征、物质属性、存在状况等证明案件真实情况的一切物品或痕迹。物证一般表现为一定的物品或痕迹,并且必须与案件事实有关联性。我国《刑事诉讼法》将物证列为第一种证据,反映出物证在刑事诉讼中的重要作用,是查明案件事实的重要手段。

作为物品的物证通常有：①犯罪使用的工具。例如，盗窃案件中使用的万能钥匙，杀人案件中的凶器、毒药等。②犯罪行为侵犯的客体物。例如，被犯罪人杀害的人的尸体，抢劫的财物，盗窃的赃款、赃物，窃取的机密文件等。③犯罪现场留下的物品。例如，衣服、烟头、纸屑甚至气味等，以及其他可以用来发现犯罪行为和查获犯罪分子的存在物。作为痕迹的物证通常表现为犯罪遗留下来的物质痕迹，例如，指纹、脚印、体液，以及作案工具形成的各种痕迹等。

根据不同的标准可以将物证进行划分。例如，根据物证的形态可以分为有形物证和无形物证；根据是否有生命可以划分为有生命的物证和无生命的物证；根据外观形态的不同可以划分为固态物证、液态物证和气态物证；根据物证与感官的关系可以分为嗅觉物证、视觉物证、听觉物证和触觉物证；根据体积可以分为常态物证、微量物证和巨型物证，等等。

（二）物证的特征

与其他证据相比，物证具有以下特征：

第一，物证是以其外部特征、存在状态、物质属性等来证明案件真实情况的。所谓"外部特征"是指物品的外观、颜色、体积、数量、重量等；所谓"存在状态"是指固态、气态、液态等；所谓"物质属性"是指密度以及坚硬、柔软、尖锐、圆钝、容易破碎、容易折断、有毒、有害等物理或者化学属性。物证正是基于这些特征而对有关案件的事实起证明作用的。由于物证是客观存在的物品、痕迹，一般情况下可以用肉眼进行观察，易于了解。物证在证明活动中不仅应用广泛，而且有其他证据不能替代的作用。

第二，物证的客观性较强，比较容易查实，这一特点与言词证据显然不同。言词证据是由人提供的，不可避免地受到主客观因素的影响，有可能提供虚假或者错误的信息，有时虚假与真实的信息混杂，不容易分辨。而物证被形象地称为"哑巴证据"，虽然不能自明其义，但一旦形成，具有较强的客观性，不容易发生改变。物证在形成后可以独立存在,即使有人加以损毁,也往往会留下新的物品或者痕迹,形成新的物证。

第三,许多物证具有对科学技术的依赖性。不仅其收集和固定要依赖一定的科技设备,而且对物证内容的揭示,也要进行检验或者鉴定,才能发挥其证明作用。例如,微量物证需要凭借仪器或者辅助手段加以显现。

第四,证明范围的狭窄性,是物证的一个缺陷,通常一个物证只能证明案件的某个环节。因此物证与案件事实的关联性需要由人加以揭示。另外,每个物证所能证明的,往往是有关案件事实的局部事实,通常不能证明案件的主要事实或者全部事实。

关于物证的收集,司法工作人员通常通过勘验、检查、搜查、扣押、辨认、鉴定等途径和方法收集和认识物证。依据法律规定,有关人员和单位应当积极配合提供物证;收集和固定物证应当及时、细致并采取先进、科学的技术和方法,防止伪造、丢失或发生意外变化而致使物证失去证明作用。根据公安部《规定》第61条、最高检《规则》第233条、最高法《解释》第70条的规定,收集、调取以及据以定案的物证应当是原物。原物不便搬运,不易保存,依法由有关部门保管、处理,或者依法应当返还的,可以拍摄、制作足以反映原物外形和特征的照片、录像、复制品。拍摄、制作物证的照片、录像、复制品,制作人不得少于2人,并应当附有关于制作过程的文字说明及原物存放何处的说明,并由制作人签名。

对于物证必须妥善保管,不应擅自使用,防止损毁。对于可能产生环境和精神污染的物证要按有关规定严格保管和处置;对于不易搬动的物证,要以相应的科学方法固定,以保留其证明价值;移送案件时,应当将物证随同案卷一并移送。

运用物证时,应当查明来源,注意是否伪造,是否发生了变化等情况;必须认真仔细地审查物证的外部特征,以确定其同案件事实的关联性;在许多情况下,必须经过辨认、检验和鉴定才能揭示物证本身的证明力;必须与其他证据相对照才能认定某一物证的证明作用。物证的照片、录像、复制品,不能反映原物的外形和特征,不得作为定案的根据。物证的照片、录像、复制品,经与原物核对无误、经鉴定为真实或者以其他方式确认为真实的,可以作为定案的根据。用作定案根据的物证,必须经过法庭出示和辨认程序。

二、书证

(一)书证的概念

书证是指以文字、符号、图画等表达的思想内容来证明有关案件事实的书面文字或者其他物品。书证的范围十分广泛,包括文字、符号、数字、图画、印章或其他具有表情达意功能的许多实物材料,诸如,出生证、工作证、身份证、护照、营业执照、户口本、账册、账单、票据、收据、经济合同、车船票、飞机票,等等。从司法实践来看,由于书证内容反映了案件的事实情况,一般来说,只要查明它的内容是真实可靠的,那么它就对案件事实具有重要证明作用,特别是在贪污、诬告陷害、伪造票证等案件中,书证往往起决定性作用。另一方面,书证容易被伪造,或者有些是在被胁迫、引诱的情况下形成的,应当加以甄别。

(二)书证的特征

(1)表现形式和形成方式具有多样性。书证既可以表现为文字、图形,也可以表现为符号;文字、符号等的载体,既可以是纸张,又可以是木头、石头、金属或者其他材料;制作书证的工具,既可以是笔,又可以是刀、印刷机等;制作书证的方法,既可以是书写,也可以是雕刻或印刷等。

关于书证应当注意以下两个问题:

①并不是所有的文字材料都是书证,有些文字材料不是以其所记载的内容对案件起证明作用,而是以其存放地点对案件起证明作用,那么它是物证而不是书证。

②并不是所有的书证都一定要写在纸张上,有些文字材料

不是写在纸上,而是写在其他物质材料如布、石头等上面,只要它是以所记载的内容或表达的思想对案件起证明作用,那么它就是书证而不是物证。

（2）书证所记载的内容和表达的思想能够为人们所认识和了解。

（三）书证的收集

书证的收集方法与物证的收集方法基本相同。公安司法机关收集、调取的书证应当尽量是原件,取得原件确有困难时,才可以使用副本或者复印件。书证的副本、复印件,只有经与原件核实无误,才具有与原件相同的证明力。对于书证的扣押,必须依照法定程序进行。对于已经收集到的书证,应当妥善保管或者封存,不得使用或者毁坏。对其中内容反动或者淫秽的书证,应当按照有关管理规定专门保管或者处理。在审查运用书证时,应当注意书证是否是伪造、变造的,内容有无涂改,是否是原件;书证是在什么情况下制作的,制作过程中是否受到外界的干预,书证的内容与案件有无联系。依据《最高法解释》第71条第2款、第73条第1款的规定,以下两种情形的书证不得作为定案的根据:①书证有更改或者更改迹象不能作出合理解释,或者书证的副本、复制件不能反映原件及其内容的;②在勘验、检查、搜查过程中提取、扣押的书证,未附笔录或者清单,不能证明书证来源的。

对于收集程序或方式存在瑕疵的书证,经补正或者作出合理解释的,可以采用;不能补正或者作出合理解释的,不得作为定案的根据。如勘验、检查、搜查、提取笔录或者扣押清单上没有侦查人员、物品持有人、见证人签名,或者对物品的名称、特征、数量、质量等注明不详;书证的副本、复制件未注明与原件核对无异,无复制时间,或者无被收集、调取人签名、盖章;书证的副本、复制件没有制作人关于制作过程和原件存放地点的说明,或者说明中无签名;等等。

（四）书证与物证的区别

书证与物证虽然都是实物证据，但是两者并不完全相同。物证是以其存在形式、外部特征或者物质属性证明案件事实的，书证则是以其所表达的一定思想内容来证明案件事实的。下面这个例子能够充分说明物证与书证的区别：侦查人员在杀人案件现场收集到一封信和一张字条，信的内容与案件无关，但根据通信对方的姓名和地址查出了犯罪分子；字条的内容也与案件无关，但根据笔迹鉴定找到了字条的书写人，从而发现了犯罪分子。根据物证和书证的定义，该案中，信件是书证，字条是物证。有时候，一件物品既是书证又是物证。

三、证人证言

（一）证人证言的概念

证人证言是指知道案件情况的人，就其所感知的案件情况向办案人员所作的陈述。证人证言的存在形式应该是口头陈述。办案人员询问证人时制作的笔录、录音、录像，虽然具有书面或其他形式，但仍然属于口头证言，根据诉讼的直接性、亲历性要求，证人必须出庭接受控辩双方的质证。我国现行《刑事诉讼法》第 59、187、190 条就证人作证作了相应的规定，只有在"公诉人、当事人或者辩护人、诉讼代理人对证人证言有异议，且该证人证言对案件定罪量刑有重大影响，人民法院认为证人有必要出庭作证的"情况下，证人才需要由法院的传唤出庭作证。没有正当理由不出庭作证的证人，人民法院有权强制其到庭。

证人证言的内容仅限于证人所感知的案件事实，而不能对案件情况进行分析评价，或者发表看法和意见。如果证人提供了意见证据（即对不是自身直接感知的事实作猜测、推断或者评论），或者传闻证据（比如转述他人的证言），原则上应予以排除。我国现行刑事诉讼法对于证人转述的他人所知的与案件有关的情况并不排斥，只要能说明来源，不影响其证据力。

（二）证人的资格条件

证人是否具有作证资格，关系到证人证言的证据能力。《刑事诉讼法》第六十条规定："凡是知道案件情况的人，都有作证的义务。生理上、精神上有缺陷或者年幼，不能辨别是非、不能正确表达的人，不能作证人。"根据这一规定，任何了解案件情况的自然人都有作证的义务，虽然《刑事诉讼法》第一百八十八条的规定免除了被告人的配偶、父母、子女出庭作证的义务，但不意味着他们可以拒绝作证。了解案件情况的人如果有生理、精神上的缺陷，或者年幼，只要其能够辨别是非、正确表达，都可以作为证人提供证言。至于证人辨别是非、正确表达的能力如何，则由人民法院综合证人的智力状况、品德、知识、经验、法律意识和专业技能等分析、判断，必要时可以进行鉴定。

关于单位能否作为证人提供证言，刑事诉讼法并没有明确规定，各界看法不一。我们认为，证人是以自身感觉神经系统所感知的案件事实来作证的，单位不是自然人，不具有感知事实的能力，所以，单位不能作为证人提供证言。

（三）证人证言的审查、判断

证人证言是刑事诉讼中最常见的证据种类，能够生动、直观、直接地证明案件事实，帮助办案人员发现新证据、鉴别其他证据的真伪，具有非常重要的证明价值。但因为其内容是证人对感知事实的陈述，容易受其主观因素和客观感知条件的影响而出现失真现象，在运用时应认真审查判断，具体应特别注意以下几个方面的问题：

（1）证人证言的来源。证人是通过亲身感知而获得相关的案件信息，还是通过他人陈述间接得知？是在什么情况下听说的，陈述人是谁，是否有亲身经历者？借以排除失真的可能性，并顺藤摸瓜查找原始证人。

（2）证人感知案件事实的具体条件。感知条件会对感觉造成重大影响，进而影响证言。不能仅听证言，忽视感知的具体条件。

（3）证人的自身情况,包括证人的生理健康状况、年龄、文化程度、社会阅历等。这些因素对于证人的感知、记忆和表达能力,以及思想观念均有影响。

（4）证人的品格。证据法意义上的"品格",主要指其在社区中的声誉、以特定方式处事的个性,以及个人历史中特定的事件,如先前的刑事定罪。通过对证人的品格的审查,有助于判断其证言的可靠性。

（5）证人与案件事实或者当事人之间的关系。虽然这种关系并不必然影响证言的可靠性,但应排除证人出于个人目的而提供虚假证言的可能性。

（6）证人证言的收集程序是否合法、方法是否得当,有无影响证人如实作证的因素,如非法羁押、威胁、引诱、欺骗的询问方法。

审查证人证言的主要方法有:①从风土人情、逻辑规律审查证言的内容;②综合比对全案证据,发现、排除证据间的矛盾;③提交法庭控辩双方询问、质证,听取各方意见。

四、被害人陈述

被害人陈述,是指受犯罪行为直接侵害的人向公安机关、人民检察院或人民法院就其遭受犯罪行为侵害的事实和有关犯罪嫌疑人、被告人的情况所作的陈述。

被害人是犯罪行为的直接受害者。一般来说,被害人对犯罪嫌疑人、被告人犯罪的经过和自己的受害情况比较清楚,有的被害人同犯罪嫌疑人、被告人有过一定时间的正面接触,对案件事实情况会有更多的了解。被害人由于遭受了犯罪行为的侵害,因而一般都能积极主动地向司法机关揭发、控告、举报犯罪行为,要求司法机关追究犯罪嫌疑人、被告人的刑事责任,保护自己的合法权益。因此,被害人陈述具有双重性质:一方面,被害人陈述具有揭发犯罪、控诉犯罪的性质。它是追究犯罪嫌疑人、被告人的刑事责任,保护被害人合法权益的法律手段。另一方面,被害人所陈述的案件事实情况,是司法机关查明和认定案件事实的一种诉讼证据。

被害人陈述和证人证言都属于人证的范围。但是,根据《刑事诉讼法》的规定,被害人陈述和证人证言是两种独立的诉讼证据,因为二者具有不同的特点。被害人陈述同证人证言比较,主要有以下特点:

(1)被害人陈述的主体是被害人。被害人,是指受到犯罪行为直接侵害的人。而证人证言的主体,只能是当事人以外知道案件情况的人。

(2)被害人具有陈述的积极主动性,其陈述比较容易收集。被害人由于深受犯罪行为的侵害,因而一般都有要求惩罚犯罪人、保护自己的合法权益的强烈愿望,表现为积极、主动地向司法机关揭发犯罪、控告犯罪;同时其有着协助司法机关查破案件的极大积极性和主动精神。因此,司法机关一般容易收集到被害人陈述。而证人与案件没有直接的利害关系,对案件如何处理,一般不大关心;有的证人还存在种种思想顾虑,不愿或不敢出庭作证。因此,司法机关收集证人证言较难。

(3)被害人陈述容易夸大犯罪事实和情节。被害人由于深受犯罪行为侵害之苦,对犯罪嫌疑人、被告人无比愤恨,一般都要求司法机关严惩犯罪嫌疑人、被告人,因而,其在陈述中,具有偏激情绪,容易夸大犯罪嫌疑人、被告人的犯罪事实和情节,甚至将无罪说成有罪。这一点是其他证据所少见的。

被害人陈述与证人证言具有上述区别,是由被害人与证人不同的诉讼地位决定的。了解上述区别,有利于进一步认识被害人陈述的特点。

被害人由于亲身受到犯罪行为的直接侵害,因而一般对案件事实了解得比较清楚、具体,而且记忆深刻。特别是在强奸、仇杀、伤害、诈骗等案件中,被害人与犯罪嫌疑人、被告人大都有过直接接触,其不仅了解犯罪的事实,而且了解犯罪嫌疑人、被告人的特征。因此,被害人陈述对于司法机关查明犯罪事实和查获犯罪嫌疑人、被告人,都具有重要意义。

五、犯罪嫌疑人、被告人供述和辩解

(一)犯罪嫌疑人、被告人供述和辩解的概念

犯罪嫌疑人、被告人供述和辩解,是指犯罪嫌疑人、被告人在刑事诉讼过程中,就与案件有关的事实向公安司法人员所作的陈述。通常是犯罪嫌疑人、被告人接受公安司法人员讯问所作的口头供述,一般也称为口供。经公安司法人员许可,犯罪嫌疑人、被告人也可以书面方式作出供述和辩解。从内容上看,口供一般包括三方面的内容:①承认有罪的供述。犯罪嫌疑人、被告人承认犯罪,对其犯罪的具体过程、情节的叙述。②说明无罪、罪轻的辩解。犯罪嫌疑人、被告人否认犯罪,或者虽然承认相关罪行,但对有依法不应当追究刑事责任或者有从轻、减轻、免除处罚等情况所作的申辩和解释。③攀供。犯罪嫌疑人、被告人对其他犯罪人共同犯罪事实的揭发。

(二)犯罪嫌疑人、被告人供述和辩解的特点

(1)犯罪嫌疑人、被告人的如实陈述具有直接证明性。口供属于直接证据,犯罪嫌疑人、被告人对于是否犯罪以及犯何种罪行最为清楚,其如实陈述能够全面展现案件事实情况,有利于揭示案件的全貌和本质,对查明案情有重要作用。

(2)犯罪嫌疑人、被告人供述和辩解易有反复性。刑事诉讼中,犯罪嫌疑人、被告人是被追诉的对象,与案件的处理结果有着切身的利害关系,其自由、财产乃至生命都将成为诉讼结果处分的内容。因此,即使承认自己的犯罪行为,也往往会避重就轻,对有关案情的陈述时有反复。时供时翻的情况常有发生。

(三)犯罪嫌疑人、被告人供述和辩解的作用

刑事诉讼实践中,犯罪嫌疑人、被告人供述和辩解对于公安司法人员客观、全面地分析案情,正确认定案件事实,公正、准确

地处理案件,具有重要的作用:①犯罪嫌疑人、被告人的如实供述,有利于公安司法人员明确侦查范围,迅速查明案情;②犯罪嫌疑人、被告人的揭发,有利于公安司法人员发现新的案件情况和证据线索;③犯罪嫌疑人、被告人的辩解,可以使公安司法人员避免主观臆断,及时发现和纠正办案中的偏差,防止无罪的人受到错误的刑事追究或者有罪的人罚不当罪;④犯罪嫌疑人、被告人的供述和辩解,有利于审查核实案件中的其他证据,对其他证据作出正确判断,对案件作出正确的处理。

(四)运用犯罪嫌疑人、被告人供述的原则

根据《刑事诉讼法》第 53 条、第 54 条的规定,运用犯罪嫌疑人、被告人供述认定案件事实时,应当遵循以下原则:①重证据,不轻信口供。②只有被告人供述,没有其他证据的,不能认定被告人有罪和处以刑罚;没有被告人供述,证据确实、充分的,可以认定被告人有罪和处以刑罚。此项规定明确禁止以被告人口供作为有罪判决的唯一证据,要求必须提供其他证据加以补强、印证,确立了我国的口供补强证据规则。③采用刑讯逼供等非法方法取得的犯罪嫌疑人、被告人供述,应当依法予以排除,不得作为起诉意见、起诉决定和判决的依据。

六、鉴定意见

鉴定意见是指鉴定人在诉讼活动中运用科学技术或者专门知识,对于诉讼涉及的专门性问题进行鉴别和判断后得出的结论性意见。

在刑事诉讼中需要鉴定的专门性问题非常广泛,常见的有法医学鉴定、司法精神病学鉴定、刑事科学技术鉴定(主要是痕迹鉴定、微量元素鉴定、文书鉴定等)、化学毒物鉴定、会计鉴定、一般技术鉴定等。

作为证据的一种,鉴定意见具有自身的特点:第一,它是鉴定人对案件中的专门性问题进行鉴定后得出的结论性意见。第二,它是鉴定人运用自己的专门知识和技能,凭借科学仪器和设备,分析研究案内有关专门性问题的结果。这一点与勘验、检查笔录不同,后者是公安、司法工作人员行使职权对与案件有关的场所、物品、人身等进行直接观察、检查后所作的客观记载。第三,它是鉴定人对案件中需要解决的一些专门性问题所作的结论,而不是对法律问题提供的意见。

在西方国家,主要是英美法系国家,证据立法和理论均把鉴定人看做证人,把鉴定意见看做证人证言,即"专家证人"和"意见证据"。实际上,无论是鉴定人与证人还是鉴定意见与证人证言,都存在重要的区别,主要表现在:

(1)证人是由案件本身决定的,因此具有不可选择性和不可替代性。鉴定人是在案件发生后由公安、司法机关根据需要指派或聘请的,既可以选择,也可以更换和替代,必要时还可以组织重新鉴定或补充鉴定。

(2)证人提供证人证言,是向有关机关和人员陈述自己所了解的案件事实。鉴定人事先并不了解案件事实,而是对案件中某些专门问题进行分析研究后提出判断性意见,从而对案件事实起证明作用。如果鉴定人事先了解有关案件的事实情况,就应当做证人,而不能做鉴定人。

(3)证人作证不需要具备何种专门知识,只要能够辨别是非、能够正确表达,就可以做证人,而鉴定人必须具备有关的专门知识和技能。

(4)只要是了解案件情况的人,依法都有作证的义务,都可以充当证人,证人不存在回避的问题。鉴定人则不同,如果与本案或本案当事人有利害关系或其他法定情况,便应当回避,不能接受指派或聘请做鉴定人。

(5)鉴定人为了提供科学的意见,可以要求了解有关案情或阅览有关案卷材料;几个鉴定人共同鉴定时,可以互相讨论,共同写出鉴定意见。证人则不能要求了解案情,而且法律明确规定询问证人应当个别进行,证人之间不能互相讨论,以免相互影响,导致证言失实。

从以上比较可以看出,鉴定人与证人、鉴定意见与证人证言不能混淆。我国刑事诉讼法将鉴定意见区别于证人证言,规定为一种独立的证据,具有科学性、合理性。

鉴定意见是由鉴定人从科学的角度提供的分析研究意见,而且,鉴定人必须与案件和案件当事人没有利害关系,所以其客观性较强,是上升到理性认识的结论性意见,是建立在科学技术基础之上的证据形式。因此,鉴定意见对于认定案情有十分重要的意义,特别是对于认定案件中的专门性问题,是必需的证明手段,对于鉴别其他证据的真伪,揭示物证、书证的证明作用,都是其他证据所无法取代的。

鉴定意见虽然具有科学性,但受鉴定材料、鉴定人能力等主客观因素的影响,依然有存在错误的可能,审查、判断时应注意以下几点:

(1)鉴定材料是否充分、可靠;重点审查材料来源是否清晰、合法、保管链条是否完整。

(2)鉴定人的资格、专业技术水平和责任心如何;还要关注鉴定人与案件有无利害关系、有无受到外界影响。

(3)鉴定过程是否严谨,方法是否科学。

(4)鉴定程序是否合法。

七、勘验、检查、辨认、侦查实验等笔录

(一)勘验、检查、辨认、侦查实验等笔录的概念

勘验、检查、辨认、侦查实验等笔录,是指侦查人员对与犯罪有关的场所、物品、尸体和人身进行勘验、检查、辨认或者进行侦查实验所作的书面记载。包括勘验笔录、检查笔录、辨认笔录、侦查实验笔录。

勘验笔录,是指办案人员对与案件有关的场所、物品、尸体依照法定程序进行勘查、检验而做的一种客观记录。勘验笔录的内容分为现场勘验笔录、物体检验笔录和尸体检验笔录。勘验笔录的形式包括文字记载、绘制的图样、照片、复制的模型材

料和录像等。

检查笔录,是指办案人员对被害人、犯罪嫌疑人、被告人的人身进行检验和观察后所作的客观记载。检查笔录以文字记载为主,也可以采取拍照、录像等其他有利于准确、客观记录的方法。

辨认,是指在侦查人员主持下,由证人、被害人或者犯罪嫌疑人对与案件有关的物品、尸体、场所或者犯罪嫌疑人进行辨别、确认的一种侦查活动。辨认笔录是侦查人员制作的,客观记录证人、被害人或者犯罪嫌疑人辨认过程及辨认结果的书面记录。辨认笔录的形式包括文字、拍照、录像等。根据辨认主体不同,辨认笔录分为证人辨认笔录、被害人辨认笔录、犯罪嫌疑人辨认笔录。

侦查实验,是指在刑事诉讼过程中,侦查人员为了确定与案件有关的某一事件或者事实在某种条件下能否发生和后果如何,而实验性地重演该事件或者现象的一种侦查活动。侦查实验笔录,是侦查人员按照法定格式制作的,用于描述和证明实验过程中发生的、具有法律意义的事实状况的书面记录。侦查实验笔录以文字记载为主,以照片或者录音、录像、绘图、制作模型等为辅。

(二)勘验、检查、辨认、侦查实验等笔录的特点

勘验、检查、辨认、侦查实验等笔录是一种独立的证据,也是一种固定和保全有关证据材料的方法。它不同于物证、书证、鉴定意见等证据,有其独有的特点。

(1)具有综合证明性。勘验、检查、辨认、侦查实验等笔录所反映的案件信息内容全面,记载的不是案件某个单一的事实或者个别的证据材料,而是可能包含多种证据及各种证据材料之间存在的关系,各种证据形成、存在的具体环境条件等多项内容的综合性的证据材料。

勘验、检查笔录中大量记载的可能是物证的状态、位置、各物证之间的空间关系等情况,但这只是固定物证的一种方式,不

是物证本身,也不是物证的复制品。如交通肇事的现场勘验笔录,要详细记载肇事的现场状况、物品、尸体的情况,被害人的受伤害情况,还要附加绘图、照片、现场录像等,使物证的某些情况得以固定,但它不是这些物证本身。现场勘验笔录,不仅能提供物证进入诉讼,作为运用物证的根据,而且能较全面地反映与犯罪现场有关的各种证据状况及环境、条件,从而提供物证本身并不携带的证据信息,帮助办案人员更加全面准确地了解案情。

勘验、检查、辨认、侦查实验等笔录是在诉讼过程中,由执行勘验、检查、辨认、侦查实验的侦查、司法人员依照法定的形式制作形成的。与书证有着明显的差异。书证是在诉讼活动外形成的,制作主体可能是任何人。

（2）具有较强的客观性。勘验、检查笔录是公安司法人员对于勘验、检查对象情况进行观察,就其观察所见作出的客观、如实的记录;辨认笔录是对辨认的经过和结果的客观记载;侦查实验笔录是对模拟实验情况观察的记载,不是对案件情况进行分析判断的结论,不包含主观分析成分。因而勘验、检查、辨认、侦查实验等笔录不同于鉴定人对于案件中特定的专门性问题提供分析、判断意见的鉴定意见,客观性强。

（三）勘验、检查、辨认、侦查实验等笔录的作用

作为综合性的证据材料,勘验、检查、辨认、侦查实验等笔录在刑事诉讼中具有不可替代的作用:①是保全证据的手段。勘验、检查笔录可以及时将物体的特征和现象,全面准确地记录下来,起到固定和保全证据的作用。②是发现调查线索,分析案件情况的依据。如勘验笔录可以为恢复现场原状提供依据;通过辨认笔录可以为直接判明案件有关事实提供依据。③可以为某些专门性鉴定提供材料。如进行法医学鉴定,可以利用人身检查笔录记载的内容作出鉴定。④可以审查鉴别证据的真伪。勘验、检查笔录是对于有关勘验、检查对象情况的客观记载,侦查实验笔录客观记载所观察的模拟实验情况,其内容可用以鉴别其他证据,特别是被害人陈述、犯罪嫌疑人、被告人的供述、证人

证言的真实性。⑤其是了解侦查活动是否符合法定程序,勘验、检查、辨认中收集的证据是否可靠的途径。

八、视听资料、电子数据

(一)视听资料

视听资料是指运用现代技术手段,以录音、录像所反映的声音、形象,电子计算机所储存的资料,其他科技设备所提供的信息来证明案件情况的证据。视听资料兼具证人证言、当事人陈述、书证和物证的部分特征,形象、生动、直观,可以全面地再现有关案件事实或相关情况,使人如临其境、如见其人、如闻其声;视听资料体积小、信息量大、便于保存,使用起来方便、高效。但视听资料对科技、物质具有强烈的依赖性,只有通过一定的科学技术设备,才能将作为音像证据的声音、图像、数据、信息等存储在有形的录音带、录像带、激光唱盘和视盘、电子计算机存储软盘、X 射线探测信息存储软盘等载体里,并于需要时再现出来。如果没有这些有形物质作依托,可以供人视听的信息资料就会转瞬即逝,无法捕捉。这种高科技性在发挥视听资料较高的证明价值的同时,也容易被篡改、变造,为视听资料的真假检验带来了很大的难度。

作为证据的视听资料与作为证据的固定、保存手段的视听资料不同。前者属于法定的证据形式——视听资料;后者虽然也表现为视听资料,但其证据形式取决于所反映的证据的形式,例如,以录音的方式固定、保存证人证言、犯罪嫌疑人供述和辩解,则该录音带分别属于证人证言和口供,而不属于视听资料。

随着现代科技的突飞猛进,各种利用高科技手段犯罪的案件日渐增多,司法实践中的高科技证据也逐渐被广泛使用。在一些特定案件中,如制造、贩卖、传播淫秽物品案件,涉及银行取款事实的案件,视听资料往往是关键证据。对于视听资料的收集和审查判断,必须加大科技投入、提高科技水平,才能保障其客观真实性,更好地用于案件事实真相的揭示。

（二）电子数据

《刑事诉讼法》第四十八条规定的"电子数据"，在证据法学领域多称为"电子证据"或者"计算机数据"，泛指借助信息技术或电子设备而形成的一切证据。电子数据的主要特点是：

（1）高科技性。电子数据的产生、存储和运用都离不开计算机技术、网络技术的支持。

（2）无形性。电子数据存储在各种电子介质上，其本身不能被人所直接认识。

（3）多样性。除了现代通信技术所产生的电报电文、传真资料等，还有电子计算机技术应用中出现的电子证据，如单个的计算机文件、计算机数据库、计算机日志等，以及网络技术应用中出现的电子证据，常见的有电子邮件、电子公告牌记录、电子聊天记录、电子数据交换、电子报关单、黑匣子记录、智能交通信息卡资料等。

（4）易破坏性。电子证据存在于虚拟的电子环境中，极易遭受篡改而又不易被发觉，数据被人修改后，如果没有可资对照的副本，数据的真实性就难以查清。误操作、病毒、软硬件故障、系统崩溃、突然断电等意志以外的因素皆可导致数据失真。

（5）客观真实性。排除人为篡改、差错、故障等因素，电子证据是极富证明力的证据种类，它存储方便、表现丰富，可以长期无损保存并随时反复重现。随着信息技术特别是网络技术的不断发展，人类社会进入了一个新的信息时代，电子证据在刑事诉讼中的地位也在提高。但是电子证据在提取、提交、质证、认证等收集和运用环节均有别于一般证据，如果不具备相关的专业知识和技能，则难以发挥其证明价值。

（三）视听资料、电子数据的审查、判断

视听资料极易被伪造，且难以凭感官鉴别。一般着重审查如下内容：

（1）视听资料形成的时间、地点和周围环境；

（2）有无影响信息真实性的情况；

（3）视听资料的收集、保管过程有无伪造；

（4）有关的设备和制作技术是否正常、科学；

（5）视听资料的内容自身有无矛盾。

对于电子数据，首先要审查其合法性。通过审查其生成、传递、存储、显现等运行各环节，判断是否出现了不合法因素，以及这些不合法因素是否足以导致必须排除的后果。电子证据具有很高的科技含量，如何鉴别其真实可靠性是审查判断的主要内容和技术难题。

第二节　刑事诉讼证据的分类

证据的分类是在理论研究上将刑事证据按照不同的标准划分为不同的类别，这种划分不具有法律约束力。证据分类不同于证据种类，证据的种类是由法律所明确规定的，具有法律约束力。诉讼中作为定案根据的证据，应当符合我国《刑事诉讼法》第 48 条规定的八种证据种类形式。证据的分类是在理论上对证据进行的学术归类，目的是便于人们分析和理解不同归类证据的特点，以便把握不同类别证据的规律并加以运用。法律上的划分和理论上的划分不相矛盾，互为补充，以便人们正确认识和运用刑事诉讼证据。

关于证据的分类，一般认为，最早对证据进行划分的是英国著名学者边沁。在其所著《司法证据原理》一书中，就对证据作出了实物证据与人证，直接证据和情况证据，原始证据和传来证据等划分。后来各国学者对于证据分类有过多种不同的划分，划分标准和方法也不尽统一。我国学者从 20 世纪中后期开始对证据分类进行研究，多数学者主张在理论上将刑事证据划分为原始证据与传来证据、有罪证据与无罪证据、言词证据与实物证据、直接证据与间接证据。[①]

一、原始证据与传来证据

根据证据的来源不同可将证据分为原始证据与传来证据。原始证据也就是通常所说的第一手材料,是直接来源于案件事实,未经复制、转述的证据。传来证据即通常所说的第二手或者第二手以上的材料,其间接地来源于案件事实,是经过复制或者转述原始证据而派生出来的证据。

将证据划分为原始证据和传来证据的意义是,使公安司法人员注意到证据的不同来源,从而在收集、审查和判断时加以区别。信息传递的一般规律告诉我们,原始证据比传来证据可靠。而且中间环节越多的传来证据就越不可靠。在刑事诉讼中,应当尽力取得原始证据,努力掌握第一手资料。但是不能因此认为传来证据不重要,它们往往是发现原始证据的线索,而且能够审查和鉴别原始证据的可靠程度。

运用传来证据时,除遵守一般的证明规则以外,还应当注意遵守如下相应的特殊规则:①来源不明的材料不能作为证据使用。如道听途说、街谈巷议等无法追根溯源的材料;②在运用传来证据时,应采用传闻、转抄或复制次数最少的材料,可靠性相对较强;③只有传来证据,不应轻易认定犯罪嫌疑人、被告人有罪。

二、言词证据与实物证据

根据证据的表现形式可以将证据划分为言词证据与实物证据。

言词证据,是指以人的陈述,即言词形式表现的各种证据,如证人证言,被害人陈述,犯罪嫌疑人、被告人供述和辩解以及鉴定意见。鉴定意见虽然具有书面形式,但其实质是鉴定人就

---

① 陈光中.刑事诉讼法[M].北京:北京大学出版社,2013,第216页

鉴定的专门问题所表达的个人意见,而且在法庭审理时,当事人有权对鉴定人就鉴定意见发问,鉴定人有义务以口头回答,解释或补充其鉴定意见,所以,鉴定意见也是言词证据。

实物证据,是以指以客观存在的物体作为证据事实表现形式的各种证据,如物证、书证、勘验检查笔录。其中,勘验检查笔录之所以列入实物证据,是因为它是办案人员在勘验、检查过程中对所观察情况的客观记载。

对于视听资料是否属于实物证据,有不同意见。一般认为,储存有特殊信息(包括语言、图像)、可供办案人员据以查明案件事实的视听资料,是一种特殊的物品,属于实物证据。也有人认为应当具体分析,区别对待:多数视听资料属于实物证据,但是讯问犯罪嫌疑人、被告人,询问证人、被害人时的录音资料相当于笔录,是对讯问或询问过程和陈述内容的录制,应划归言词证据。

言词证据的特点是具有明确的意思表示,它所表述的案件事实容易为人们了解,特别是耳闻目睹案件事实而又能如实陈述的人提供的言词证据,更具有较强的证明力。但是,由于言词证据通过人的陈述形式表达出来,其形成必须经过反映(感受)、储存(记忆)、再现(陈述)的过程,中间介入了人的因素,所以其客观性常常受到陈述者主、客观条件的影响。

实物证据有较强的客观性、直观性,不像言词证据那样易受人的因素影响,这是实物证据的最大特点。只要办案人员经过勘验、检查、鉴定、审查,发现其与案件事实之间的联系,实物证据就能发挥重要的证明作用。但是,实物证据是"哑巴证据",自己不能主动表达对案情的证明作用,需要依靠人来认识,而且其证明力在许多情况下需要借助科学技术、特殊设备和专业知识。此外,实物证据贮存的信息量一般不如言词证据,往往不能仅凭实物证据来认识案件主要事实。

三、直接证据与间接证据

直接证据与间接证据是根据证据与案件的主要事实的关系,即能不能独立地证明案件的主要事实进行的划分。案件的主要事实是指犯罪事实是否存在,以及该行为是否系犯罪嫌疑人、被告人所实施。

(1)直接证据,是指能够单独地、直接地证明案件主要事实的证据。直接证据是案件主要事实的直接反映。只要有一个直接证据被查证属实,就可以对案件主要事实作出肯定或者否定的结论。例如犯罪嫌疑人、被告人承认自己有罪,并供述自己出于什么动机,在什么时间、地点、条件下实施了犯罪,经过查证属实后,就可以对案件主要事实作出肯定的结论。

(2)间接证据,也叫情况证据。是指不能独立地直接证明案件的主要事实,而需要与其他证据相结合,才能证明案件的主要事实,对案件的主要事实作出肯定或否定的结论的依据。间接证据和案件的主要事实之间没有直接的联系,其只能够间接地证明案件事实的某种情况。例如,作案的动机、目的、准备、手段、条件、机会,持有赃款赃物,被害人和犯罪嫌疑人、被告人的人身情况,以及他们之间的关系等,只有把证明这些情况的间接证据结合起来,构成一个具有内在联系的证据体系,才能对案件的主要事实作出结论。

把证据分为直接证据和间接证据,是为了全面掌握证据本身的不同特点,以便采用正确的方法去运用证据,查明案件事实。一般来说,直接证据要比间接证据"硬",要尽可能地收集直接证据。运用直接证据,证明过程比较简单,它可以直接证明案件的主要事实。例如,被害人指控犯罪嫌疑人、被告人强奸她,被害人的陈述是直接证据,经过查证核实以后,就证明了强奸事实。因此,在使用直接证据时,主要是审查直接证据本身的真实性。但是,任何一个孤证都是靠不住的,只凭一个直接证据仍然难以定案,一般还需要有一些别的证据互相鉴别,互相印证、核实,才能认定事实。而运用间接证据比较复杂,需要更加慎重。但这并不是说,间接证据的证明力弱,是"第二等"证据。运用间接证据所证明的案件事实同样是可靠的,是推翻不了的。只要审查仔细,运用正确,间接证据对于证明案件事实同样是非常有力的。

四、有罪证据与无罪证据

根据证据的内容和证明作用是肯定还是否定犯罪嫌疑人、被告人实施了犯罪行为,可以将证据分为有罪证据和无罪证据。凡是能够证明犯罪事实存在和犯罪行为是犯罪嫌疑人、被告人所实施的证据,是有罪证据。在立案和侦查阶段,犯罪嫌疑人尚不明确的情况下,可以说,证明发生了犯罪事件的证据也是有罪证据。凡是能够否定犯罪事实存在,或者能够证明犯罪嫌疑人、被告人未实施犯罪行为的证据,是无罪证据。

我国《刑事诉讼法》第 50 条明确规定,审判人员、检察人员、侦查人员必须依照法定程序,收集能够证实犯罪嫌疑人、被告人有罪或者无罪、犯罪情节轻重的各种证据。第 135 条规定:"任何单位和个人,有义务按照人民检察院和公安机关的要求,交出可以证明犯罪嫌疑人有罪或者无罪的物证、书证、视听资料等证据。"划分有罪证据与无罪证据,有利于司法工作人员注意全面收集犯罪嫌疑人、被告人有罪、罪重的证据和无罪或者从轻、减轻、免除处罚的证据,避免片面性;有利于在认定有罪时排除无罪的可能性,做到有罪证据确实、充分,防止造成冤假错案。

掌握有罪证据与无罪证据的分类,应当注意以下问题:第一,是否发生了犯罪事实或犯罪嫌疑人、被告人是否实施了犯罪行为,不仅是涉及犯罪构成的复杂问题,而且受到刑事诉讼不同阶段对案件认识的局限,所以,有时对于一个证据材料或一个证据事实,难以确定是有罪证据还是无罪证据,只有与其他证据相结合,才能确定其证明作用。有的证据材料在立案阶段被认为是有罪证据,但随着程序的进行,经侦查查明其并非有罪证据。

当然,这并非是证据事实本身发生了变化,而是由于办案人员的认识由表及里发生变化的结果。第二,由于案件情况的复杂性,有时一个证据材料中既有说明有罪倾向的内容,又有说明无罪倾向的内容,这就需要进一步收集其他证据材料,才能查明其属于有罪证据还是无罪证据。如某甲承认他造成某乙重伤,但却主张其行为系正当防卫,就属于此类证据材料。

在运用有罪证据和无罪证据时,除遵循运用证据的共同规则外,应当特别注意以下几点:既要注意收集有罪证据,也要注意收集无罪证据,要防止片面性;在对被告人作出有罪的确定性认定时,要做到有罪证据确实、充分,排除无罪的可能性。如果案内有的无罪证据尚未排除,不能得出有罪的确定性认识;如果经过最大努力,反复侦查和调查,仍然是有罪证据和无罪证据并存,即形成疑难案件,应当作无罪处理。

在有关证据分类的理论中,还有控诉证据与辩护证据、攻击证据与防御证据、有利于被告人的证据与不利于被告人的证据等分类,这些分类同有罪证据与无罪证据的分类既有相似之处,又有一些区别。例如,辩护证据和无罪证据就不完全重合,因为辩护证据中包括罪轻证据。

第三节　刑事诉讼证明

一、刑事诉讼证明的概念与特征

(一)刑事诉讼证明的概念

刑事诉讼证明是指诉讼主体按照法定的程序和标准,运用已知的证据和事实认定案件事实的活动。

(二)特征

(1)证明主体的特定性。证明主体至少需要满足以下三个条件:

①证明主体必须有自己的诉讼主张。只有提出了明确的诉讼主张,证明才能有针对性地进行,审判者才能明确审判的事项范围。

②证明主体必须实际承担提供证据证明自己所主张的事实成立的行为责任。在刑事诉讼中发现、收集和保全证据的各种诉讼行为。

③证明主体未能充分履行证明责任以说服事实裁判者相信其诉讼主张时,需要承担败诉或对其不利的诉讼后果。

(2)证明的对象是诉讼客体或案件事实。案件事实是指法律规定司法机关为了正确作出裁判或者决定而必须查明的事实,是适用法律不可缺少的基础。

(3)诉讼证明必须按照法律规定的范围、程序和标准进行。证明的主体、对象和标准由法律规定;证明主体所享有的权利和所应履行的义务由法律规定;证明责任如何分配,每个诉讼阶段取证的程序和需要到达的标准都由法律规定。

二、证明对象

证明对象又称待证事实、要证事实,指刑事诉讼中需要证据加以证明的与刑事案件有关的各种问题,既包括需要证明的刑事案件的主要事实,也包括需要证明的与刑事案件有关的其他事实。

刑事诉讼证明对象的范围具体包括:①被告人的身份;②被指控的犯罪行为是否存在;③被指控的行为是否为被告人所实施;④被告人有无罪过,行为的动机、目的;⑤实施行为的时间、地点、手段、后果以及其他情节;⑥被告人的责任以及与其他同案人的关系;⑦被告人的行为是否构成犯罪,有无法定或者酌定从重、从轻、减轻处罚以及免除处罚的情节;⑧其他与定罪量刑有关的事实。为了易于把握并指导司法实践,诉讼理论将与犯罪构成要件有关的事实形象地总结为"七何",即何人、何时、何地、出于何种动机和目的、采用何种方法和手段、实施何种犯罪行为、造成何种危害后果七个因素。当然,并不是所有的犯罪都要求以上七个要素缺一不可,或七个要素处在相等的重要地位。只有犯罪行为构成的四个一般要件,才是必不可少的。

刑事诉讼的证明对象从理论上可以概括为:

(1)有关犯罪构成要件的事实(定罪事实)。犯罪构成要件由刑事实体法所规定,包括犯罪主体、犯罪客体、犯罪的主观方面和犯罪的客观方面四个要件。

(2)与犯罪行为轻重有关的各种量刑情节的事实(量刑事实)。量刑情节有法定情节和酌定情节两大类。具体有从重处罚的事实,加重处罚的事实,从轻、减轻处罚或免除处罚的事实。

(3)排除行为违法性、可罚性的事实。排除行为违法性的事实有正当防卫和紧急避险等。排除可罚性的事实,例如超过追诉时效、特赦令免除刑罚、告诉才处理而未告诉或撤回告诉、被告人死亡等。

(4)排除或减轻刑事责任的事实。影响刑事责任能力的因素除了年龄,还有精神状态和生理状况。

(5)刑事诉讼程序事实。如管辖、回避、强制措施的适用、审判组织的组成、超过法定期限的事实、侵权等问题。

证明对象是证明活动的中心环节,证明活动以证明对象为出发点和归宿。正是因为设定了证明对象,才产生了证明主体、证明责任、证明程序、证明标准等问题,所以证明对象是证明的最初环节。同时证明对象决定着证明活动如何进行,如需要何种证据、证明到何种程度等,是证明的方向和目标。

三、证明责任

证明责任问题在证据制度中占有显要地位,对于保证诉讼程序的顺利进行和案件的公正处理,意义重大。在证据制度的发展史上,由于诉讼模式等的差异,证明责任的相关理论与立法规定也有所不同。它起源于古罗马法中著名的"谁主张,谁举证"原则,到近代德国发展到繁荣阶段。目前,两大法系的双重证明责任理论,即大陆法系的主观证明责任和客观证明责任以及英美法系的提供证据责任和说服责任,传播广泛且逐步被认同。简单而言,大陆法系的主观证明责任,是指当事人在诉讼过程中负有以自己之举证活动证明系争事实从而推动诉讼继续进行下去的责任。客观证明责任,是指在审判中当待证事实至审理最后仍然无法确定或未经证明时的法律效果问题,即系争事实真伪不明时的不利后果由哪方承担的问题。英美法系的提供证据责任(Burden of Producing Evidence),又称推进诉讼的责任(The Burden of Putting Forward with Evidence),是指在诉讼中当事人提供证据,说服法官将案件提交陪审团的责任,或者提出某项证据使某一问题成为争议点的责任,这是一种诉讼双方都应当承担的证明责任。说服责任(Burden of Persuasion)是指由提出诉讼主张的一方当事人提供证据说服陪审团裁判己方主张为真的责任。其中,主观证明责任、提供证据责任属于行为意义上的证明责任,强调动态性;客观证明责任、说服责任属于结果意义上的证明责任,强调静态性。

在我国立法中,首次使用举证责任这一概念的是《行政诉讼法》第 32 条的规定:"被告对作出的具体行政行为负有举证责任。"《刑事诉讼法》第 49 条对举证责任问题也作出了明确规定。"公诉案件中被告人有罪的举证责任由人民检察院承担,自诉案件中被告人有罪的举证责任由自诉人承担。"我们认为,一方面,诉讼规律的共同性决定了各国证明责任理论体系应当有一定的通融性,因此我国证明责任的内涵也应适当吸收两大法系证明责任理论的共同原理;另一方面,我国特有的诉讼模式决定了在证明责任上应有自己的特色。基于此,结合证明的概念以及《刑事诉讼法》的相关规定来看,我们主张从两个层面上来界定刑事诉讼中的证明责任,即举证责任和证明职责。具体分述如下:

(一)举证责任

举证责任是指在法院审理过程中,由控辩双方承担的提出证据证明自己主张的责任,如果不能提出证据或提出了证据但达不到法律规定的要求,将承担其主张不能成立的后果。它是审判阶段控辩双方论证自己的主张和说服裁判者层面上的证明责任,其理念和制度与两大法系的证明责任制度基本相同。但在举证责任双重含义的具体表述上,考虑到语言表达的通俗易懂性,我们主张采用推进责任和结果责任,而不采用主观责任和客观责任的表述。此外,需要特别指出的是,无论是推进责任还是结果责任,只要没有履行,事实上都存在一个不利后果的问题。前者将导致诉讼程序不能继续进行,在程序上驳回诉讼主张;后者将导致实体上的直接败诉。

1. 公诉案件中公诉人负有举证责任

《刑事诉讼法》第 49 条规定:"公诉案件中被告人有罪的举证责任由人民检察院承担。"这是因为:第一,刑事诉讼的过程是国家主动追究犯罪,实现国家刑罚权的活动。除了一部分侵犯公民个人权利的轻罪案件交由被害人提起自诉外,绝大多数案件是由检察机关代表国家进行追诉,行使公诉权,因而它理所当然地负有举证责任。第二,这是无罪推定原则的要求。该原则主张任何人在未经法院生效判决确定为有罪之前均应推定无罪,而推翻这项推定的责任在控诉方,如果控诉方不能举出证据并达到法定的证明要求,被告人将被判无罪。该原则在当今世界各国的刑事诉讼中普遍实行,我国参加或缔结的许多国际公约、条约也有此要求。因此,在确定举证责任的分担原则时必须遵循这一原则的要求。第三,是基于被告人在诉讼中所处的特殊地位之考虑。被告人作为被追诉的对象,可能被采取强制措施以限制其人身自由。他既没有强制收集证据的权力,也没有收集证据的现实能力。因此,除法律有特别规定外,不能要求被告人承担举证责任。

公诉案件中收集证据的责任主要由侦查机关承担。他们在收集证据时,可以按照《刑事诉讼法》第二编第二章侦查的规定,通过讯问犯罪嫌疑人,询问证人,勘验、检查,搜查,查封、扣押物证、书证,鉴定,技术侦查等侦查措施,收集能够证明犯罪嫌疑人有罪的证据,为以后的提起公诉做准备。在公诉案件的法庭审判阶段,公诉人负有举证责任,应当向法庭提出证据,证明起诉书对被告人所控诉的犯罪事实。根据《刑事诉讼法》的规定,公诉人在法庭上举证的方式表现为,对证人、鉴定人发问,向法庭出示物证、宣读未到庭证人的证言笔录、鉴定人的鉴定意见以及勘验、检查笔录和其他作为证据的文书。如果公诉人不举证,或者举证达不到法律规定的证明要求,法庭就会对被告人作出无罪判决。

2. 自诉案件中自诉人负有举证责任

自诉案件中要求由自诉人承担被告人有罪的举证责任,主要是由"谁主张谁举证"之法理决定的。《刑事诉讼法》第 49 条规定:"……自诉案件中被告人有罪的举证责任由自诉人承担。"这就意味着自诉人在起诉的时候,必须向法庭提供一定的证据,否则其起诉可能不会被法院受理;在法庭审判的时候,还必须提供"确实、充分"的证据证明被告人有罪,否则其诉讼请求会被法院驳回。需要注意的是,自诉人的举证责任,在有法定代理人的时候由法定代理人承担;自诉人还可以委托律师或其他代理人代理自诉,协助自诉人履行举证责任。

3. 被告人除法律另有规定之外不承担举证责任

在现代诉讼中,被告人无论在公诉案件中还是在自诉案件中一般都不负举证责任,即不承担在法庭上提出证据证明自己无罪的责任(义务)。我国刑事诉讼中的被告人也不承担举证责任,人民法院不能因为被告一方不愿意或者没有提出证据,而不顾控方的证据是否充足作出被告人有罪的判决。如果被告方提出证据,一般都是为了支持某一辩护理由,即为了被告人自己的利益,这是被告人的辩护权利,而不是举证责任。

强调被告人不承担证明自己有罪的责任是正确的,但在现代各国刑事诉讼中,这一原则存在例外。如在英国证据法中,在刑事案件的审理中,每一争议事实的举证责任都由起诉方承担,但精神不正常以及制定法将举证责任赋予被告人的情形除外。具体来说,控方负举证责任有三个例外:①被告人精神不正常;②制定法的明示规定;③适用上诉法院在女王诉爱德华兹一案中确定的制定法解释原则的案件。我国刑事法律中也存在着控方负举证责任的例外情形,如《刑法》第 395 条规定的"巨额财产来源不明"案件中,被告人需提出证据证明财产差额部分的来源是合法的,否则差额部分以非法所得论。这是为了有效地惩治国家工作人员的贪污贿赂行为而设立的一项特殊规则,在这类案件中被告人要承担举证责任。而在一般案件中,被告人有举证权利,但无举证责任。

（二）证明职责

证明职责是指公安司法机关及其工作人员基于国家对其职责的要求,在刑事诉讼中应承担的证明义务。公安机关、人民检察院、人民法院对案件所作出的追诉犯罪或者有罪处理的决定或裁判,在证据上应当达到法律所规定的证明要求,否则必将产生法律后果。国家专门机关负有职务上的证明责任,有利于正确实现刑事诉讼任务,避免诉讼证明行为的怠慢,保证严把事实关和证据关,其必要性与重要性是显而易见的。

我国的公安机关、人民检察院、人民法院在刑事诉讼中分别代表国家行使侦查权、检察权和审判权;收集证据,审查判断证据,准确认定案件事实,是法律赋予他们的职权并要求他们承担责任。《刑事诉讼法》第 50 条规定:"审判人员、检察人员、侦查人员必须依照法定程序,收集能够证实犯罪嫌疑人、被告人有罪或无罪、犯罪情节轻重的各种证据……"这明确了司法工作人员收集证据的证明职责。而且根据《刑事诉讼法》的规定,公安机关报请批准逮捕,必须提供法律所要求的证据,否则检察机关不批准逮捕;侦查终结,将案件移送人民检察院审查起诉时,必须提供支持其所认定的犯罪事实的证据。人民检察院审查以后,认为事实不清、证据不足的,可以退回公安机关补充侦查,或者自行侦查,最后仍达不到证据要求的,应当作出不起诉决定。人民检察院决定提起公诉的案件,必须认为证明犯罪嫌疑人犯罪事实的证据已达到确实、充分,足以作出有罪判决,并在法院开庭审理时向法庭提出支持起诉的证据,即实行举证。人民法院对被告人定罪判刑,在证明标准上必须达到犯罪事实清楚,证据确实充分的程度,人民法院在一定情况下有权力也有责任对证据进行庭内乃至庭外的调查核实。第一审法院的未生效判决如果证据不足,将由第二审法院予以撤销或改判。即使是生效判决,如果证据不足,认定事实错误,也将按照审判监督程序对案件进行再审,纠正错判。在对犯罪嫌疑人、被告人作出不逮捕、不起诉决定和宣告无罪的情况下,还应承担国家赔偿责任。可见,我国侦查机关、检察机关和人民法院在侦查、起诉、审判阶段都承担法定的证明职责;如果没有成功履行证明职责,则应承担不利于该国家专门机关的法律后果。

在自诉案件中,人民法院同样应当承担证明职责。在法庭审理过程中,审判人员对证据有疑问时,与公诉案件一样,可以休庭对证据进行调查核实,可以进行勘验、检查和鉴定。法院经过调查核实证据,认为证据已经确实、充分,才能作出有罪判决。

四、证明标准

证明标准,是指法律规定的运用证据证明案件事实所要达到的程度和水平。证明标准是法律规定的评价尺度,在不同的历史时期、不同性质的法律制度之下,适用的证明标准各有不同,但都以法律规定为前提。理解证明标准的概念,首先不得不提到一对重要的概念,那就是客观真实和法律真实。长期以来,理论界的主流观点认为,诉讼在证明标准上都要求达到事实清楚,证据确实、充分,也就是客观真实的标准或尺度。随着人们对诉讼特点和规律的认识逐步深化,学者们对于诉讼活动能否完全再现案件的客观真实开始提出质疑。诉讼活动作为一种认识活动,不可避免地受到各种主观因素如法官的知识水平、业务素质,甚至道德情操等的影响;同时,这种有别于一般认识活动的诉讼活动,受各种诉讼程序的限制,如审理期限的限制、取证手段的限制等,这也制约了案件客观真实的揭示;此外,诉讼的目标除了发现案件真相、惩罚犯罪、实现司法公正,还包括保护人权等其他一系列法律价值的维护与彰显,对这些法律价值的选择和平衡,其结果必然要求放弃客观真实的高标准,以切实可行的法律真实标准取而代之。而且,案件事实本身具有时间的唯一性,是一种不可回溯的事实,加上人类认识能力的有限性,即便没有上述的所有因素,要完全实现案件的客观真实也基本是不可能的。所谓法律真实,是指证据能够证明的事实。这种事实不是社会经验层面上的客观事实,而是事实认定者按照法律程序重塑的事实;该事实因为符合法定的标准而作为定罪科刑的依据。法律真实以客观真实为基础,而又有别于客观真实。正如美国学者吉尔兹所指出的那样:“法律事实并不是自然生成的,而是人为造成的……它们是根据证据法规则、法庭规则、判例汇编传统、辩护技巧、法庭雄辩能力以及法律教育等诸如此类的事物而构设出来的,总之是社会的产物。”法律真实除了具有客观性、法定性和规范性,也带有一定的主观性。应该强调的是,采用法律真实的证明标准并不意味着否定客观真实的价值,不能以诉讼程序的限制或其他原因为由而放弃对查明案件事实真相的必要努力,而应在法律许可的范围内最大限度地实现案件的客观真实,这是任何诉讼证明活动都应该竭力追求的理想目标。

因为证明对象的多元性,刑事诉讼的每个具体阶段的证明标准都相应地呈现出阶段性的特点。立法的具体规定为:

(1)立案阶段的证明标准:《刑事诉讼法》第一百零七条规定:“公安机关或者人民检察院发现犯罪事实或者犯罪嫌疑人,应当按照管辖范围,立案侦查。”第一百一十条规定:“……认为有犯罪事实需要追究刑事责任的时候,应当立案……”只要证据能够证明有犯罪事实发生或者存在有犯罪嫌疑的人需要追究刑事责任,即可立案侦查。

（2）批准逮捕阶段的证明标准：根据《刑事诉讼法》第七十九条的规定，批准逮捕的证明标准是"有证据证明有犯罪事实"。相关司法解释进一步明确，所谓"有证据证明有犯罪事实"是指：①有证据证明发生了犯罪行为；②有证据证明该犯罪行为是犯罪嫌疑人实施的；③证据可以相互印证，并查证属实。犯罪事实既可以是单一犯罪行为的事实，也可以是数个犯罪行为中任何一个犯罪行为的事实。

（3）起诉阶段的证明标准：《刑事诉讼法》第一百六十八条、第一百七十二条规定，起诉阶段的证明标准是整个案件事实的证据确实充分、达到人民检察院认为足以定罪判刑的程度。相关司法解释明确，起诉证据充分程度的最低要求应理解为：①据以定案的证据不存在疑问；②犯罪构成要件事实有必要证据予以证明；③证据之间的矛盾得到合理排除；④根据证据得出的结论具有其他可能性予以排除。

（4）审判阶段的证明标准：《刑事诉讼法》第一百九十五条规定，人民法院作出有罪判决的标准是"案件事实清楚，证据确实、充分"，第五十三条第二款明确："证据确实、充分，应当符合以下条件：（一）定罪量刑的事实都有证据证明；（二）据以定案的证据均经法定程序查证属实；（三）综合全案证据，对所认定事实已排除合理怀疑。"据此，我国刑事诉讼的终极证明标准是"排除合理怀疑"。"排除合理怀疑"的具体含义是：公诉方承担证明被告人犯有所控罪行的所有实质要素的任务。如果公诉方的证据仅能证明被告人可能犯有指控的罪行，甚或"很可能是"作案人，都未达到证明标准。只有其证明排除了"合理的怀疑"，才算完成了证明责任。应注意："排除合理怀疑"只适用于刑事诉讼的公诉方，且只适用于审理的定罪阶段。这意味着，只要辩护方提出一个有优势的辩护证据，公诉方就必须承担超出合理怀疑地推翻该证据。

第四节　刑事证据规则

一、证据规则的概念

证据规则又称证据法则，是指为了规范刑事诉讼中证明活动而设定的，在诉讼证明过程中必须遵循的关于证据取舍和运用的法律规则，其目的是解决证据是否"合格"以及证明力的问题。

证据规则具有以下作用：①在诉讼活动中规范诉讼各方的取证和举证行为；②在根据证据认定的事实时限制对证据的取舍。

二、非法证据排除规则

（一）非法证据排除规则的概述

1. 非法证据的概念

非法证据就是违反法律规定的程序和方法所收集和提取的证据，又叫做瑕疵证据，这类证据要么收集的程序、手段非法，要么形式、主体非法。

2. 非法证据排除规则的含义

非法证据排除规则是指对非法取得的供述与非法搜查和扣押取得的证据予以排除的规则统称。

3. 非法证据的范围

（1）执法机关违反法定程序制作或调查收集的证据材料。

（2）执法机关在超越职权或滥用职权时制作或调查收集的证据材料。

（3）律师或当事人采取非法手段制作或调查收集的证据材料。

（4）执法机关以非法的证据材料为线索调查收集的其他

证据。

(二)非法证据排除规则的法律规定

(1)确立了严禁非法取证的原则。《刑事诉讼法》第50条规定,严禁刑讯逼供和以威胁、引诱、欺骗以及其他非法方法收集证据,不得强迫任何人证实自己有罪。

(2)确立了排除非法收集证据的范围。《刑事诉讼法》第54条规定,采用刑讯逼供等非法方法收集的犯罪嫌疑人、被告人供述和采用暴力、威胁等非法方法收集的证人证言、被害人陈述,应当予以排除。收集物证、书证不符合法定程序,可能严重影响司法公正的,应当予以补正或者作出合理解释;不能补正或者作出合理解释的,对该证据应当予以排除。

(3)较详细规定排除非法证据的程序。《刑事诉讼法》第54条第2款规定,在侦查、审查起诉、审判时发现有应当排除的证据的,应当依法予以排除,不得作为起诉意见、起诉决定和判决的依据。第56条第2款规定,当事人及其辩护人、诉讼代理人有权申请人民法院对以非法方法收集的证据依法予以排除。

(4)规定非法证据排除的具体方法。《刑事诉讼法》第55条规定,人民检察院接到报案、控告、举报或者发现侦查人员以非法方法收集证据的,应当进行调查核实。对于确有以非法方法收集证据情形的,应当提出纠正意见;构成犯罪的,依法追究刑事责任。第56条第1款规定,法庭审理过程中,审判人员认为可能存在本法第54条规定的以非法方法收集证据情形的,应当对证据收集的合法性进行法庭调查。第57条第2款规定,现有证据材料不能证明证据收集的合法性的,人民检察院可以提请人民法院通知有关侦查人员或者其他人员出庭说明情况;人民法院可以通知有关侦查人员或者其他人员出庭说明情况。有关侦查人员或者其他人员也可以要求出庭说明情况。经人民法院通知,有关人员应当出庭。第59条规定法庭查明证人有意作伪证或者隐匿罪证的时候,应当依法处理。

(5)规定了非法证据的效力。在侦查、审查起诉、审判时发现有应当排除的证据的,应当依法予以排除,不得作为起诉意见、起诉决定和判决的依据。

(三)司法实践对非法证据的处理

(1)绝对排除法,非法方法收集的犯罪嫌疑人、被告人供述和采用暴力、威胁等非法方法收集的证人证言、被害人陈述,应当予以排除。

(2)裁量排除法,即法官自由裁量。收集物证、书证不符合法定程序,可能严重影响司法公正的,应当予以补正或者作出合理解释;不能补正或者作出合理解释的,对该证据应当予以排除。

三、传闻证据规则

传闻证据规则即传闻证据排除法则,又称反传闻规则(rule against hearsay),是英美证据法最重要的证据规则之一。传闻证据规则是指,如果一个证据被定义为传闻证据,并且没有法定的例外情况可以适用,则该证据不得被法庭采纳。

传闻证据规则的核心概念是"传闻"(即传闻证据,源自英文hearsay。在我国的证据理论研究中,习惯上对二者不做区别)。这是英美证据法上特有的证据概念。所谓"传闻",在广义上是指,用以证明其所说内容真实的法庭之外的陈述,包括口头陈述、书面陈述以及有意或无意地带有某种意思表示的非语言行为。在英美法数百年的历史上,对于传闻证据的界定五花八门,始终未能统一。但经过分析,我们可以概括出以下几点:

第一,传闻证据必须是一项陈述。但陈述是一个十分广泛的概念,包括意思表达的所有方式。其广义的表现方式包括口头陈述、书面陈述,以及非语言行为。至于陈述的主体,是广义的证人。需要指出的是,由于历史传统、法律习惯等原因,大陆法系和英美法系在证人的概念上有很大区别,主要是证人的范围不同。在大陆法系,证人是指以自己的感官感觉到案件情况的人,不包括当事人、鉴定人。在英美法系国家,证人的概念是广义的。证人通常是指经过宣誓之后在法庭审理过程中对案件的有关事实作证的人，包括大陆法系意义上的证人，还包括被害人、鉴定人、进行侦查的警察。

第二，传闻证据是在法庭外作出的。传闻证据的实质在于将两个不同的人以证人的身份置于法官面前：一个是假定的知情者、在法庭外作出陈述的证人，他在先前的某一时点上作出陈述，说某一事实曾经存在，该陈述被未经法官授权的另一个人听到；另一个是在法庭上宣誓作证的证人，他提供证言的目的并非证明该事实的真实存在，而是证明那个在法庭之外作出陈述的证人确实在庭外某场合下作出过这样的陈述。而传闻证据规则所禁止的，正是这种法庭外的证言性主张。传闻证据规则指出：被作为证言提出的人的主张不是在证人席上当庭作出的，而是事先在庭外作出的。传闻证据规则正是针对此点提出了质疑。这一规则告诉我们：庭外陈述人的主张是不能被接受的，因为该主张不是在能获得某些实质的检验或调查的情况下作出的，而这些检验或调查能够通过暴露其潜在错误来源而彰显其真实价值。

第三，传闻证据是一项主张，并旨在证明这一主张的真实性。传闻证据规则并非一律排除陈述者在庭外的所有陈述，而是不得用于证明其陈述内容是真实的。如果为了其他证明目的，传闻证据是可以采纳的。

之所以排除传闻证据，是因为理论上认为传闻证据不真实。其不真实性通常被归结为以下几点理由：

第一，传闻证据不是最佳证据。法庭要求就指控的事实提出最好的证据。就陈述类证据而言，毫无疑问，陈述者亲自出席法庭，就其亲历的事实作出的陈述才是最好的和最可靠的证据。日常生活经验告诉人们，对于事件的描述会在人与人之间的传递过程中被扭曲，心理学的研究也证明这一点。任何陈述都有可能因为陈述者的感知、记忆、表达以及诚实信用程度等而不可靠。传闻证据即存在这种危险。

第二,传闻证据通常不是在宣誓如实作证后作出的。这个理由基于如下假定:宣誓作为一种宗教和仪式上的标志会让证人觉得有一种特殊的责任要说实话;当证人已经宣誓还故意对其明知是错误或者不相信的事物证明其真实性时,宣誓是对伪证的强有力的抑制因素。与没有宣誓而作证相比,宣誓至少能让陈述者在陈述时更谨慎一些。此外,宣誓还产生法律上的后果。宣誓后,陈述者才具有合法的证人身份,才可以开始作陈述;宣誓后其所作的陈述才具有可采性,允许用作认定案件事实的依据;宣誓后,陈述者有义务如实作证,如果说假话,一旦被认定,可能承担法律上的责任,受到伪证的追究和处罚。由于陈述者在法庭外的陈述,不是经过宣誓后作出的,因此既不能确保陈述的真实可靠,也不能产生法律上的后果,所以为传闻证据规则所排斥。

第三,如果陈述者本人不被传唤到庭作证,无法对其进行交叉询问。交叉询问是英美法系的重要审判制度和证据检验规则,是当事人主义诉讼模式中最具特色的制度之一。两个世纪以来,英美法系法官和律师已经把获得交叉询问的机会作为确保证人证言准确、完整的一项措施,认为交叉询问是发现案件真实的最佳方式,对证人进行交叉询问是揭露证人证言可能存在的不真实性的有力武器。而法庭之外的陈述者无法接受交叉询问,或者至少无法及时接受交叉询问因此是不可以采纳的。

第四,法官和陪审团没有机会观察陈述者在作出陈述时的行为举止。认为观察证人的行为举止可以揭露其证言的不可靠性,这种观念是构成排除传闻证据规则的另一个理论基础。生活常识告诉人们,当一个人讲话时,其语调的高低或者抑扬顿挫,其态度的平静或者烦躁不安,其用词的直率或者闪烁其词,以及眼神、面部表情等,都会提供关于其陈述真实可靠性的有价值的暗示。尽管这种暗示不一定完全正确,但是对于观其言者,通常是很有帮助的。正是基于这种理论,要求陈述者出席法庭,在法官和陪审团面前作出陈述,使得事实的裁判者有机会直接观察到陈述者作出该陈述时的行为举止,就具有积极意义,通过观察证人的行为举止可以揭示其证言的不可靠性。鉴于陈述者法庭外的陈述无法使得法官和陪审团察言观色,所以为传闻证据规则所排除。

传闻证据规则确立以后,许多例外相继形成。起初只是由法官在个别案例中逐步确立了一些普通法上的例外,主要有:已故人的陈述;可采纳的作为有关事情一部分的陈述;公务文件中的记载;公共文书和著作中的记录;先前程序中所作的记录;等。后来立法者通过制定成文法也巩固和建立了诸多例外。美国《联邦证据规则》中就规定了以下例外:不必要亲自陈述的例外;不能亲自陈述的例外;"传闻中的传闻"的例外;用于攻击和支持陈述者的可信性的例外;以及其他例外。设置例外的理由是:认为传闻证据规则不应当被死板地运用,当该规则所要避免的危险在既定案件的具体情节中不存在或者可以被忽略的时候,或者在某些情况下不可能得到其他的证据时,法官不应当机械地运用排除规则对该证据予以排除。

传闻证据规则在不断修正和变化之中。一方面,在普通法时期,传闻证据规则的内涵和外延就历经了发展和变化,在成文法中,传闻证据规则仍然在不断地变化。另一方面,同样是英美法系国家,各个国家之间,在传闻证据规则的定义适用上,也出现了不同的变化。如英国《2003 年刑事司法法》对传闻证据采取了比较灵活的方式,允许这类证据进入法庭,由事实审理者来自由裁量。

我国学者一般认为,传闻证据规则是英美法系证据法中的规定,大陆法系国家则确立了直接言词原则。根据该原则,直接感知案件事实的人必须出庭作证,这与传闻证据规则的内在精神是一致的。但是,由于直接言词原则与传闻证据规则分别隶属于两大法系,分别存在于职权主义与当事人主义诉讼模式之中,因此,仔细探究,两者在有些方面又存在差异。概而言之,主要有以下几个方面:一是两者的适用范围不同。前者主要是规范法官审判行为的原则，要求法官的行为必须符合直接、言词的要求；后者则主要禁止传闻证据进入法庭审理程序。二是两者发挥作用的方式不同。前者无须当事人提出，法官必须依职权贯彻；后者则必须以对方当事人提出为前提，法官不得主动排除传闻证据。三是对证据的效力影响不同。前者要求证据在法官面前以言词的方式提出才具有证据能力；后者则要求证据必须经过对方当事人的反询问或同意方具有可采性。

鉴于该规则的核心内容是排斥陈述者在法庭外的陈述，因此，要求陈述者向法庭以言词方式作出陈述，并接受诉讼双方的口头发问，这是传闻证据规则的基本要义。我国不宜全面照搬传闻证据规则，但应在证人、被害人、鉴定人出庭作证问题上借鉴传闻证据规则并加以改革、完善。我国《刑事诉讼法》第 187 条规定："公诉人、当事人或者辩护人、诉讼代理人对证人证言有异议，且该证人证言对案件定罪量刑有重大影响，人民法院认为证人有必要出庭作证的，证人应当出庭作证。人民警察就其执行职务时目击的犯罪情况作为证人出庭作证，适用前款规定。公诉人、当事人或者辩护人、诉讼代理人对鉴定意见有异议，人民法院认为鉴定人有必要出庭的，鉴定人应当出庭作证。经人民法院通知，鉴定人拒不出庭作证的，鉴定意见不得作为定案的根据。"第 188 条规定："经人民法院通知，证人没有正当理由不出庭作证的，人民法院可以强制其到庭，但是被告人的配偶、父母、子女除外。证人没有正当理由拒绝出庭或者出庭后拒绝作证的，予以训诫，情节严重的，经院长批准，处以 10 日以下的拘留。被处罚人对拘留决定不服的，可以向上一级人民法院申请复议。复议期间不停止执行。"尤其值得一提的是，最高法《解释》第 78 条规定："证人当庭作出的证言，经控辩双方质证、法庭查证属实的，应当作为定案的根据。""证人当庭作出的证言与其庭前证言矛盾，证人能够作出合理解释，并有相关证据印证的，应当采信其庭审证言；不能作出合理解释，而其庭前证言有相关证据印证的，可以采信其庭前证言。""经人民法院通知，证人没有正当理由拒绝出庭或者出庭后拒绝作证,法庭对其证言的真实性无法确认的,该证人证言不得作为定案的根据。"据此,传闻证据规则的雏形在我国刑事诉讼中已经建立起来。

四、品格证据规则

品格,一般是指一个人的品行道德和行事风格,属于不易变化的心理品质,如诚实、奸险等可以作为善恶、是非等评价的心理品质。而品格证据(character evidence)则是指能够证明一个人的某些品格或品格特征,并推论其依照该品格或品格特征行事的证据。品格证据的一般规则是,关于一个人的品格或品格特征的证据,在证明此人在特定环境下实施了与此品格相一致的行为上不具有关联性,不应当被采纳。换言之,"一次做贼,永远是贼"的推论是不被允许的,拒绝这种逻辑的原因在于品格证据可能导致的偏见大于其证明价值。品格证据是有明显倾向性的证据,会带给事实裁判者一定的心理暗示,容易引起偏见;另外,品格对行为影响的大小因人而异,用行为人的品格倾向推测其在特定场合下的行为太过主观,这种推论可能导致得出错误的结论。因此,品格证据规则的核心在于避免刑事审判中不公平的偏见对于发现案件事实所造成的消极影响。

品格证据规则也有一些重要的例外,在特定的情形下,可以认为品格证据与待证事实有关联性。具体体现在如下方面:

(1)被告人的品格。如果被告人首先提出关于自身品格的证据,那么,控诉方就此提出反驳被告人品格的证据可以被采纳。具体而言,如果被告人表示自己品格良好,因而不可能实施被指控的犯罪,控诉方也可以提出表明被告人品行不端的事实作为证据。

(2)被害人的品格。如果被告人提出了关于被害人品格的证据,那么,控诉方就此提出反驳的品格证据也可以被采纳。例如在杀人案件中,被告人为支持其正当防卫的辩护主张,提出被害人一贯脾气暴躁的证据,并由此推断被害人先发起进攻,控诉方为反驳这一主张而提出的证明被害人一贯性格平和的证据具有可采性。

（3）证人的品格。用以弹劾或支持证人的可信性的品格证据可以被采纳。证人的可信性关乎其证言可否被采纳，控辩双方为使诉讼结果有利于己方，都要通过交叉询问攻击对方证人的可信性，并提出证据支持己方证人的可信性，而证人的品格是最为重要的一个因素。如果证人惯于说谎，那么他的证言的可信性将会大打折扣；反之，如果证人为人正直诚实，那么他的证言的可信性将会大大提高。

我国法律没有确认品格证据规则，但《刑事诉讼法》第268条明确要求，公安司法机关在办理未成年人刑事案件过程中，"对未成年犯罪嫌疑人、被告人的成长经历、犯罪原因、监护教育等情况进行调查"，调查所获材料可以用作是否采取强制措施、是否移送审查起诉、是否提起公诉、是否判处监禁刑的依据或参考，这实际上是认可了未成年犯罪嫌疑人的品格的证据能力。另外，在英美法中被作为品格证据的犯罪前科在我国刑事诉讼中也是可以使用的证据，如犯罪嫌疑人曾经故意犯罪，可以作为认定其存在逮捕所必要的"社会危险性"条件的证据；被告人的犯罪前科，可以作为法院认定累犯或者从重处罚的证据。

五、意见证据规则

意见证据是指证人根据自己直接体验的事实所作的推断性陈述。意见证据规则是指证人只能就其感知的事实提供陈述，除特殊情况外，不能发表根据直接感知的事实得出的推断。

一般认为，意见证据规则的法理依据在于：①防止偏见。证人提供的意见与其对事实的感知相混杂，容易导致偏见或预断，影响公正认定案件事实；②裁判职能与作证职能的区分。通过基础事实产生推测和意见是对事实的认定，属于裁判职能，应当由法官或陪审团负责。如果允许普通证人提出自己的推断和意见，那么这就超越了证人作证的职能，侵犯了裁判主体的权力。

在英美法中,证人可分为普通证人和专家证人两类。普通证人是指亲身体验了案件事实的普通自然人;而专家证人一般被认为是任何具有专门知识或相关技能的人,如笔迹鉴定专家、枪弹问题专家等,并不要求一定是公认的专家或专业人才。普通证人可能根据其直接感知的事实向法庭提供陈述,也可能向法庭陈述其对某事项的主观判断;而专家证人通常是就其专门知识领域中的问题向法庭提出专家意见。意见证据规则是针对事实证人作证而言的,至于专家证人发表的意见则具有可采性。因为专家之所以成为证人,就是因为需要他依据其专业知识、技能、经验、训练或教育经历,就案件事实方面涉及的专门性问题提出专业意见,以便事实裁判者更好地认定相关事实。

意见证据规则并不排斥普通证人在陈述案件事实的过程中凭借一般生活经验做出推测。如果证人的意见或推断合理地建立在证人的感知和经验之上,或者对于清楚理解该证言或确定争议事实有益,则该意见可以被采纳。如"闻起来像酒精味","某人看上去很紧张"等。一般情况下,普通证人根据自己的体验,就年龄、相貌、心理状态以及物品的体积、重量、色彩、价格等情况做出的推测属于可采的意见证据。

我国 2010 年《关于办理死刑案件审查判断证据若干问题的规定》第 12 条第 3 款规定:"证人的猜测性、评论性、推断性的证言,不能作为证据使用,但根据一般生活经验判断符合事实的除外。"《最高法解释》第 75 条第 2 款吸纳了这一规定。可见,我国刑事诉讼已经开始尝试确立意见证据规则,这有利于规范诉讼证明活动,确保证人如实提供他们所感知的案件事实,避免证人根据感知事实得出的推断影响对案件事实的认定。但是相对于英美证据法中的意见证据规则,我国的规定显得过于简单、笼统。

六、补强证据规则

补强证据规则,是指为防止误认事实,在运用某些证明力薄弱的证据认定案情时,必须有其他证据补强其证明力。用以加强其他证据证明力的证据即补强证据,被补强的证据即主证据,主证据通常是言词证据,包括被告人供述、证人证言、被害人陈述等。不同的证据证明力强弱不同,贸然采用某些证明力明显偏弱的证据,容易导致误判。某些言词证据之所以需要补强,其法理依据就在于运用其他证据担保其真实性。为了能对证明力薄弱的证据起到补充和加强作用,补强证据必须具有关联性。通常情况下,补强证据本身应当具有独立的证据价值,补强证据要有独立于主证据的来源,并且能够在证明力上对主证据产生补充的作用,两者之间形成证明力上的相互支撑联系;补强证据与主证据必须指向相同的证明对象,两者之间在证明力上是补强和被补强的相互关系。

我国《刑事诉讼法》确立了口供补强规则,该法第 53 条规定:"对一切案件的判决都要重证据,重调查研究,不轻信口供。只有被告人供述,没有其他证据的,不能认定被告人有罪和处以刑罚。"根据这一规定,在我国刑事诉讼中,被告人的口供不能作为定罪和处罚的唯一根据,必须有其他符合法律规定的证据予以补强。

在我国司法实践中,不仅口供必须得到其他证据的补强以后才能作为认定被告人有罪和判处刑罚的根据,而且审判人员对被告人庭前供述以及当庭供述的采信,也必须有其他证据的补强。《最高法解释》第 83 条规定:"审查被告人供述和辩解,应当结合控辩双方提供的所有证据以及被告人的全部供述和辩解进行。被告人庭审中翻供,但不能合理说明翻供原因或者其辩解与全案证据矛盾,而其庭前供述与其他证据相互印证的,可以采信其庭前供述。被告人庭前供述和辩解存在反复,但庭审中供认,且与其他证据相互印证的,可以采信其庭审供述;被告人庭前供述和辩解存在反复,庭审中不供认,且无其他证据与庭前供述印证的,不得采信其庭前供述。"根据这一规定,不论是被告人的庭前供述,还是其当庭供述,只有能够得到其他证据印证的,才能得到审判人员的采信。这可以说也是口供补强规则的一个方面。

需要指出的是,《最高法解释》第 106 条规定:"根据被告人的供述、指认提取到了隐蔽性很强的物证、书证,且被告人的供述与其他证明犯罪事实发生的证据相互印证,并排除串供、逼供、诱供等可能性的,可以认定被告人有罪。"这一规定并不是对证据补强规则的否定,而是对证据补强规则的肯定:首先,被告人的供述得到了隐蔽性很强的物证、书证补强;其次,被告人的供述有其他证据的印证。

第四章　刑事诉讼审前程序

刑事诉讼审前程序是指公诉案件自刑事诉讼启动至审判机关受理之前的程序。审判程序和审前程序的划分，是基于审判中心主义而对刑事诉讼程序在诉讼阶段的划分，是我国刑事诉讼阶段理论的突破。我国刑事诉讼审前程序可以分为立案、侦查、起诉三个阶段，不予起诉的案件在条件满足的情况下可由被害人自行起诉。

第一节　立案程序和立案监督

一、立案的概念

在我国，刑事诉讼中的立案是指我国公安机关和检察机关对报案、报告、举报和自首以及自诉人起诉等依法提交的相关材料，依据各自的职能和管辖范围进行审查以后，认为有犯罪事实且应追究刑事责任时，决定以刑事案件进行侦查或审判的一种诉讼活动。从我国现有刑事诉讼的相关规定来看，立案有以下特点：

第一，立案是法律赋予给执法和司法机关特有的权力和职责，也就是说，除公安机关、人民检察院和人民法院之外，其他机关没有立案权。我国刑事诉讼方面的相关规定表明，只有我国的专门机关才能在我国境内判断是否是刑事案件，是否有必要进行相应地侦查或审判活动。立案权的唯一性，有利于维护我国法律制度的统一。

第二，立案是我国刑事诉讼过程中必经的一个阶段，是开始刑事诉讼活动的重要标志。立案与侦查、提起公诉、审判等其他诉讼阶段是相互并列的,具有特定的任务和程序,必须经过一定的方式才能实施。立案在刑事诉讼的过程中具有非常独特的意义。一般来说,刑事诉讼之中的一些阶段可能会被绕过,但是任何案件的定性都必须经过立案阶段。正是因为立案在刑事诉讼之中具有如此重要的意义,因此在实践中一些专门机关为追求破案率而采取的先破后立、不破不立的这些做法是违反刑事诉讼法律相关规定的宗旨的,在今后的司法实践中应予以纠正。

二、立案的任务

立案的任务在于决定是否开始追究刑事犯罪,也即通过对主动获取的线索或接受的有关材料进行审查,确定有无犯罪事实,依法是否需要追究刑事责任,从而作出立案与否的决定。

明确立案的任务,有利于专门机关更好地履行立案阶段的职责。在立案阶段,专门机关的主要职责是对有关材料依据事实和法律进行审查,一般不采取侦查行为,只有在查明有犯罪事实并依法需要追究刑事责任而作出立案决定之后才能采取侦查手段和强制措施,以防止专门机关滥用权力,侵害公民、单位的合法权益。但这不排除在紧急情况下可以采取某些必要的侦查手段和强制措施。

三、立案的材料来源

立案材料是指司法机关以之为根据开展立案活动的材料,其中包括司法机关通过侦查活动发现的和与案件相关的单位、组织或个人向司法机关提供的与犯罪事实相关的材料。立案材料是司法机关判断是否进行立案的重要事实依据。依据我国现有刑事诉讼方面的相关规定,立案材料的来源主要有以下几个方面:

（一）公安机关、人民检察院发现犯罪事实或者犯罪嫌疑人

《刑事诉讼法》第 107 条规定:"公安机关或者人民检察院发现犯罪事实或者犯罪嫌疑人,应当按照管辖范围,立案侦查。"公

安机关、人民检察院享有侦查权,是同犯罪作斗争的专门机构,应当积极主动地发现、获取犯罪线索,一旦发现有犯罪事实或者犯罪嫌疑人需要追究刑事责任的,应当主动立案追查或者移送有管辖权的机关处理,需采取紧急措施的,应先采取紧急措施,再移送有关机关处理。

(二)单位和个人的报案或者举报

我国《刑事诉讼法》第108条第1款规定:"任何单位和个人发现有犯罪事实或者犯罪嫌疑人,有权利也有义务向公安机关、人民检察院或者人民法院报案或者举报。"单位和个人举报的材料是执法机关审查决定是否立案的重要材料来源之一。2001年7月,国务院通过了《行政执法机关移送涉嫌犯罪案件的规定》要求具有行政权力的执法机关在查出违法活动的过程中,将涉嫌犯罪的事实的细节及其造成的相关后果向公安机关及其他机关移送。个人举报也是信息的重要来源,个人往往持有犯罪事实的重要信息,向公安机关、检察院和人民法院揭发往往能够快速破案。单位举报和个人举报在法律意义上是不同的。

报案和举报在法律程序上存在不同。报案是相关单位和个人在发现犯罪事实的情况下向执法和司法机关报告的法律行为;举报则是指相关单位或个人将其掌握的犯罪事实以及相关嫌疑人向执法和司法机关揭露的行为。因此,报案是针对犯罪事实的,并不掌握关键证据,破案需要执法和司法机关通过侦查实现;而检举则是个人将已掌握的与犯罪案件相关的事实向执法和司法机关报告的事实,通常对破案有重大帮助。

(三)被害人的报案或者控告

《刑事诉讼法》第108条第2款规定:"被害人对侵犯其人身、财产权利的犯罪事实或者犯罪嫌疑人,有权向公安机关、人民检察院或者人民法院报案或者控告。"

被害人(包括被害单位)是受犯罪行为直接侵害的人,具有追究犯罪的强烈愿望和积极性,同时,由于被害人往往与犯罪嫌疑人有所接触,了解案件的情况较多,因而能够提供较为具体详细的有关犯罪事实和犯罪嫌疑人的情况。因此,被害人的报案和控告是又一个重要的立案材料来源。

报案和控告的区别与前述报案和举报的区别相同,控告与举报就其内容而言基本是一样的,都是向公安机关、人民检察院或者人民法院揭发、报告犯罪事实及犯罪嫌疑人。二者的区别在于呈报主体和利益关系不同,控告是由遭受犯罪行为直接侵害的被害人提出,而举报在一般情况下则是由与案件无直接利害关系的单位或者个人提出的;控告人的主要目的是维护自身的合法权益,举报人的主要目的则是为了维护国家、集体或其他相关主体的合法利益。

(四)犯罪人的自首

《刑事诉讼法》第108条第4款认为犯罪人的自首同样是立案材料的来源之一。自首是指犯罪分子投案以后如实主动向执法和司法机关交代罪行或者被采取强制措施以后如实向司法机关供述司法机关尚未掌握的本人其他罪行的行为。我国执法机关和司法机关对于犯罪人的自首行为都应该接受,对于不属于自己管辖范围内的,应当移送主管机关处理。若需要采取紧急措施,执法机关则应先采取紧急措施。

(五)其他途径

在司法活动中,立案的材料来源除了以上的还有其他种类:①上级机关交办的案件;②群众的扭送;③其他行政部门查出之后依法需要追究相关刑事责任的案件。立案材料的来源还有其他多个种类,这里不再一一叙述。

四、立案的条件

执法机关和司法机关在接受到与犯罪事实相关的材料之后,首先要依据实际情况对犯罪材料进行审查,不能立即进行立案,只有符合法定立案条件之后才能够立案。刑事诉讼方面的相关法律规定,执法机关与司法机关确定犯罪事实应追究相关刑事责任以后,应当依据掌握的材料立案;若认为没有犯罪事实或者有较为轻微的犯罪事实,不需追究犯罪事实的,可以不予立案,并将相关原因通知控告人或报案人。从我国刑事诉讼方面法律对立案条件的规定来看,立案条件包括以下几个方面:

（一）有犯罪事实

有犯罪事实是指依照我国现有法律规定,材料之中存在犯罪行为,且有一定的证据能够予以证明。这是立案的核心条件。从犯罪事实的本质来看,"有犯罪事实"具有以下两个方面的含义:

第一,犯罪行为只能依照刑法规定进行立案追究,立案是刑事诉讼的开始。执法机关和司法机关一旦决定立案就有可能采取相应的侦查或其他措施。因此,执法机关和司法机关在审查立案材料的过程中,首先要对犯罪事实做出明晰的界定,区分犯罪与否。

应该进行追踪说明的是,材料之中的犯罪事实界定并不需要清楚犯罪过程中的具体细节和过程,只需要确定材料之中有违反刑法的犯罪事实即可。犯罪的具体细节需要司法和执法机关在今后的侦查和审理活动中弄清楚。

第二,说明犯罪事实必须要有充足的证据和材料。立案阶段虽然不要求犯罪事实的全部细节,但是在立案材料之中要有充足的证据说明犯罪事实的存在。犯罪事实不能是虚拟的,必须有足够的支撑,证明其为事实。

（二）需要追究刑事责任

犯罪事实虽然是立案的核心条件,但是能否进行立案,还要能够追究刑事责任,不需要追究刑事责任的可以不予立案。刑事责任是衡量犯罪情节轻重的标准。一般来说,对于犯罪情节较轻,社会影响不大的犯罪事实可不予立案,如街头两人开玩笑似的互殴。虽然有犯罪事实,一方对另一方进行殴打,然而却可以不予追究刑事责任。执法机关和司法机关在接收到报告人的报告之后,可以不予立案。

五、立案材料的接受

执法机关和司法机关在接受到报案、控告、举报和自首材料之后,应进行妥善处理,为以后持续的刑事活动做好准备。从我国刑事诉讼相关法律规定来看,执法机关和司法机关在接受到立案材料以后,应注意到以下几个方面。

(一)专门机关对立案材料都应当接受

我国《刑事诉讼法》规定,执法机关和司法机关对于报案、控告、举报、自首都应当接受。《高检规则》中对人民检察院的立案材料管理做了严格的规定。例如,仅就举报来说,人民检察院设有专门的举报中心统一对举报线索进行管理,并同时接受本院其他部门或人员提供的犯罪案件线索。我国《公安规定》第166条说明公安机关应立即接受立案材料,并迅速对立案材料进行处理,问明情况,并制作相关笔录(必要时可以进行录音、录像),最大条件地掌握犯罪事实。

(二)告知诬告应负的法律责任

执法机关和司法机关在接受立案材料的过程中,应当向控告人和举报人说明诬告的法律责任。当然,执法机关应界定错告和诬告的区别,应给予不同的对待。这一规定的目的是为了防止诬告和陷害,保证举报材料的真实性和客观性。

人民检察院在立案过程中,对于属于错告的,如果对被控告人、被举报人造成不良影响的,应当自作出决定之日起一个月以内向其所在单位或者有关部门通报初查结论,澄清事实。对于属于诬告陷害的,应当移送有关部门处理(《高检规则》第180条)。

(三)保障安全和保密

公安机关、人民检察院或者人民法院应当保障扭送人、报案人、控告人、举报人及其近亲属的安全。扭送人、报案人、控告人、举报人如果不愿公开自己的姓名和报案、控告、举报的行为，应当为他保守秘密(《刑事诉讼法》第 109 条第 3 款;《公安规定》第 170 条)。

控告检察部门或者举报中心对于不愿公开姓名和举报行为的举报人,应当为其保密(《高检规则》第 162 条)。

这些规定的目的是鼓励公民积极提供揭露犯罪的材料。专门机关应当尽可能为这些公民提供事前保护,避免犯罪分子对这些公民造成不必要的危险。对威胁、侮辱、殴打扭送人、报案人、控告人或者举报人的人必须予以严肃查处,构成犯罪的要依法追究刑事责任。

六、对立案材料的审查和处理

我国《刑事诉讼法》对立案材料的审查与处理做出了原则性规定。公、检、法机关应按照刑事诉讼中的不同职能分工,依照自己的职能范围对立案材料进行处理。

(一)公安机关负责侦查的案件的立案程序

1. 对报案、控告、举报、扭送、自首的审查

公安机关在接受或者发现与犯罪事实有关的线索以后,应迅速做出审查,并做出相关记录。对于不在自己管辖范围之内的案件,公安机关应秉着接受和紧急处理的原则优先接受和处理相关材料,之后向上级机关反映,将案件材料移送至有管辖权的机构,并制作出《移送案件通知书》(《公安规定》第 172 条)。

公安机关在审查材料以后,公安机关应根据犯罪事实的情节轻重分别进行处理。对于确实存在较重犯罪情节的,公安机关应进行笔录,并尽快进入犯罪调查环节。对于犯罪情节较轻的,公安机关应告知控告人或被害人向人民法院起诉犯罪人。如果被害人要求公安机关处理的,公安机关应依法受理(《公安规定》第 173 条)。

经审查,对于不存在犯罪事实应给予行政处罚的,公安机关应将相关材料移送行政部门(《公安规定》第 174 条)。

2. 初查

在审查中,发现不明事实的案件,如果处理材料的公安机关工作人员认为有必要,报相关负责人批准,可以进行简单初查。在初查时,公安机关应依照相关法律的规定在不限制被调查对象人身、财产权利的条件下采取询问、查询、勘验和鉴定等措施调查取证(《公安规定》第 171 条)。

(二)人民检察院直接受理的案件的立案程序

(1)对立案材料的审查。人民检察院举报中心接受到举报线索以后,应当及时记录、审查并根据举报线索的不同情况移送其他机构进行处理。对于属于人民检察院管辖的,举报中心应依照相关规定送至具有管辖权的人民检察院的相关部门办理。对于不属于人民检察院管辖的,举报中心工作人员应按照相关规定移送至具有管辖权的其他机关,并根据情况决定是否需要采取紧急措施,将最终的结果通知立案材料提供者。对于管辖范围不明晰的立案材料,举报中心的管理人员可先进行调查核实,进行优先处理,待查明情况以后移送具有管辖权的机关办理(《高检规则》第 157 条)。

(2)立案材料的分级备案制度。人民检察院对于直接受理的立案材料采取分级备案的管理制度。对于一般刑事案件,人民检察院可自行处理。对于大案要案,县、处级干部的线索应报省级人民检察院备案,特别重大的,应报最高人民检察院举报中心备案;厅、局级以上干部的相关线索一律报最高人民检察院举报中心备案。相关工作人员应当按照要求填写要案备案表。需要初查的,人民检察院应在初查以后向上级人民检察院备案。如果上级人民检察院认为处理不当的,应在收到相关材料 10 日内通知报备人民检察院给予纠正。

(3)立案材料的初查。初查是针对犯罪事实的,并非犯罪细节。在举报中心。初查部门对举报中心移交的线索进行基本审查以后,认为有犯罪事实需要初查的,可报检察长或检察委员会批准。初查过程中,侦查部门可在不限制初查对象人身与财产权力的情况下,采取询问、查询、勘验、检查、鉴定、调取证据材料等手段对犯罪事实进行侦查。当被调查对象不履行配合义务时,侦查部门不得采取强制措施或者技术侦查措施进行侦查。

侦查部门对举报线索侦查以后,认为若有犯罪事实需要追究刑事责任的,应制作审查结论报告,提请检察长批准立案侦查。在侦查后,若认为具备下列情形之一的,应提请检察长批准不予立案:①具备《刑事诉讼法》第 15 条规定情形之一的;②认为不存在犯罪事实的;③认为证据不足以立案的(《高检规则》第176 条)。

(4)作出立案与否的决定。人民检察院认为犯罪案件足以立案的,应制作立案决定书并报上一级人民检察院备案(《高检规则》第 183 条)。人民检察院决定不进行立案的,如果有控告人的,应当制作不立案通知书,载明案由、来源、原因和法律依据,并在 15 日内送达控告人。若被举报人确实存在违纪违法,但是不构成犯罪的,人民检察院应将相关材料移送主管机关处理(《高检规则》第 184 条)。

(5)对人大代表立案的特别规定。人民检察院根据事实要对人民代表立案,应按照相关规定的程序向人大代表所在的人大代表主席团或常务委员会进行通报(《高检规则》第 185 条)。

(三)人民法院对自诉案件的立案

人民法院直接受理自诉案件,对收到的犯罪材料经审查不属于自己管辖的,应当将材料移送有管辖权的机关处理;对属于自己管辖的自诉案件,符合刑事诉讼法及有关司法解释规定的,予以受理;不符合有关规定的,应当说服自诉人撤回起诉,或者裁定驳回起诉。

七、控告人对不立案决定的申请复议

《刑事诉讼法》第 110 条规定,控告人如果对公安机关、人民检察院、人民法院不予立案的决定不服,可以申请复议。赋予控告人申请复议权,既是为了有效保护受犯罪行为侵害的被害人的合法权益,也是对专门机关应当立案而不立案的制约。

(一)申请复议

公安机关将案件的《不予立案通知书》送达控告人以后,控告人对不立案决定不服的,可在收到通知书以后的 7 日内向发出决定的公安机关申请复议。该公安机关应在收到申请以后的 7 日内作出决定,并向控告人作出书面通知。控告人仍旧不服的,可以在收到复议决定书 7 日以内向上一级公安机关申请复核。上一级公安机关对复合申请处理决定仍旧是 7 日(《公安规定》第 176 条)。

若作出不予立案的决定是人民检察院直接受理的案件,控告人可在收到通知书以后的 10 日以内向人民检察院控告检察部门申请复议。控告检察部门应根据事实和法律对案件进行再次审查,若有必要可要求控告人提供相关材料(《高检规则》第184 条)。

(二)要求人民检察院立案监督或者提起自诉

控告人对不立案决定除可以申请复议外,也可以不经复议而向人民检察院提出要求人民检察院予以监督,或者直接向人民法院起诉。《刑事诉讼法》第 111 条规定,被害人认为公安机关对应当立案侦查的案件而不立案侦查,向人民检察院提出的,人民检察院应当要求公安机关说明不立案的理由。《刑事诉讼法》第 204 条第 3 项规定,被害人有证据证明对被告人侵犯自己人身、财产权利的行为应当依法追究刑事责任,而公安机关或者人民检察院不予追究被告人刑事责任的案件,可作为自诉案件,被害人有权向人民法院直接起诉,人民法院应当依法受理。可

见,由于申请复议是向原决定机关提出的,缺少外部监督、制约,为了保障控告人的合法权益,刑事诉讼法又规定了这两种救济措施。

八、人民检察院对立案的监督

在是否决定立案的过程中,人民检察院应依法行使监督职责。《刑事诉讼法》第 111 条规定:"人民检察院认为公安机关对应当立案侦查的案件而不立案侦查的,或者被害人认为公安机关对应当立案侦查的案件而不立案侦查,向人民检察院提出的,人民检察院应当要求公安机关说明不立案的理由。人民检察院认为公安机关不立案理由不能成立的,应当通知公安机关立案,公安机关接到通知后应当立案。"《刑事诉讼法》中关于人民检察院行使监督权力的规定,是为了确保执法和司法机关能够依法立案,防止和纠正有案不立和违规立案的现象。这一措施对打击犯罪,保护公民的合法权利,保障法律的统一实施,起到了积极的作用。

（一）立案监督的启动

人民检察院启动立案监督主要基于两点,一是对立案过程的主动审查,二是基于被害人的申请。

（1）人民检察院对立案的审查。通过审查,人民检察院发现公安机关存在应当立案而不立案,或是违规立案的情况,应当依据相关规定对案件进行重新审查（《高检规则》第 553 条第 2 款）。

（2）基于被害人的申请。被害人及其法定代理人认为公安机关对其控告或者移送的案件应当立案却不立案,或者当事人认为公安机关不应当立案,而向人民检察院提出的,人民检察院应当受理并进行审查（《高检规则》第 553 条第 1 款）。

（二）对应当立案而不立案的处理

人民检察院对于公安机关应立案而不立案的案件依据相关

线索审查以后,应根据案件的具体情况作出不同处理:

(1)确实没有犯罪事实,或者犯罪事实明显轻微不追究刑事责任的,或其他不追究刑事责任情形的,应及时答复投诉人或者相关执法机关。

(2)不在被投诉公安机关管辖范围之内的,可建议投诉人向具有管辖权的机关控告。

(3)公安机关尚未作出不予立案决定的,可向控告人说明情况。

(4)对于存在犯罪事实,且也可以追究刑事责任,也在被投诉公安机关的管辖范围之内的,经检察长批准,检察院监督部门可以要求公安机关作出不立案理由的书面说明。

(三)对不应当立案而立案的监督

人民检察院在审查以后发现有证据证明公安机关可能存在违法动用刑事手段插手民事与经济纠纷,或者部分办案人员存在违法以立案为依据对当事人实施打击报复、敲诈勒索的情形。在尚未提请批准逮捕或移送审查起诉的,应报请检察长批准要求公安机关对立案理由进行书面说明(《高检规则》第555条第2款)。

(四)人民检察院做出立案或者撤销案件的通知

人民检察院审查以后,认为公安机关的理由不成立,应报请检察长批准,通知公安机关立案或者撤销案件(《高检规则》第558条)。

人民检察院需要核实案件事实的情况下,可向办案人员以及有关当事人询问,查阅和复制公安机关的相关登记表册及其他案卷资料和相关法律规定(《高检规则》第556条)。

人民检察院认为公安机关决定不合适的,应制作《通知立案书》或者《通知撤销案件书》,说明事实和法律依据,并将相关证据材料送至公安机关。

公安机关在收到《通知立案书》之后的15日以内应决定立

案,对《通知撤销案件书》没有异议的应当立即撤销案件,并向人民检察院送达《立案决定书》或《撤销案件决定书》复印件(《高检规则》第 559 条)。

对于监督 3 个月仍旧未侦查终结的案件,人民检察院可以发出《立案监督案件催办函》要求公安机关及时向人民检察院反馈立案侦查的情况(《高检规则》第 560 条第 3 款)。

(六)公安机关对撤销案件通知要求复议和提请复核

人民检察院《通知立案书》和《通知撤销案件书》之中的观点陈述有误的,可经县级以上公安机关负责人批准,要求同级人民检察院予以复议。在收到《要求复议意见书》和案卷材料后 7 日内,人民检察院应重新审查,并做出是否变更的决定,并书面通知公安机关。

对于人民检察院复议决定,公安机关不接受的,可经县级以上公安机关负责人批准,提请上一级人民检察院复核。在收到《提请复核意见书》和相关案件材料之后的 15 日以内,上一级人民检察院应做出审查以及是否变更的决定,书面通知下级人民检察院和公安机关。

上级人民检察院认为立案通知或者撤销案件通知有错误的,应书面通知下级人民检察院令其立即予以纠正。上级人民检察院认为做出通知正确的,应做出复核决定送达下级公安机关(《高检规则》第 562 条)。

第二节　侦查的基本理论

一、侦查的概念

我国《刑事诉讼法》第 106 条第 1 项规定:"侦查是指公安机关、人民检察院在办理案件过程中,依照法律进行的专门调查工作和有关的强制性措施。"根据这一法律定义和刑事诉讼法的有关规定,对侦查的概念可从以下几个方面来理解:

（一）侦查是我国刑事诉讼的一个独立阶段

在我国，刑事案件的诉讼程序分为立案、侦查、起诉、审判和执行五个阶段。其中，公安机关等侦查机关对已经立案的刑事案件，应当进行侦查；侦查终结的案件如果犯罪事实清楚，证据确实、充分的，则应当移送同级人民检察院审查决定是否提起公诉。这表明，侦查既是公诉案件立案后必须进行的一个阶段，也是为起诉做准备的一个阶段。

（二）侦查只能由法定的侦查机关进行

为了既保护公民的人身权利、民主权利、财产权利以及其他正当权利不受非法侵犯，保障国家侦查权的统一行使，有效地与犯罪行为作斗争，我国刑事诉讼法和有关法律对行使侦查权的机关及其职权作了明确规定。《刑事诉讼法》第 3 条规定，公安机关负责"对刑事案件的侦查、拘留、执行逮捕、预审"；人民检察院负责对"直接受理的案件的侦查"。第 4 条规定："国家安全机关依照法律规定，办理危害国家安全的刑事案件，行使与公安机关相同的职权。"

（三）侦查的内容包括专门调查工作和有关的强制性措施

所谓"专门调查工作"，是指刑事诉讼法所规定的为收集证据、查明犯罪而进行的调查工作。根据《刑事诉讼法》第 2 编第 2 章的规定，专门调查工作具体包括讯问犯罪嫌疑人，询问证人、被害人，勘验、检查，侦查实验，扣押物证、书证，查询、冻结存款、汇款，鉴定，通缉等诉讼活动。上述调查工作是侦查机关依法进行的诉讼活动，通过这些活动所收集的证据材料是日后人民检察院提起公诉的主要依据，经庭审查证属实后，就可以作为人民法院认定犯罪事实的根据。

在司法实践中，公安机关、国家安全机关在同犯罪作斗争的过程中，为了发现犯罪、证实犯罪，有时采用如窃听、密搜密取、跟踪守候、邮检、使用耳目等秘密侦查手段（又称技术侦查手段），《刑事诉讼法》在侦查一章中专门规定了"技术侦查措施"一节。事实上，对于某些严重犯罪，如毒品、黑社会、恐怖活动犯罪等使用技术侦查手段是必要的，法治发达国家的刑事诉讼法中往往有着明确的规定。由于这些手段可能会对公民隐私权、住宅权构成侵犯，法律应当对其进行规范。

（四）侦查活动必须严格依法进行

公安机关侦查犯罪，应当严格按照法律规定的条件和程序采取强制措施和侦查措施，严禁在没有证据的情况下，仅凭怀疑就对犯罪嫌疑人采取强制措施（《公安规定》第189条）。

侦查活动具有一定的隐蔽件（一般仅对调查对象公开）和很大的强制性，容易对公民的人身权利、财产权利造成侵犯，因此为保障公民的基本权利，《刑事诉讼法》对侦查的方式、条件、程序、方法等都作了具体明确的规定。侦查机关和侦查人员在侦查过程中，必须严格遵守法律规定进行专门调查工作和采取有关的强制性措施。

在我国，侦查机关的权力并不受审判权的审查和约束。在法治发达国家，警察采取强制性措施必须经过法院的事先许可，或者事后批准。而在我国刑事诉讼中，警察（侦查机关）本身就有权决定搜查、扣押、拘留等措施，即便是时间相当长的逮捕（相当于审前羁押）也只需要检察院批准，而不需要法院批准。侦查机关的权力不受约束有利于有效控制犯罪，提高侦查机关的效率；其不利的一面则是对公民的基本权利的保护不是很充分。

二、侦查的程序

依据不同的侦查对象，侦查的程序各不相同。从司法实践和司法规定之中可以看出，侦查程序的程序各不相同。

（一）讯问犯罪嫌疑人

根据刑事诉讼法和有关规定，讯问犯罪嫌疑人必须遵守下列程序：

1. 讯问的人员及人数

讯问的时候,侦查人员不得少于 2 人(《刑事诉讼法》第 116 条;《公安规定》第 197 条;《高检规则》第 192 条)。这表明,讯问犯罪嫌疑人是侦查机关的侦查人员的专有职权,其他任何机关、团体和个人都没有这项权力。

2. 讯问的时间、地点

《刑事诉讼法》第 117 条规定:"对不需要逮捕、拘留的犯罪嫌疑人,可以传唤到犯罪嫌疑人所在市、县内的指定地点或者到他的住处进行讯问……"犯罪嫌疑人到案后,应当由其在《传唤证》上填写到案时间。传唤结束时,应当由其在《传唤证》上填写讯问结束时间。一次传唤持续的时间最长不得超过 12 小时;案情特别重大、复杂,需要采取拘留、逮捕措施的,传唤持续的时间不得超过 24 小时。不得以连续传唤、拘传的形式变相拘禁犯罪嫌疑人。犯罪嫌疑人被送交看守所羁押以后,提讯在押的犯罪嫌疑人,应当填写提押证,在看守所进行讯问(《刑事诉讼法》第 116 条第 2 款)。

当一个案件有几个犯罪嫌疑人时,侦查人员应当分别讯问,未被讯问的犯罪嫌疑人不得在场,以防止同案犯罪嫌疑人之间互相串供或者影响。此外,在侦查阶段,一般也不宜在同案犯罪嫌疑人之间进行对质。

3. 讯问前的准备

在开始询问之前,侦查人员应对案件情况和相关证据材料有基本了解,并在此基础上列出讯问提纲。第一次讯问,应当对犯罪嫌疑人的基本情况做出了解,主要为嫌疑人自身的身份信息、家庭情况以及是否有犯罪史等(《公安规定》第 198 条)。

4. 讯问的步骤、方法

讯问中,侦查人员在了解犯罪嫌疑人的基本家庭信息之后,应首先向犯罪嫌疑人讯问其是否有犯罪行为,令其陈述自己的犯罪情节,或者做出无罪辩解,并依照一定的逻辑顺序讯问犯罪嫌疑人相关的犯罪问题(《刑事诉讼法》第118条;《公安规定》第198条;《高检规则》第197条)。

所谓的逻辑顺序包括犯罪嫌疑人的主要犯罪事实、犯罪动机、犯罪目的、犯罪手段。犯罪事实之中还包括犯罪嫌疑人的犯罪时间、地点,牵涉的人、事、物等。其中,犯罪嫌疑人所提供的犯罪事实、申辩和反正等,侦查人员应当认真予以核查,并根据相关规定依法处理(《公安规定》第204条;《高检规则》第197条)。

在讯问前,犯罪嫌疑人是否有罪尚无法确定,需要通过讯问予以证实。因此,为了防止主观片面、先入为主,保证讯问的客观性和公正性,侦查人员在讯问犯罪嫌疑人时应首先讯问他是否有犯罪行为。如果犯罪嫌疑人承认有犯罪行为,便让他陈述犯罪的经过和情节;如果犯罪嫌疑人否认有犯罪行为,则应让他作无罪的辩解,然后再就犯罪嫌疑人供述或辩解中不清楚、不全面或者前后矛盾的地方进行提问。

5. 讯问未成年和聋哑等犯罪嫌疑人的特殊要求

《刑事诉讼法》第9条、第119条、第270条和《公安规定》第199条对讯问未成年、聋、哑和不通晓当地语言文字的犯罪嫌疑人作了特殊要求,以保障其合法权益。具体包括:

(1)讯问未成年的犯罪嫌疑人,应当通知未成年犯罪嫌疑人、被告人的法定代理人到场。无法通知、法定代理人不能到场或者法定代理人是共犯的,也可以通知未成年犯罪嫌疑人、被告人的其他成年亲属,所在学校、单位、居住地基层组织或者未成年人保护组织的代表到场,并将有关情况记录在案。到场的法定代理人可以代为行使未成年人犯罪嫌疑人、被告人的诉讼权利。讯问女性未成年犯罪嫌疑人,应当有女工作人员在场(《刑事诉讼法》第270条)。

(2)针对聋、哑犯罪嫌疑人,在讯问时应有能够运用聋、哑手势的人参加,并在讯问笔录上注明翻译人员的基本信息(《刑事诉讼法》第119条;《公安规定》第199条第1款;《高检规则》第

198 条)。

(3)讯问不通晓当地语言文字的犯罪嫌疑人时,应当配备翻译人员(《刑事诉讼法》第 9 条;《公安规定》第 199 条第 2 款)。

6. 讯问犯罪嫌疑人的禁止性规定

严禁刑讯逼供和以威胁、引诱、欺骗以及其他非法的方法获取犯罪嫌疑人的供述,不得强迫仟何人证实自己有罪(《刑事诉讼法》第 50 条)。刑讯逼供既是对被追诉人基本权利的侵犯,也会导致供述的不可靠。根据我国已经加入的《禁止酷刑公约》和《刑事诉讼法》第 54 条的规定,以刑讯逼供等非法的方法取得的犯罪嫌疑人或者被告人的供述,不能作为指控犯罪或者定案的依据。

7. 侦查阶段犯罪嫌疑人委托辩护律师

《刑事诉讼法》第 33 条规定:"犯罪嫌疑人白被侦查机关第一次讯问或者采取强制措施之日起,有权委托辩护人;在侦查期间,只能委托律师作为辩护人。"

(二)询问证人、被害人

1. 询问的地点和人数

侦查人员询问证人,可以在现场进行,也可以到证人所在单位、住处或者证人提出的地点进行,在必要的时候,可以通知证人到人民检察院或者公安机关提供证言。在现场询问证人,应当出示工作证件,到证人所在单位、住处或者证人提出的地点询问证人,应当出示人民检察院或者公安机关的证明文件(《刑事诉讼法》第 122 条第 1 款;《公安规定》第 205 条第 1 款;《高检规则》第 205 条第 1 款)。

在侦查过程中,人民检察院应当及时询问证人,告知证人应享有的权利和履行的义务。在询问证人之时,应有至少两名检察人员在场,并作出笔录,必要时可以录像。

2. 询问证人应当个别进行

据此,同一案件有几个证人需要询问的时候,侦查人员应当对每个证人分别进行询问;询问某一证人时,不得有其他证人在场,也不允许采用开座谈会的形式,让证人集体讨论和作证。这是因为,询问证人只有个别进行,才能使证人独立地提供自己所知道的案件情况,防止证人之间互相影响,根据他人的陈述剪裁自己的证言,从而无法判断证言的可靠性。

3. 询问证人的步骤、方法

《刑事诉讼法》第 123 条规定:"询问证人,应当告知他应当如实地提供证据、证言和有意作伪证或者隐匿罪证要负的法律责任。"

询问证人,应当首先了解证人的基本情况以及与当事人的关系,告知证人应如实提供证据、证言,以及作伪证或隐匿罪证需要承担的法律责任。检察人员不得向证人泄露案情或表示对案件的看法,更严禁以暴力恐吓等非法手段威胁证人(《公安规定》第 206 条;《高检规则》第 206 条)。侦查人员询问证人应当首先让他把知道的案件情况连续地陈述出来,然后就其陈述中不清楚、不全面或者有矛盾的地方以及其他需要查明的事实情节,进行提问,要求其回答。在证人陈述时,侦查人员不宜随意打断,以保证其记忆的连贯性和陈述的客观性。证人陈述的事实,应当问明来源和根据,并注意查明证人得知案件情况时的主观和客观条件。

询问不满 18 周岁的证人,适用讯问未成年犯罪嫌疑人的规定(《刑事诉讼法》第 270 条第 5 款)。侦查人员在询问不满 18 周岁的证人时,应当通知其法定代理人到场。询问女性未成年证人,应当有女工作人员在场。

(三)现场勘查的程序

现场勘查,是侦查人员对犯罪分子实施犯罪的地点以及遗留有犯罪痕迹和物品的场所进行勘查的一种侦查活动。对犯罪现场进行勘查,应当遵守下列程序:

第一,保护犯罪现场。《刑事诉讼法》第 127 条规定:"任何单位和个人,都有义务保护犯罪现场.并且立即通知公安机关派员勘验。"发案地派出所、巡警等部门应当妥善保护犯罪现场和证据,控制犯罪嫌疑人,并立即报告公安机关主管部门(《公安规定》第 209 条第 1 款)。

第二,现场勘查的指挥和执行人员。县级以上公安机关的侦查部门是现场勘查的主要负责人,具体人员由侦查部门负责人指定。若遇重大、特重大案件,侦查部门负责人应现场指挥。若有必要,案发地公安机关负责人应亲自到达现场进行指挥。

第三,现场勘查的具体要求。首先,应当向发现人、报案人、现场保护人了解现场的原始情况,然后圈定勘查范围,先外后内,先重点后一般,有计划、有步骤地进行。其次,应当认真、仔细观察现场每个物品和痕迹的特征、位置、状态,分析其相互联系,并采用有关技术手段发现、提取和保全证据。再次,对案发现场的被害人,应及时送往附近医院救治;对尸体应先予必要的检查,如果需要,再由法医依法进行解剖和检验;在计算机犯罪的现场,应立即采取措施保护计算机及其相关设备存储的信息。

第四,现场勘查笔录的制作。现场勘查笔录应当客观、准确而又全面地反映现场的实际情况和侦查人员的勘查活动,其内容包括:勘查的时间,现场所在的地点、位置及其与周围环境的关系,现场物品变动和破坏情况,犯罪嫌疑人遗留在现场的各种痕迹、物品及其位置和特征,提取痕迹、物品的情况,并附上拍摄的图片。

(四)物品检验

物品检验是侦查人员确定收集到的物品及其痕迹是否与案件相关的一种侦查活动。

检验物品,应当制作检验笔录,详细记载检验的过程、物品及其痕迹的特征,如物品的大小、形状、尺寸、重量、颜色、商标、号码和痕迹的位置、大小、深度、长度、形态、性质等。侦查人员以及其他参与到检验的人员应在物品检验笔录上签名或盖章。物品检验笔录上应有时间和地点等基本信息。

（五）尸体检验

尸体检验是指侦查人员组织法医或专科医生对非正常死亡者的尸体进行检验或解剖对案件进行进一步发掘的侦查活动。尸体检验的目的在于确定死亡的原因，判断死亡的时间、致死的工具、致死的手段和方法，以便分析研究案情，认定案件的性质，为侦查破案提供线索和证据。尸体检验应当及时进行，以防止尸体上的痕迹或证据因尸体的变化和腐烂而消失。

（六）人身检查

人身检查，是指公安机关或者人民检察院在侦查过程中，为确定案情以及被害人、犯罪嫌疑人的身体特征、伤害情况以及其他生理状态，对被害人或者犯罪嫌疑人身体进行检验、查看，采集指纹信息、血液和尿液等生物样本的侦查活动。

一般来说，人身检查只能由侦查人员或者检察人员进行。只有在必要时，请法医或者医师参加。在检查之前或者检查过程中，犯罪嫌疑人若出现反抗措施，检查人员可以采取强制措施提取相关生物信息，但不得对被害人强制检查。被检查对象为女性的，应由女性检查人员进行。

（七）侦查实验

侦查实验是指为了确定案情之中某一事件或者事实能否发生或怎样发生而重新模拟案件发生过程的一种侦查活动。

司法实践证明，侦查实验是确定证人证言、被害人陈述、犯罪嫌疑人供述等立案材料是否符合实际情况，是否能够作为澄清案情事实的重要根据，对于案件的侦破具有很大的帮助作用。

根据刑事诉讼法和有关规定，进行侦查实验应当遵守以下程序和要求：

第一，开展侦查实验应报县级以上公安机关负责人批准（《公安规定》第 216 条），由相关人员负责。侦查实验现场应当邀请见证人在场。对于需要专门知识的侦查实验，可邀请相关专业人士参与。

第二,侦查实验的地点既可以是勘查现场,也可以另外选择地点单独进行。

第三,侦查实验的开展应有相应计划,对实验目的、时间、地点、任务、物品、程序和人员等要有清晰地实验计划。

第四,侦查实验的条件应与案情发生之时的条件相同或者相似,并尽可能进行重复实验,保证侦查的科学性与准确性。

第五,侦查实验的开展,应避免造成危险、侮辱人格或者有伤风华的事件发生(《刑事诉讼法》第133条第3款;《公安规定》第216条第3款;《高检规则》第216条第2款)。

第六,侦查实验应有清晰记录,载明实验目的、时间、地点、人员、条件、经过和结果,并有参与实验的人员的签名或盖章。实验过程中所采用的工具、照片、绘图、录像应进行必要保存(《刑事诉讼法》第133条第2款;《公安规定》第216条第2款;《高检规则》第218条)。

(八)搜查

搜查,是指侦查人员对犯罪嫌疑人以及可能发生犯罪隐藏的人的身体、物品、住所及其他与案件有关的地方进行搜索检查的一种侦查活动。

由于搜查活动涉及了宪法赋予公民的人身自由权利,因此,必须严格依法进行。依据我国刑事诉讼方面法律的规定,搜查应遵守以下程序:

第一,侦查人员进行搜查,既可以在勘验、检查时进行,也可以在执行逮捕、拘留时进行,还可以单独进行。公安机关侦查的案件,搜查须经县级以上公安机关负责人批准(《公安规定》第217条);人民检察院直接受理的案件,搜查证由检察长签发(《高检规则》第221条第2款)。

第二,进行搜查,必须向被搜查人出示《搜查证》,执行搜查的侦查人员不得少于2人(《刑事诉讼法》第136条;《公安规定》第218条)。执行拘留、逮捕的时候,遇有下列紧急情况之一的,不用《搜查证》也可以进行搜查:①可能随身携带凶器的;②可能隐藏爆炸、剧毒等危险物品的;③可能隐匿、毁弃、转移犯罪证据的;④可能隐匿其他犯罪嫌疑人的;⑤其他突然发生的紧急情况(《公安规定》第219条)。

第三,搜查时,应当有被搜查人或者他的家属、邻居或者其他见证人在场,并且对被搜查人或其家属说明阻碍、妨碍公务应负的法律责任(《刑事诉讼法》第137条第1款;《公安规定》第220条第1款;《高检规则》第225条第1款)。搜查时,如果遇到阻碍,可以强制进行搜查。对以暴力、威胁方法阻碍搜查的,应当予以制止,或者由司法警察将其带离现场;对于构成犯罪的,应当依法追究刑事责任(《高检规则》第226条)。

第四,搜查妇女的身体,应当由女工作人员进行(《刑事诉讼法》第137条第2款;《公安规定》第220条第3款;《高检规则》第225条第2款)。

第五,搜查情况应当制作笔录,由侦查人员或者检察人员和被搜查人或者他的家属、邻居或者其他见证人签名或者盖章。如果被搜查人或者他的家属存逃,或者拒绝签名、盖章的,应当记明笔录(《刑事诉讼法》第138条;《公安规定》第221条;《高检规则》第229条)。对于查获的重要书证、物证、视听资料电子数据及其放置地点应当拍照,并且用文字说明有关情况,必要的时候,可以录像(《高检规则》第228条)。

(九)查封、扣押物证、书证

查封、扣押物证、书证是侦查机关依法强制扣留和提存与案件相关的物品和文件的侦查活动。依据我国刑事诉讼方面法律的规定,侦查机关扣留的物品必须能够证明和犯罪嫌疑人的案件相关的财物和文件,其他方面的文件,在无法证明的情况下不得扣押。

(十)查询、冻结存款、汇款、债券、股票、基金份额

查询、冻结存款、汇款、债券、股票、基金份额,是指侦查人员根据侦查案件发展的需要向金融机构查询犯罪嫌疑人的存款、

汇款、债券、股票、基金份额,并在必要时予以冻结的侦查活动。

公安机关、人民检察院根据侦查犯罪的需要,可以依照规定查询、冻结犯罪嫌疑人的存款、汇款(《公安规定》第 231 条;《高检规则》第 241 条)。查询、冻结与案件有关的单位的存款、汇款的办法和自然人相同(《高检规则》第 246 条)。具体规定如下:

第一,征询金融机构查询和冻结相关人员存款与汇款需经过县级以上侦查机关负责人的批准,并制作相应地书面通知,通知金融机构等单位执行并告知当事人或法定代理人(《公安规定》第 232 条、第 233 条;《高检规则》第 242 条)。

第二,查询、冻结的存款、汇款只限于犯罪嫌疑人(包括其以真名、化名以及存在亲朋好友名下的款项)。如果一时分不清是否属于犯罪嫌疑人的存款,但为了侦查犯罪的需要又需要查询、冻结的,可以先查询、冻结,然后根据情况再作处理。

第三,犯罪嫌疑人的存款、汇款已经被冻结的,人民检察院或者公安机关不得重复冻结,但是应当要求有关银行或者其他金融机构、邮电机关在解除冻结或者作出处理前通知人民检察院(《公安规定》第 235 条;《高检规则》第 243 条)。

第四,冻结存款的期限为 6 个月,冻结债券、股票、基金份额等证券的期限为 2 年。

(十一)鉴定

鉴定,是指侦查机关指派或者聘请具有专门知识的人,就案件中某些专门性问题进行鉴别判断并写出意见的一种侦查活动。

为了保证鉴定结论的科学性、准确性和客观性,鉴定人应具备以下三个条件:①必须是经省级人民政府司法行政部门依照法定程序和条件登记的鉴定人;②必须是经公安机关或者人民检察院指派或者聘请的;③不能具有应当回避的情形。

在人民检察院直接侦查的案件中,鉴定由检察长批准,由人民检察院技术部门有鉴定资格的人员进行。必要的时候,也可以聘请其他有鉴定资格的人员进行,但是应当征得鉴定人所在单位的同意。

根据刑事诉讼法和有关规定,鉴定应当按照下列程序进行:

第一,公安机关或者人民检察院应当为鉴定人进行鉴定提供必要条件,禁止暗示或者强迫鉴定人作出某种鉴定意见(《公安规定》第 240 条;《高检规则》第 249 条)。

第二,在公安机关侦查的案件中,鉴定人应当按照鉴定规则,运用科学方法进行鉴定,并出具鉴定意见及签名。多个鉴定人的鉴定意见不一致的,应当在鉴定意见上写明分歧的内容和理由,并且分别签名或者盖章(《高检规则》第 250 条)。

第三,在公安机关侦查的案件中,办案部门或者侦查人员认为鉴定意见不确切或者有错误,经县级以上公安机关负责人批准,可以补充鉴定或者重新鉴定(《公安规定》第 245 条、第 246 条)。

第四,用作证据的鉴定意见,公安机关或者人民检察院办案部门应当告知犯罪嫌疑人、被害人;被害人死亡或者没有诉讼行为能力的,应当告知其法定代理人、近亲属或诉讼代理人。如果犯罪嫌疑人、被害人或被害人的法定代理人、近亲属、诉讼代理人对鉴定意见有异议提出申请,经县级以上公安机关负责人或者检察长批准,可以补充鉴定或者重新鉴定(《公安规定》第 243 条、第 244 条;《高检规则》第 253 条)。

(十二)辨认

辨认,是指在侦查人员的主持下,由被害人、犯罪嫌疑人或者证人对与犯罪有关的物品、文件、尸体、场所或者犯罪嫌疑人进行辨别和确认的一种侦查活动。

我国刑事诉讼法对辨认没有作出规定。根据《公安规定》和《高检规则》,辨认应当符合以下程序和要求:

第一,在公安机关侦查的案件中,辨认应当在侦查人员的主持下进行。主持辨认的侦查人员不得少于 2 人(《公安规定》第 250 条第 1 款)。

第二,在辨认前,应当向辨认人详细询问被辨认人或者被辨认物的具体特征,禁止辨认人见到被辨认人或者被辨认物,并应当告知辨认人有意作假辨认应负的法律责任(《高检规则》第258条)。

第三,几名辨认人对同一被辨认人或者同一物品进行辨认时,应当由每名辨认人单独进行。必要的时候,可以有见证人在场(《公安规定》第250条;《高检规则》第259条)。

第四,辨认时,应当将辨认对象混杂在其他人员或者物品之中,不得给予辨认人任何暗示(《公安规定》第251条第1款;《高检规则》第260条第1款)。

在公安机关侦查的案件中,辨认犯罪嫌疑人时,被辨认的人数不得少于7人;对犯罪嫌疑人照片进行辨认的,不得少于10人的照片(《公安规定》第251条第1款)。在人民检察院直接侦查的案件中,辨认犯罪嫌疑人、被害人时,受辨认人的人数为5到10人,照片5到l0张。辨认物品时,同类物品不得少于5件,照片不得少于5张(《高检规则》第260条第2款、第3款)。

第五,辨认经过和结果,应当制作辨认笔录,由侦查人员、辨认人、见证人签名或者盖章。必要时,可以对辨认过程进行录音、录像(《公安规定》第253条;《高检规则》第261条)。辨认笔录是《刑事诉讼法》第48条规定的证据种类之一。

第三节　公诉案件的起诉程序

一、审查起诉

审查起诉,是指人民检察院为了确定侦查终结的案件是否应提起公诉,而审查侦查机关确认的犯罪事实和证据、犯罪性质和罪名后作出决定的一项活动。

审查的案件重点是已经侦查终结却没有被撤销的案件,包括公安机关和人民检察院审查终结的案件。

（一）审查起诉的内容

人民检察院审查起诉，必须查明的内容有：

（1）犯罪嫌疑人的身份状况。

（2）犯罪事实。

（3）犯罪性质。

（4）犯罪情节。

（5）证据材料。

（6）法律手续与诉讼文书。

（7）其他应追究刑事责任的嫌疑人是否遗漏。

（8）是否附带民事诉讼。

（9）强制措施是否恰当。

（10）侦查活动是否合法。

（11）扣押和查封的物品与财产是否妥善保管。

（二）审查起诉的步骤和方法

1. 移送审查起诉案件的受理

（1）各级人民检察院审查起诉的案件应与人民法院审判管辖相适应，对于不属于本院管辖的案件应移交至具有管辖权的人民检察院。

人民检察院受理同级公安机关移送审查起诉的案件，按照《刑事诉讼法》的管辖规定，认为应当由上级人民检察院或者同级其他人民检察院起诉的，应当由人民检察院将案件移送有管辖权的人民检察院审查起诉；人民检察院受理同级公安机关移送审查起诉的案件，经审查认为属于上级人民法院管辖的第一审案件时，应写出审查报告，连同案卷材料报送上一级人民检察院，同时通知移送审查起诉的公安机关；认为属于同级其他人民法院管辖的第一审案件时，应写出审查报告，连同案卷材料移送有管辖权的人民检察院或者报送共同的上级人民检察院指定管辖，同时通知移送审查起诉的公安机关。

上级人民检察院受理同级公安机关移送审查起诉的案件，

认为属于下级人民法院管辖的,可以交下级人民检察院审查,由下级人民检察院向同级人民法院提起公诉,同时通知移送审查起诉的公安机关。一人犯数罪、共同犯罪案件和其他需要并案审理的案件,只要其中一人或一罪属于上级人民检察院管辖的,全案由上级人民检察院审查起诉。

需要依照《刑事诉讼法》的规定指定审判管辖的,人民检察院应当在公安机关移送审查起诉前协商同级人民法院办理指定管辖有关事宜。

(2)人民检察院对于公安机关移送审查起诉的案件,由人民检察院案件管理部门统一受理。对于人民检察院管辖的其他案件,需要由案件管理部门受理的,可以由案件管理部门受理。经审查,认为案卷材料不齐备的。应当及时要求移送案件的单位补送相关材料。对于案卷装订不符合要求的,应当要求移送案件的单位重新装订后移送。

对于移送审查起诉的案件,如果犯罪嫌疑人在逃的,应当要求公安机关采取措施保证犯罪嫌疑人到案后再移送审查起诉。共同犯罪案件中部分犯罪嫌疑人在逃的,对在案的犯罪嫌疑人的审查起诉应当依法进行。

2. 对起诉意见书以及全部案卷材料和证据进行全面、认真审查

审查起诉人员应阅卷审查,将起诉意见书认定的犯罪事实与证据相对照,审查犯罪事实的每个环节是否都有相应证据予以证明;将犯罪嫌疑人的各次口供相对照,以及将口供与其他证据相对照,审查口供与口供之间是否一致;将犯罪事实与侦查机关认定的犯罪性质、罪名相对照,审查犯罪性质与罪名的认定是否正确;将犯罪嫌疑人的犯罪行为与有关法律规定相对照,审查犯罪嫌疑人的行为应否负刑事责任以及侦查机关的处理意见是否正确。阅卷审查后,应制作阅卷笔录。

3. 讯问犯罪嫌疑人

人民检察院审查案件,应当讯问犯罪嫌疑人。讯问犯罪嫌

疑人是审查起诉的必经程序和法定方法。审查起诉阶段讯问犯罪嫌疑人应侧重于:直接听取犯罪嫌疑人的供述和辩解,以进一步核实口供的可靠性,分析口供与其他证据之间有无矛盾,查清犯罪事实和情节,以便正确认定犯罪性质和罪名;同时了解和掌握犯罪嫌疑人的思想动态和认罪态度,为出庭支持公诉做好准备。通过讯问,还可以发现遗漏的罪行、遗漏的罪犯,发现侦查活动中有无违法情形。讯问犯罪嫌疑人,应当按照《刑事诉讼法》第 116 条至第 121 条、第 33 条、第 36 条的规定进行。

4. 听取被害人的意见

检察机关作为国家公诉机关既代表社会,又代表被害人,有义务保证充分揭示案件真相。因此,检察机关在审查起诉时.应当听取被害人的意见,以保证其合法权益能够得到充分保护。

5. 听取辩护人及被害人的诉讼代理人的意见

犯罪嫌疑人委托的人是辩护人,被害人委托的人是诉讼代理人。人民检察院审查案件,应当听取辩护人、被害人的诉讼代理人的意见,并记录存案。直接听取辩护人、被害人的诉讼代理人的意见有困难的,可以通知辩护人、被害人的诉讼代理人提出书面意见,在指定期限内未提出意见的,应当记录在案。辩护人、被害人的诉讼代理人提出书面意见的,应当附卷。辩护律师或其他辩护人和被害人的诉讼代理人在审查起诉阶段介入,有助于保障犯罪嫌疑人和被害人的合法权益,促进检察机关审查起诉质量的提高。

6. 调查核实其他证据

司法实践中,审查起诉人员在阅卷和讯问犯罪嫌疑人、听取被害方和辩护方的意见后,如果发现口供和其他证据之间有矛盾、疑点,还可以通过进一步调查侦查机关已经收集到的其他证据来调查、核实有关问题。这也是审查起诉的基本方法之一。

根据《刑事诉讼法》第 132 条的规定,人民检察院审查起诉时,对公安机关的勘验、检查,认为需要复验、复查时,可以要求公安机关复验、复查,并且可以派检察人员参加。同时,根据最高检《规则》第 369 条,人民检察院有能力进行勘验、检查的,也可以自行复验、复查。

人民检察院认为需要对案件中某些专门性问题进行鉴定而公安机关没有鉴定的,应当要求公安机关进行鉴定;必要时也可以由人民检察院进行鉴定或者由人民检察院送交有鉴定资格的人进行。人民检察院自行进行鉴定的,可以商请公安机关派员参加,必要时可以聘请有鉴定资格的人参加。

人民检察院对证人证言笔录存在疑问或者认为对证人的询问不具体或者有遗漏的,可以对证人进行询问并制作笔录附卷。

7. 补充侦查

人民检察院在审查起诉时,如果认为案件事实不清、证据不足,不能作出提起公诉或者不起诉决定,需要对案件作进一步的侦查的,可以决定补充侦查。人民检察院决定退回公安机关补充侦查的案件,应当写出补充侦查意见书,说明需要补充侦查的问题和要求。人民检察院公诉部门对本院侦查部门移送的案件认为需要补充侦查的,应向侦查部门提出补充侦查的意见书,连同案卷材料一并退回侦查部门补充侦查。

对于退回补充侦查的案件,应存 1 个月以内补充侦查完毕。退回补充侦查以 2 次为限。对于在审查起诉期间改变管辖的,改变管辖前后退回补充侦查的次数总共不得超过 2 次。

人民检察院对已经退回公安机关 2 次补充侦查的案件,在审查起诉中又发现新的犯罪事实的,应当移送公安机关立案侦查;对已经查清的犯罪事实,应当依法提起公诉。

(三)审查起诉的期限及特殊情况的处理

(1)人民检察院对于公安机关移送审查起诉的案件,应当在 1 个月以内作出决定,重大、复杂的案件,1 个月以内不能作出决定的,经检察长批准,可以延长 15 日。

(2)人民检察院对于公安机关移送审查起诉的案件,发现犯罪嫌疑人没有犯罪事实,或者符合《刑事诉讼法》第 15 条规定的情形之一的,经检察长或者检察委员会决定,应当作出不起诉决定。对于犯罪事实并非犯罪嫌疑人所为,需要重新侦查的,应当在作出不起诉决定后书面说明理由,将案卷材料退回公安机关并建议公安机关重新侦查。

(3)公诉部门对于本院侦查部门移送审查起诉的案件,发现犯罪嫌疑人没有犯罪事实,或者有《刑事诉讼法》第 15 条规定情形之一的,应当退回本院侦查部门,建议作出撤销案件的处理。

二、提起公诉

提起公诉是指人民检察院对公安机关侦查终结移送审查起诉的案件以及自行侦查终结的案件,经过全面审查,认为犯罪事实已经清楚,证据确实、充分,依法应当追究刑事责任时,向人民法院提起公诉并要求对被告人处以刑事处罚的活动。

(一)提起公诉的条件

1. 实质条件

(1)犯罪嫌疑人的犯罪事实已经查清。这里的"犯罪事实"是指与定罪量刑有关的事实,包括:确定犯罪嫌疑人实施的行为是犯罪而不是一般违法行为的事实;确定犯罪嫌疑人是否负刑事责任或者免除刑事责任的事实,比如犯罪嫌疑人的主观状态(包括故意、过失、动机和目的)及犯罪嫌疑人的年龄、精神状态等;确定对犯罪嫌疑人应当从轻、减轻或从重处罚的事实。

具有下列情形之一的,可以确认犯罪事实已经查清:①属于单一罪行的案件,查清的事实足以定罪量刑或者与定罪量刑有关的事实已经查清,不影响定罪量刑的事实无法查清的;②属于数个罪行的案件,部分罪行已经查清并符合起诉条件,其他罪行无法查清的;③无法查清作案工具、赃物去向,但有其他证据足以对被告人定罪量刑的;④证人证言、犯罪嫌疑人供述和辩解、被害人陈述的内容中主要情节一致,只有个别情节不一致且不影响定罪的。

（2）证据确实、充分。证据确实，是对证据质的要求，指用以证明犯罪事实的每一证据必须是客观、真实存在的事实，同时又与犯罪事实有内在的联系，能够证明案件的事实真相。证据充分，是对证据量的要求，只要一定数量的证据足够证明犯罪事实，就可以认定为证据充分。

（3）依法应当追究刑事责任，即不存在《刑事诉讼法》第 15 条规定的不应当追究刑事责任的情形。

以上 3 个条件必须同时具备，缺一不可。

人民检察院存办理公安机关移送起诉的案件中，发现遗漏罪行或者依法应当移送审查起诉的同案犯罪嫌疑人的，应当要求公安机关补充移送审查起诉；对于犯罪事实清楚，证据确实、充分的，人民检察院也可以直接提起公诉。

2. 形式条件

（1）制作起诉书。被告人的真实姓名、住址无法查清的。应当按其绰号或者自报的姓名、住址制作起诉书，并在起诉书中注明。被告人自报的姓名可能造成损害他人名誉、败坏道德风俗等不良影响的，可以对被告人编号并按编号制作起诉书，并附具被告人的照片，记明足以确定被告人面貌、体格、指纹以及其他反映被告人特征的事项。

（2）按照审判管辖（级别管辖和地区管辖）的要求提起公诉。

（3）向法院移送有关材料。人民检察院提起公诉的案件，应当向人民法院移送起诉书、案卷材料和证据，也就是除公安、司法机关内部案卷以外的供诉讼使用的全部案卷材料和证据。

（二）起诉书的制作和移送

1. 起诉书的制作

起诉书是人民检察院代表国家向人民法院提出追究被告人的刑事责任的诉讼请求的重要法律文书。制作起诉书的基本要求是：叙事要清楚，文字要简练、准确，结构要严谨，格式要规范，请求要明确,引用法律条文要全面、恰当。

起诉书的内容主要包括以下 6 个部分:

(1)首部。应当在起诉书这一文书名称之前,冠以制作该文书的人民检察院的名称;文书名称之后,注明文书编号。

(2)被告人的基本情况。具体写明被告人的姓名、性别、出生年月日、出生地和户籍地、身份证号码、民族、文化程度、职业、工作单位及职务、住址,是否受过刑事处分,被拘留、逮捕的日期,等等。

(3)案由和案件来源。所谓案由,是指案件的内容提要,通常只要求写出犯罪主体和罪名。人民检察院自行侦查终结的案件,案由和案件来源部分应写明"被告人××贪污罪一案。经本院侦查终结"。若系公安机关侦查终结的,应写明侦查终结的公安机关的名称、案件移送本院的要求、案件移送过程、本院受理该案的时间,等等。

(4)犯罪的事实和证据。写明指控被告人犯罪的时间、地点、经过、手段、动机、目的、危害后果等事实和情节,证明这些事实、情节的基本证据,被告人的认罪态度,等等。一人犯数罪的,应将罪名的事实、情节及有关证据分别叙述清楚;对于共同犯罪的案件,应先综合叙述共同犯罪的事实、情节,然后分别写明各被告人在共同犯罪中的作用和各自应负的具体罪责。

(5)结论。写明起诉理由、法律依据和决定事项,即被告人触犯的《刑法》条款、犯罪性质、刑事责任,从轻、减轻或从重、加重处罚的情节。于共同犯罪的案件,每名被告人的情况应分别叙述。同时,写明提起公诉的法律依据,检察机关对本案作出提起公诉的诉讼处理决定。

(6)尾部。写明起诉书送达的人民法院名称,承办本案的检察人员的职务和姓名,注明制作起诉书的年、月、日。

除以上内容外,在附件事项中应写明被告人被羁押的场所,证据目录、证人名单和主要证据复印件或者照片,等等。

2.起诉书的移送

起诉书原本应经检察长审查同意后签署,正本和副本都应加盖人民检察院印章,连同案卷材料及有关证物一并移送有管辖权的法院。有被害人的公诉案件,人民检察院可将提起公诉的情况告知被害人。起诉书移送的原则是:起诉书应由人民检察院向有管辖权的同级人民法院移送。

如果案件是属于上级人民法院管辖的,应将案件报送上级人民检察院重新审查和制作起诉书,然后向其同级人民法院提起公诉。如果案件属于下级人民法院管辖,应将案件移送下级人民检察院,指定其重新制作起诉书,并向其同级人民法院提起公诉。

对于提起公诉的案件,人民检察院应当向人民法院移送起诉书、案卷材料和证据,并应当按照审判管辖的规定,向同级人民法院提起公诉。

至于提起公诉后、在人民法院开庭审判前,人民检察院自行补充收集的证据材料,仍然应当根据《刑事诉讼法》的规定向人民法院移送。

三、不起诉

(一)不起诉的概念及种类

不起诉是指人民检察院对公安机关侦查终结移送审查起诉的案件或自行侦查终结的案件,经审查认为犯罪嫌疑人的行为不构成犯罪或依法不应追究刑事责任的,作出不向人民法院提起公诉的一种决定。不起诉的效力是结束刑事诉讼。我国刑事诉讼中的不起诉制度分为法定小起诉、酌定不起诉、证据不足不起诉和附条件不起诉4种。

1.法定不起诉

犯罪嫌疑人没有犯罪事实或者有《刑事诉讼法》第15条规定情形之一的,人民检察院应当作出不起诉决定。法定不起诉必须由检察长或检察委员会决定。

2. 酌定不起诉

（1）适用条件：一种是犯罪情节轻微，依照《刑法》规定不需要判处刑罚的；另一种是犯罪情节轻微、免除刑罚的。免除刑罚的情形有：①犯罪嫌疑人在中国领域外犯罪，依照我国《刑法》应当负刑事责任，但在外围已经受过刑事处罚的；②犯罪嫌疑人又聋又哑，或者是盲人犯罪的；③犯罪嫌疑人因正当防卫或紧急避险超过必要限度，并造成不应有危害而犯罪的；④为犯罪准备工具，制造条件的；⑤在犯罪过程中自动中止或自动有效地防止犯罪结果发生的；⑥在共同犯罪中，起次要或辅助作用的；⑦被胁迫、被诱骗参加犯罪的；⑧犯罪嫌疑人自首或者在自首后有立功表现的；⑨犯罪轻微又自首的，或犯罪较重又有立功表现的。

（2）对于是否作出这种不起诉决定，人民检察院有一定的裁量权。

（3）程序：这种不起诉决定的作出必须由检察长或检察委员会讨论决定。

3. 证据不足不起诉

（1）适用条件。人民检察院认为证据不足，不符合起诉条件的可以决定不起诉。证据不足不起诉必须由检察长或检察委员会讨论决定。人民检察院审查起诉时，认为证据不足，不符合起诉条件的，可以退回案件的侦查机关或其自行对案件进行补充侦查。第一次补充侦查后，如果人民检察院仍认为证据不足，不符合起诉条件的，可以作出不起诉决定，也可以决定进行第二次补充侦查。第二次补充侦查后仍不具备起诉条件的，应当作存疑不起诉处理。

（2）"证据不足"的含义。具有下列情形之一，不能确定犯罪嫌疑人构成犯罪和需要追究刑事责任的，属于证据不足，不符合起诉条件：①犯罪构成要件事实缺乏必要的证据予以证明的；②据以定罪的证据存在疑问，无法查证属实的；③据以定罪的证据之间、证据与案件事实之间的矛盾不能合理排除的;④根据证据得出的结论具有其他可能性,不能排除合理怀疑的;⑤根据证据认定案件事实不符合逻辑和经验法则,得出的结论明显不符合常理的。

对于证据不足而不起诉的案件,如果发现新的证据,符合起诉条件的,可以提起公诉,人民法院应当予以受理。

4. 附条件不起诉

《刑事诉讼法》第 271 条第 1 款规定:"对于未成年人涉嫌刑法分则第四章、第五章、第六章规定的犯罪,可能判处一年有期徒刑以下刑罚,符合起诉条件,但有悔罪表现的,人民检察院可以作出附条件不起诉的决定。"

(二)不起诉的程序

1. 不起诉决定书的制作

(1)人民检察院决定不起诉的案件

人民检察院决定不起诉的案件,应当制作不起诉决定书。不起诉决定书的主要内容包括:被不起诉人的基本情况,包括年龄、姓名、出生年月、出生地和户籍地、民族、文化程度、职业、制作单位及职务、住址、身份证号码,是否受过刑事处分,拘留、逮捕的年月日和关押处所等;案由和案件来源;案件事实,包括否定或者指控被不起诉人构成犯罪的事实以及作为不起诉决定根据的事实;不起诉的法律根据和理由,写明作出不起诉决定适用的法律条款;查封、扣押、冻结的涉案款物的处理情况;有关告知事项。

(2)人民检察院自行侦查决定不起诉的案件

人民检察院对直接立案侦查的案件决定不起诉后,公诉部门应当将不起诉决定书副本以及案件审查报告报送上一级人民检察院备案。

2. 不起诉决定的宣布、送达与后果

(1)不起诉的决定,应当公开宣布。

（2）应当将不起诉决定书分别送达下列机关和人员：①被不起诉人和他的所在单位。②对于公安机关移送审查起诉的案件，应当将不起诉决定书送达公安机关。③对于有被害人的案件，应当将不起诉决定书送达被害人。

（3）不起诉决定一经宣布，如果被不起诉人在押的，应当立即释放。如果公安机关对不起诉决定申请复议和复核的，在人民检察院复议和复核期间，可以将强制措施变更为取保候审或监视居住。

（4）在不起诉的情况下，应当同时对侦查中扣押、冻结的财物解除扣押、冻结。

（5）人民检察院决定不起诉的案件，可以根据案件的不同情况，对被不起诉人予以训诫或者责令具结悔过、赔礼道歉、赔偿损失。对被不起诉人需要给予行政处罚、行政处分或者需要没收其违法所得的，人民检察院应当提出检察意见，连同不起诉决定书一并移送有关主管机关处理。

3. 不起诉的制约

（1）公安机关的制约

公安机关认为不起诉决定有错误，要求复议的，人民检察院公诉部门应当另行指定检察人员进行审查并提出审查意见，经公诉部门负责人审核，报请检察长或者检察委员会决定。人民检察院应当在收到要求复议意见书后的 30 日内作出复议决定，通知公安机关。上一级人民检察院收到公安机关对不起诉决定提请复核的意见书后，应当交由公诉部门办理。公诉部门指定检察人员进行审查并提出审查意见，经公诉部门负责人审核，报请检察长或者检察委员会决定。上一级人民检察院应当在收到提请复核意见书后的 30 日内作出决定，制作复核决定书送交提请复核的公安机关和下级人民检察院。经复核改变下级人民检察院不起诉决定的，应当撤销或者变更下级人民检察院作出的不起诉决定，交由下级人民检察院执行。

（2）被害人的制约

对于有被害人的案件，如果被害人对不起诉决定（包括上述4种不起诉决定）不服，可以自收到不起诉决定书后7日以内直接向上一级人民检察院申诉，请求提起公诉。被害人在申诉期限内提出申诉的，由上一级人民检察院刑事申诉检察部门立案复查。上一级人民检察院作出的复查决定书，应当送达被害人、被不起诉人和作出不起诉决定的下级人民检察院。如果上级人民检察院经复查作出起诉决定的，应当撤销下级人民检察院的不起诉决定，交由下级人民检察院提起公诉，并将复查决定抄送移送审查起诉的公安机关。上一级人民检察院维持不起诉决定的，被害人可以向人民法院起诉。被害人也可以不经申诉，直接向人民法院起诉。

被害人既向上一级人民检察院申诉又直接向人民法院起诉的，人民检察院收到人民法院受理被害人对被不起诉人起诉的通知后，应当终止对案件的复查，将作出不起诉决定所依据的有关案件材料移送人民法院。

被害人不服不起诉决定，在收到不起诉决定书7日后提出申请的，由作出不起诉决定的人民检察院刑事申诉检察部门审查后决定是否复查。

（3）被不起诉人的制约

对于人民检察院认为犯罪嫌疑人犯罪情节轻微而依照《刑事诉讼法》第173条第2款作出的酌定不起诉决定（仅此一种不起诉决定），被不起诉人如果不服，可以自收到不起诉决定书后7日以内向作出不起诉决定的人民检察院申诉（这里是向本级人民检察院申诉，而不是向上级人民检察院申诉），由作出决定的人民检察院刑事申诉检察部门立案复查。被不起诉人自收到不起诉决定书后7日以后提出申诉的，由刑事申诉检察部门审查后决定是否立案复查。人民检察院刑事申诉检察部门复查后应当提出复查意见：认为应当维持不起诉决定的，报请检察长作出复查决定；认为应当变更不起诉决定的，或者认为应当撤销不起诉决定、提起公诉的,报请检察长或者检察委员会决定。复查决定书应当送达被不起诉人、被害人,撤销不起诉决定或者变更不起诉决定的事实或者法律根据的,应当同时将复查决定书抄送移送审查起诉的公安机关和本院有关部门。人民检察院作出撤销不起诉决定、提起公诉的复查决定后,应当将案件交由公诉部门提起公诉。

被害人与被不起诉人对不起诉的制约有所不同,主要体现在:

第一,针对的不起诉种类不同:被害人对 4 种不起诉都有权制约;被不起诉人只对酌定不起诉有权制约。

第二,接受申诉的机关不同:被害人的申诉是向上一级人民检察院提出,由上一级人民检察院刑事申诉检察部门受理;被不起诉人的申诉是向原作出决定的人民检察院提出,由人民检察院刑事申诉检察部门受理。

第三,制约的途径不同:被害人除了申诉,还有权向人民法院起诉。

(4)上一级人民检察院的制约

人民检察院根据《刑事诉讼法》第 173 条第 2 款(酌定不起诉)对直接立案侦查的案件拟决定不起诉的,应当报请上一级人民检察院批准。

第四节 自诉案件的起诉程序

一、提起自诉的条件

(1)自诉人(代为告诉人)是本案的被害人及其法定代理人。属于人民法院直接受理范围的自诉案件,如果被害人死亡、丧失行为能力或者因受强制、威吓等无法告诉,或者是限制行为能力人以及因年老、患病、盲、聋、哑等不能亲自告诉,其法定代理人、近亲属代为告诉的,人民法院应当依法受理。不过,被害人不能告诉,由其法定代理人、近亲属代为告诉的,代为告诉人应当提供与被害人关系的证明和被害人不能亲自告诉的原因的证明。

(2)属于自诉案件的范围。自诉案件包括:告诉才处理的案件;被害人有证据证明的轻微刑事案件;被害人有证据证明对被告人侵犯自己的人身权利、财产权利的行为应当依法追究刑事责任,而公安机关或者人民检察院不予追究被告人刑事责任的案件。

(3)受诉人民法院有管辖权。

(4)有明确的被告人、具体的诉讼请求和证明被告人犯罪事实的证据。人民法院对于自诉案件进行审查后,对于缺乏罪证的案件,如果自诉人提不出补充证据的,应当说服自诉人撤回起诉或者裁定驳回起诉。

(5)对于公诉转自诉案件,还应当符合《刑事诉讼法》第110条、第176条规定的立案条件。

二、提起自诉的程序

(1)提起自诉应当向人民法院提交刑事自诉状。

(2)同时提起附带民事诉讼的,还应当提交刑事附带民事自诉状。

(3)自诉人书写自诉状确有困难的,可以口头告诉,由人民法院工作人员作出告诉笔录,向自诉人宣读。自诉人确认无误后,应当签名或者盖章。

(4)对于自诉案件,除因证据不足而撤诉的以外,自诉人撤诉后,就同一事实又告诉的,人民法院应当说服自诉人撤回起诉或者裁定驳回起诉。

(5)自诉人经说服撤回起诉或者被驳回起诉后,又提出了新的足以证明被告人有罪的证据,再次提出自诉的,人民法院应当受理。

第五章　刑事诉讼审判程序

为了保证我国法律审判的公平、公正,在法院进行案件审判的过程中,必须要按照国际规定的相关程序来进行。不同类型的案件有不同的诉讼审判程序,在具体的案件审判中法院应该根据案件的特点和类型按照规定的程序进行审判。

第一节　公诉案件的第一审程序

一、公诉案件的庭前审查

庭前审查是指开庭前对案件进行的调查,具体来说公诉案件的庭前审查是指人民法院对公诉机构(人民检察院)的起诉材料进行审查,对开庭审判活动进行可行性的评估。《刑事诉讼法》第一百八十一条规定:"人民法院对提起公诉的案件进行审查后,对于起诉书中有明确的指控犯罪事实的,应当决定开庭审判。"根据这一规定,如果法院认定公诉机构起诉的案件存在违法犯罪的事实,公诉对象存在违法犯罪的行为,会依法对案件进行开庭审理。

人民法院对于一般的公诉案件拥有是否受理的决策权,并且无论是否受理都要在七天内将材料审查完毕;对于按简易程序审理的公诉案件,无论是否受理都要在在三日内审查。对于符合开庭条件的案件,法院要按照我国《刑事诉讼法》的规定开庭审理;对于事实认定不清,或不符合开庭审理条件的案件,人民法院可以建议公诉机构撤回已审查完毕的诉讼案件。

二、开庭前准备

为确保庭审程序能优质高效进行,庭前准备程序显得非常重要。庭前准备程序不仅影响到庭审程序和庭审方式,而且影响到诉讼的结果。根据《刑事诉讼法》第182条的规定,人民法院决定开庭审判后,应当依法进行下列工作:

(一)确定合议庭的组成人员

对公诉案件的审判,一般都应依法由审判员或者由审判员和人民陪审员组成合议庭进行,并依法确定一人为审判长。如果院长或者庭长参加审判案件,由院长或者庭长担任审判长。

(二)送达起诉书副本

人民法院最迟在开庭十日以前把起诉书副本送达被告人及其辩护人。

(三)庭前准备

《刑事诉讼法》第182条第2款规定,"在开庭以前,审判人员可以召集公诉人、当事人和辩护人、诉讼代理人,对回避、出庭证人名单、非法证据排除等与审判相关的问题,了解情况、听取意见。"庭前会议程序的建立可以促使控辩双方积极、有效对抗,有助于强化公诉机关的举证意识和被告方的辩护意识,确保庭审程序能够优质高效运行。

(四)开庭通知和传唤

人民法院确定开庭的日期后,应当把开庭的时间、地点最迟在开庭三日以前将开庭通知书和传唤书送达各方主体,以便按时参加庭审。

(五)工作笔录

人民法院对开庭前准备工作需要逐项做好笔录,由审判人员和书记员签名。

三、法庭审理

庭审由合议庭的审判长或者审判员主持。法庭审判程序大体可分为开庭、法庭调查、法庭辩论、被告人最后陈述、评议和宣判五个阶段。

（一）开庭

根据《刑事诉讼法》第 185 条的规定，开庭阶段的活动程序是：

（1）审判长查明当事人是否已经到庭，宣布案由。

（2）宣布合议庭组成人员、书记员、公诉人、辩护人、鉴定人和翻译人员的名单。

（3）告知当事人、法定代理人在法庭审判过程中依法享有的诉讼权利；可以申请合议庭组成人员、书记员、公诉人、鉴定人和翻译人员回避；告知被告人享有辩护权。

（二）法庭调查

《刑事诉讼法》第 186 条规定："公诉人在法庭上宣读起诉书后，被告人、被害人可以就起诉书指控的犯罪进行陈述，公诉人可以讯问被告人。被害人、附带民事诉讼的原告人和辩护人、诉讼代理人，经审判长许可，可以向被告人发问。审判人员可以讯问被告人。"

法庭调查的具体程序是：

1. 公诉人宣读起诉书

负责案件审理的审判长宣布法庭调查开始后，公诉人应先向法庭挺宣读公诉起诉书；对于带有民事诉讼的刑事案件，在公诉人宣读完起诉书后，由附带民事诉讼的原告本人或者其法庭代理向法庭宣读附带的民事诉讼状。

2. 被告人、被害人应就起诉书指控的犯罪事实分别陈述

根据《刑事诉讼法》的相关规定，"公诉人宣读起诉书后，在审判长主持下，被告人、被害人可以就起诉书指控的犯罪事实分

别进行陈述。"如果被告人承认自己的罪行,并对自己的犯罪行为进行陈述,交代违法犯罪事实及其细节;如果被告人否认公诉人的指控,那么可以通过律师或者亲自进行辩解。

3. 讯问被告人

首先,由公诉人对被告人进行法律讯问。在法庭的监督与见证下,公诉人可以就被告人在公诉书中指控的违法犯罪行为进行讯问。讯问被告人的过程当中,公诉方应当避免影响陈述或者证言客观真实的诱导性讯问以及其他不当讯问。

其次,根据我国《刑事诉讼法》的规定,"被害人、附带民事诉讼的原告和辩护人、诉讼代理人,经审判长许可,可以向被告人发问。"审判人员可以在庭审中就相关问题对被告人进行问讯。

4. 出庭作证

证人、鉴定人、有专业知识的人出庭作证。根据《刑事诉讼法》第 189 条规定了证人作证义务,并对告知和询问证人、鉴定人的程序规定进行了规定。首先,审判人员必须告知证人自己负有依法作证、如实作证的基本义务;其次,审判人员为了明确案情,可以在庭审中,对证人发问。

5. 出示、核实证据和宣读证据文书

证据只有经过法庭的查证和检验才能称为合法的证据,作为定罪的依据。在庭审中,起诉方和辩护方都有权利向法庭提供证据,并进行当庭质证。在这个过程中,法庭应首先询问证人、鉴定人,接下来由证人作证,法庭宣读证词。

根据我国《刑事诉讼法》的相关规定,"公诉人、辩护人应当向法庭出示物证,让当事人辨认,对未到庭的证人的证言笔录、鉴定人的鉴定结论、勘验笔录和其他作为证据的文书,当庭宣读。审判人员应当听取公诉人、当事人和辩护人、诉讼代理人的意见。"

6. 合议庭调查核实证据

在法庭调查过程中,合议庭对证据有疑问的,可以宣布休庭，对该证据调查核实。人民法院根据需要可以采用不同的方式，包括可以进行勘验、检查、查封、扣押、鉴定和查询、冻结。

7. 调取新证据

当事人、辩护人、诉讼代理人有权申请通知新的证人到庭、调取新证据，申请重新鉴定或者勘验。对鉴定意见进行质证，公诉人、当事人和辩护人、诉讼代理人可以申请法庭通知有专门知识的人出庭，就鉴定人作出的鉴定意见提出意见，法庭有权决定是否同意。

(三)法庭辩论

法庭调查后，进入法庭辩论阶段。法庭对于定罪、量刑有关的事实、证据都应当进行调查、辩论。《刑事诉讼法》将量刑纳入法庭审理程序，确立了与定罪程序相对应的量刑程序。法庭辩论必须在法庭和审判长的监督和主持下才能进行，法庭辩论必须按照法定顺序来进行，即公诉人首先发言，对被告的犯罪行为进行指控，然后由被害人代理人发然，接下来由被告自己和辩护人先后进行辩护，最后控辩双方进行辩论。

(四)被告人最后陈述

审判长在宣布辩论终结后，被告人有最后陈述的权利，这是被告人的一项重要诉讼权利，审判长应当告知被告人享有此项权利。被告人最后陈述也是法庭审判中一个独立的阶段，合议庭应当保证被告人充分行使最后陈述的权利。此外，附带民事诉讼部分可以在法庭辩论结束后当庭调解。

(五)评议和裁判

根据我国《刑事诉讼法》的相关规定，"在被告人最后陈述后，审判长宣布休庭，合议庭进行评议……合议庭应当根据已经查明的事实、证据和有关法律规定，进行评议，确定被告人是否有罪，应否追究刑事责任。"

四、延期审理和中止审理

(一)延期审理

1. 延期审理的概念

延期审理是指人民法院在已通知当事人、其他诉讼参与人和公告开庭审理日期后,或者是在开庭时,由于出现法定原因,而另定日期对案件进行审理的制度。延期审理只能发生在开庭审理阶段,延期审理前已进行的诉讼行为,对延期后的审理仍然有效。但延期的时间不计算在审理期限内。

2. 延期审理的情形

根据《刑事诉讼法》第 198 条和最高人民检察院《人民检察院刑事诉讼规则》第 455、471 条规定,在法庭审判过程中,遇有下列情形之一,影响审判进行的,可以延期审理。

(1)需要通知新的证人到庭,调取新的物证,重新鉴定或者勘验的。

(2)检察人员发现提起公诉的案件需要补充侦查,提出建议的。

(3)由于申请回避而不能进行审判的。

(4)公诉人出示、宣读开庭前移送人民法院的证据以外的证据,或者补充、变更起诉,需要给予被告人、辩护人必要时间进行辩护准备的。

(5)被告人、辩护人向法庭出示公诉人不掌握的与定罪量刑有关的证据,需要调查核实的。

(6)公诉人对证据收集的合法性进行证明,需要调查核实的。

(7)转为普通程序审理的案件,公诉人需要为出席法庭进行准备的,可以建议人民法院延期审理。

补充侦查延期审理的案件,人民检察院应当在一个月以内补充侦查完毕。

(二)中止审理

1. 中止审理的概念

中止审理是指人民法院在受理案件后,作出判决之前,出现了某些使审判在一定期限内无法继续进行的情况时,决定暂时停止案件审理,待有关情形消失后,再行恢复审判的活动。

2. 中止审理的情形

根据《刑事诉讼法》第 200 条规定,在审判过程中,有下列情形之一,致使案件在较长时间内无法继续审理的,可以中止审理。

(1)被告人患有严重疾病,无法出庭的。

(2)被告人脱逃的。

(3)自诉人患有严重疾病,无法出庭,未委托诉讼代理人出庭的。

(4)由于不能抗拒的原因。中止审理的原因消失后,应当恢复审理。中止审理的期间不计入审理期限。

五、法庭秩序

(一)法庭秩序的概念

法庭秩序是指,法院开庭审理案件时,所有的诉讼参与人和旁听人员都必须遵守的秩序和纪律。

(二)应当遵守的法庭秩序

根据《最高人民法院关于适用(中华人民共和国刑事诉讼法)的解释》第 249 条的规定,法庭审理过程中,诉讼参与人、旁听人员应当遵守以下纪律:

(1)服从法庭指挥,遵守法庭礼仪。

(2)不得鼓掌、喧哗、哄闹、随意走动。

(3)不得对庭审活动进行录音、录像、摄影,或者通过发送邮件、博客、微博客等方式传播庭审情况,但经人民法院许可的新闻记者除外。

（4）旁听人员不得发言、提问。

（5）不得实施其他扰乱法庭秩序的行为。

（三）违反法庭秩序及相应的法律后果

根据《刑事诉讼法》第194条的规定，在法庭审判过程中，诉讼参与人或者旁听人员违反法庭秩序的后果有以下四种：

（1）审判长应当警告制止。

（2）对不听警告制止的，可以强行带出法庭。

（3）情节严重的，处以一千元以下的罚款或者十五日以下的拘留。罚款、拘留必须经院长批准。被处罚人对罚款、拘留的决定不服的，可以向上一级人民法院申请复议。复议期间不停止执行。

（4）对聚众哄闹、冲击法庭或者侮辱、诽谤、威胁、殴打司法工作人员或者诉讼参与人，严重扰乱法庭秩序，构成犯罪的，依法追究刑事责任。

六、审理期限

根据《刑事诉讼法》第202条的规定，人民法院审理公诉案件，应当在受理后二个月以内宣判，至迟不得超过三个月。对于可能判处死刑的案件或者附带民事诉讼的案件，以及有本法第156条规定情形之一的，经上一级人民法院批准，可以延长三个月；因特殊情况还需要延长的，报请最高人民法院批准。

人民法院改变管辖的案件，从改变后的人民法院收到案件之日起计算审理期限。

人民检察院补充侦查的案件，补充侦查完毕移送人民法院后，人民法院重新计算审理期限。

第二节　自诉案件的第一审程序

一、提起自诉的条件和程序

（一）提起自诉的条件

自诉人提起自诉必须符合下列条件，否则将不被人民法院受理。

（1）案件属于《刑事诉讼法》第204条规定的自诉案件范围。

（2）案件属于受诉人民法院管辖。

（3）自诉人享有自诉权。根据《刑事诉讼法》第112条的规定及有关司法解释，自诉案件原则上由被害人提起，如果被害人死亡或者丧失行为能力的，由其法定代理人、近亲属代为告诉。当然，这种情况下，代为告诉人应当提供与被害人关系的证明和被害人不能亲自告诉的原因证明。

（4）有明确的被告人、具体的诉讼请求和能证明被告人犯罪事实的证据。

（5）对于公诉转自诉案件，还应当符合公安机关或者人民检察院不予追究被告人刑事责任的条件。

（二）提起自诉的程序

自诉人提起自诉时，应当首先向法院提交刑事自诉状，如果诉讼附带有民事责任起诉的，还要想法院提交附带民事责任的自诉状。为了自诉人的上告和诉讼，我国刑事诉讼的相关法规规定，如果自诉人书写自诉状确实存在困难，可以口头诉说，由人民法院的工作人员代笔写出告诉笔录；自诉人在对自诉状确认无误后要签名确认。

一般来说，自诉状或者由法院工作人员代笔的告诉笔录主要包括以下几个方面的内容。

（1）自诉人、被告人的基本情况，包的姓名、性别、年龄、民族、出生地、文化程度、职业、工作单位、住址。

（2）被告人犯罪行为的时间、地点、手段、情节和危害后果等。

（3）具体的诉讼请求。

（4）致送的人民法院和具状时间。

（5）证据的名称、来源等。

（6）证人的姓名、住址、联系方式等。

二、自诉案件的受理、审查程序

自诉人提起自诉后，案件要经过人民法院审查，符合条件的才能受理和进行审判。自诉案件的受理条件和提起自诉的条件相同，二者的区别在于，前者是从人民法院的角度予以界定，而后者是从自诉人的角度界定。

根据《刑事诉讼法》第 205 条及《最高法解释》第 263～267 条的规定，人民法院对于自诉案件进行审查后，按照下列情形分别处理。

（一）开庭审判

犯罪事实清楚，有足够证据的案件，应当开庭审判。人民法院经过审查，认为符合受理条件的，应当作出立案决定，并书面通知自诉人或者代为告诉人。

（二）说服自诉人撤回自诉或者裁定驳回

对于缺乏罪证的自诉案件，如果自诉人提不出补充证据，应当说服自诉人撤回自诉，或者裁定驳回。发现有下列情形之一的，也应当说服自诉人撤回起诉，或者裁定驳回起诉。

（1）不符合法律规定的提起自诉的条件的。

（2）犯罪已过追诉时效的。

（3）被告人死亡的。

（4）被告人下落不明的。

（5）除因证据不足撤诉的以外，自诉人撤诉后，就同一事实又告诉的。

(6)经人民法院调解结案后,自诉人反悔,就同一事实再行告诉的。

对于已立案,但缺乏证据或证据不足的自诉案件,如果自诉人没有新的补充证据,那么人民法院要依法驳回自诉人的诉讼请求;如果在自诉案被驳回之后,自诉人发现新的证据,重新对案件发起自诉,那么人民法院应当依法受理自诉人的诉讼请求,并根据新证据对案件做出新的判断。

三、自诉案件的审判

对犯罪事实清楚,有足够证据的自诉案件,人民法院应当开庭审理。自诉案件与公诉案件相比,有一定的特殊性。为此,《刑事诉讼法》及最高人民法院《解释》除了要求人民法院参照公诉案件第一审普通程序审判自诉案件外,还对自诉案件的审判作了一些特别的规定。这些特别规定包括以下几个方面。

(一)人民法院审判自诉案件可以进行调解

调解是指原告与被告的双方当事人,在审判人员的主持下,对双方进行说服和教育,双方在协商一致的基础上达成和解,解决纠纷。如果双方在法庭的调节下达成协议,那么由法院制作自诉案辩解书,由法院署名,加盖法院印章。调解书签收后即发生法律效力,任何一方当事人不得对之提起上诉。经法院调解达不成协议,或者虽达成了协议,但当事人一方或双方在调解书签收前反悔的,法院应当进行判决。

人民法院审判自诉案件可以调解,但不是必须调解,调解不是审判的必经程序。从司法实际情况来看,自诉案件调解结案的多见于有附带民事诉讼的案件。另外,需要特别注意的是,《刑事诉讼法》第204条第3项规定的公诉转自诉案件不适用调解。

(二)自诉人与被告人自行和解或撤回起诉

和解是指自诉人同被告人自行协商,取得一致意见后,不再需要法院对双方的纠纷加以解决。和解与撤诉实际上都是自诉人自动放弃追究被告人刑事责任的权利。人民法院必须对双方的和解行为进行审查,如果双方的和解协议确系公平、自愿,那么法院会准予双发的撤诉行为。如果在审查中发现,双方的和解并不是在平等、自愿的基础上达成的,而是出于某种力量的强迫达成的,法律不会准许双方撤诉。如人民法院裁定双方和解有效,那么对被告人采取的法律强制措施将被解除。

(三)自诉案件第一审普通程序的期限

根据《刑事诉讼法》第 206 条第 2 款的规定,人民法院审理自诉案件的期限分为两种情况:

(1)被告人被羁押的,适用《刑事诉讼法》第 202 条第 1、2 款的规定,即适用公诉案件第一审普通程序的审限。

(2)被告人未被羁押的,人民法院应当在受理后 6 个月以内宣判。

(四)自诉案件中的反诉

反诉是指被告人作为被害人控告自诉人犯有与本案有关联的罪行,要求人民法院进行审判,追究自诉人刑事责任的诉讼活动。成立反诉,应具备下列条件。

(1)反诉只能由自诉案件中的被告人或其法定代理人提出。

(2)反诉的对象必须是自诉案件中的自诉人。如果被告人控告的不是自诉人,那么即使是自诉人的法定代理人,也不属于反诉,而是一个独立的诉讼。

(3)反诉提起的时间只能是在法院对自诉案件的判决宣告前。

(4)反诉所控告的犯罪行为不能与自诉案件无关,二者必须是相互关联的犯罪行为。

(5)反诉的案件只有在告诉时和有确切证实时才会被处理,并且大多反诉案件都是轻微的刑事案件。

人民法院对被告人的反诉审查后,认为反诉符合法定条件,应予受理的,即在受理后与自诉案件合并审理。反诉是一个独立的诉讼,原自诉案件撤诉的,不影响反诉案件的继续审理。

（五）自诉案件审理中的问题

人民法院对于决定受理的自诉案件,应当开庭审判。一般情况下不采用简易程序审理的,审判的程序大致同公诉案件的一审程序相近。对于当事人因客观原因不能取得的证据,申请人民法院调取的,应当说明理由,并提供相关线索或材料。人民法院认为有必要的,应当及时调取。在法庭审理过程中,审判人员对证据有疑问,需要对其真实性和科学性进行核实的,可以宣布休庭,对证据进行相应的处理和封存,并根据法院测定的结果对案件进行新的评估。如果在自诉案件的审理过程中,被告人失踪或者下落不明,法庭应当中止法庭审理的程序,被告人回归后方可对案件进行审理,当然如果被告人故意躲藏,法庭在查实后会采取强制措施。经过审理被告人依法宣布无罪的案件,对其附带民事诉讼一并判决。

三、自诉案件的审理期限

《刑事诉讼法》第206条对自诉案件的审理期限作出了规定。根据该条规定,人民法院审理自诉案件的期限,被告人被羁押的,适用《刑事诉讼法》第202条第1款、第2款关于公诉案件审理期限的规定;未被羁押的,应当在受理后6个月以内宣判。规定自诉案件的审理期限,有助于克服对自诉案件的处理久拖不决的情况,有利于保障当事人的权利。

第三节　第二审程序的提起

一、上诉和抗诉的概念

刑事诉讼中的上诉是指当事人认为第一审人民法院尚未生效的判决或者裁定认定的事实不清和适用的法律不当,在法定的期间内,提出诉讼请求。抗诉是指人民检察院认为第一审尚未生效的判决或者裁定认定事实不清和法律适用不当,在法定期间内向有管辖权的人民法院提出诉讼请求。

二、上诉、抗诉的主体

有权提起上诉的人员是:自诉人、被告人及其法定代理人,以及经被告人同意的辩护人、近亲属,还有附带民事诉讼的当事人及其法定代理人。有权提出抗诉的机关是地方各级人民检察院。

(一)上诉的主体

所谓上诉,是指自诉人、被告人及其法定代理人,以及经被告人同意的辩护人或近亲属,附带民事诉讼的当事人及其法定代理人,不服第一审未生效的判决、裁定,依照法定程序和期限,要求上一级人民法院对案件进行重新审判的诉讼行为。上诉制度是确保人民法院及时、准确惩罚犯罪,保障无辜的人不受非法追究的一项重要制度。

地方各级人民法院在宣告第一审判决、裁定时,应当明确告知被告人、自诉人和他们的法定代理人,如果不服判决或者裁定,有权在法定期限内以书面或者口头形式向上一级人民法院提出上诉;被告人的辩护人和近亲属,在法定期限内经被告人同意,也可以提出上诉;附带民事诉讼的当事人和他们的法定代理人,可以对判决或者裁定中的附带民事诉讼部分,提起上诉。因此,有权上诉的人员主要包括以下几种。

1. 自诉人及其法定代理人

自诉人是刑事诉讼的当事人,在刑事诉讼中处于控告一方的地位,与案件处理结果有直接利害关系。如果不服第一审裁判,自诉人及其法定代理人有权提出上诉,享有独立的上诉权。

2. 被告人及其法定代理人

被告人是受刑事追诉的对象,刑事裁判的结果直接对其产生影响,因而其更关心案件的处理结果。如果不服第一审人民法院的裁判,被告人及其法定代理人都有权上诉,享有独立的上诉权。上诉权对被告人而言,是极重要的诉讼权利之一。保护被告人的上诉权,有利于司法机关的公正执法,有利于维护被告人的合法权益,避免造成冤假错案。所以法律明确规定不得以任何借口剥夺被告人的上诉权。任何剥夺或者限制被告人上诉权的行为都是严重违反法定诉讼程序的,是第二审人民法院撤销原判的法定依据之一。

3. 经被告人同意的辩护人和近亲属

被告人的辩护人和近亲属不是案件的当事人,他们是为了维护被告人的合法权益参加诉讼的,法院的判决与其没有直接的切身利害关系,因此,被告人的辩护人、近亲属不享有独立的上诉权,需要征得被告人同意才能上诉。这样,既有利于被告人充分行使诉讼权,又可以防止在被告人已经认罪服判的情况下,辩护人或近亲属违背被告人的意愿而提起上诉。

4. 附带民事诉讼的当事人和他们的法定代理人

附带民事诉讼的当事人和他们的法定代理人,只有权对地方各级人民法院一审判决、裁定中的附带民事诉讼部分提出上诉,对判决、裁定中的刑事诉讼部分,则无权上诉。如果附带民事诉讼的当事人同时是刑事诉讼当事人中的被告人、自诉人,则他们既可以对附带民事诉讼部分提出上诉,也可以对刑事诉讼部分提出上诉。如果对刑事诉讼部分没有人提出上诉,人民检察院也没有提出抗诉,附带民事诉讼的当事人及其法定代理人的上诉,不影响判决、裁定刑事诉讼部分的生效。

(二)抗诉的主体

抗诉是指人民检察院发现或者裁定法院的判决有误的时候,根据我国相关法律的要求和程序,提请人民法院按照法定程序对案件重新进行审理,对错误的判决及逆行进行纠正。抗诉主要可以分为两种,第一种是二审程序不当的抗诉,这时一审的判决还未生效,因此它也是针对未生效裁判的抗诉;第二种是对再审程序不当的抗诉,这时一审的判决已经生效,因此它是针对已生效裁判的抗诉。

二审程序的抗诉是指在地方各级人民检察院认为本级人民法院第一审判决、裁定确有错误的时候,根据我国法律规定的程序向上一级人民法院提出抗诉。人民检察院是我国的司法监督机关,它有权对一审未生效的判决提出抗诉。我国《宪法》对人民检察院的职责和地位进行了确认,作为我国法律监督部门,人民检察院可以在刑事诉讼案件中对人民法院的司法公正和法律适用进行监督,人民检察院存在的意义就是为了保障我国人民的权益,减少冤假错案的发生。人民检察院依据我国相关法律的规定对人民法院未生效的判决进行抗诉,是其依法履行职责的基本表现。

三、提起上诉、抗诉的理由

《刑事诉讼法》对提出上诉的理由没有规定任何限制条件,有上诉权人只要"不服"一审未生效的判决、裁定,并在法定期限内提出上诉,不论其理由是否充分、正确,上诉都具有法律效力,都必然引起第二审程序。

根据《刑事诉讼法》第 217 条的规定,人民检察院只有认为判决、裁定"确有错误"时,才能提出抗诉。当然,这里所说的"确有错误",只是人民检察院基于证据审查判断后的一种主观认识,还有待后续审判程序予以查明。如果一审裁判实际是正确的,二审经过审理后可以驳回起诉。

在司法实践中,作为上诉或抗诉的理由,主要有以下几点。

（一）事实认定错误

指原判决、裁定对案件事实作了错误认定,或者案件中的主要犯罪事实和重大情节没有查清,或者缺乏确实、充分的证据。

（二）法律适用错误

是指原判决、裁定所依据的法律不正确,混淆了罪与非罪、此罪与彼罪、一罪与数罪的界限,适用法律不当,必然导致定罪量刑不准。

（三）诉讼程序错误

是指人民法院在审判中违反刑事诉讼法的规定,超越或滥用诉讼权限,限制或剥夺当事人及其他诉讼参与人的诉讼权利。诉讼程序是司法机关正确办理案件的重要保证,如果违反了诉讼程序,就有可能影响案件的公正处理,导致判决、裁定发生错误。

四、提起上诉、抗诉的期限

对地方各级人民法院第一审判决、裁定的上诉或者抗诉,必须在法定的上诉或抗诉期间内提出。《刑事诉讼法》第 219 条规定:"不服判决的上诉和抗诉的期限为 10 日,不服裁定的上诉和抗诉的期限为 5 日,从接到判决书、裁定书的第 2 日起算。"对附带民事判决、裁定的上诉、抗诉期限,应当按照刑事部分的上诉、抗诉期限确定。附带民事部分另行审判的,上诉期限也应当按照刑事诉讼法规定的期限确定。

法律规定上诉、抗诉期限的目的,一方面是为了保证有权上诉、抗诉的人和机关有必要的考虑和准备时间;同时也有利于上级人民法院迅速地审理上诉、抗诉案件,使确有错误的判决、裁定能及时得到纠正,或保证正确裁判能够得到及时执行,以免拖延诉讼。

五、提起上诉、抗诉的方式和程序

（一）提起上诉的方式和程序

根据我国《刑事诉讼法》第 216 条的规定,上诉人的上诉状可以以书面或者口头的形式提出。无论以哪种形式提出上诉,人民法院都必须尊重上诉人的上诉权,都应该受理。人民法院在受理上诉案的过程中,应当保有上诉状的正本以及副本,并根据法定的工作程序做好存档。根据我国法律的规定,上诉人在上诉时需向法庭提交上诉状,上诉状的主要内容包括:第一审判决书、裁定书的文号和上诉人收到的时间,第一审人民法院的名称,上诉的请求和理由,提出上诉的时间。

根据我国《刑事诉讼法》第 220 条和《高法解释》的有关规定,上诉人可以通过本级人民法院(即一审人民法院)上诉,也可以直接向上级人民法院提出上诉。如果上诉人通过一审人民法院提出上诉,一审法院应该对材料进行审查,符合我国法律规定的上诉条件的在上诉期满后 3 日内将上诉状连同案卷、证据移送上一级人民法院,并将上诉状副本送交同级人民检察院和对方当事人。上诉人直接向第二审人民法院提出上诉的,第二审人民法院应当在收到上诉状后 3 日内将上诉状交第一审人民法院。

上诉是可以撤回的,上诉人在上诉期限内依法要求撤回上诉的,人们法院应当依法批准,并撤销上诉备案。

上诉人在上诉期满后要求撤回已经提交的上诉请求的,二审法院要进行相关的审查。如果二审法院认为,原判法律事实清楚,法律适用恰当,则依法驳回上诉,维持原判;如果二审法院经过审查,认为原判事实不清,证据不足,适用法律不清或量刑不当的,不会准许上诉人的撤诉请求,案件将按照正常上诉的程序进行。对于被判死刑立即执行的被告人来说,如果提出上诉,在第二审开庭后宣告裁判前申请撤回上诉的,人民法院应不予准许,按照上诉案的正常程序来进行。

(二)提起抗诉的方式和程序

上诉抗诉书的提出,应该通过书面形式完成,口述不能作为上诉的申请正式形式。我国《刑事诉讼法》第 221 条规定"地方各级人民检察院对同级人民法院第一审判决或裁定的抗诉,只能以抗诉书的形式提出。"

我国《刑事诉讼法》规定"抗诉书应当通过第一审人民法院提交,同时抄送上一级人民检察院……第一审人民法院接到抗诉书后,应当在抗诉期满后 3 日内将抗诉书连同案卷、证据移送上一级人民法院,并将抗诉书副本送交当事人。"人民检察院需要抄送抗诉书,并提交上级人民法院,上级检察院需对检察院的抗诉书进行严肃的审查与检验。经检验,如果上级检察院认为检察院的抗诉不恰当,则可以直接向同级人民法院撤回抗诉,并且将审查的结果通知下级检察院。下级检察院对于上级检察院撤回的抗诉,必须要执行。

第四节　第二审程序的审判

一、第二审程序的审判原则

（一）全面审查原则

根据我国《刑事诉讼法》的相关规定"第二审人民法院应当就第一审判决、裁定认定的事实和适用法律进行全面审查,不受上诉或者抗诉范围的限制;共同犯罪的全案只有部分被告人上诉的,应当对全案进行审查,一并处理"。

全面审查的内容包括：

（1）第二审人民法院应对第一审人民法院审判认定的违法犯罪事实和法律适用、量刑情况进行全面的审查和检验,其审查的内容不受不受上诉或者抗诉范围的限制。

（2）共同犯罪案件中,上诉的情况分为很多中,如果只是案件被告中的一部分人选择上诉,或者上诉者是自诉主体只针对一部分被告的判决而上诉,又或者公诉机构（人民检察院）就一审人民法院对部分被告人违法犯罪的事实认定或法律适用提出上诉,无论哪种情况上级人民法院（第二审人民法院）都要依法受理上诉案件,并对全案进行审查与检验。

（3）在共同犯罪案件中,如果提出上诉请求的被告人死亡,而其他被告未提出上诉请求时,第二审法院仍然要按照法定程序对全案进行全面的审查。如果经过审查,发现已死亡的上诉被告人未构成犯罪,要依法宣布其无罪;如果审查后认定上诉人存在违法犯罪行为,那么第二审人民法院要依法停止审理活动,并对同案的其他被告人的犯罪行为作出裁决。

(4)刑事案件附带民事诉讼的案件中,只有附带的民事案件诉讼人本人或其法定的代理人才有资格上诉,第二审人民法院应依法受理其民事上诉,经审查后对一审判决的公正性、科学性进行判定。如果一审法院的判决符合客观事实、法律适用合理,量刑适当,二审法院无需对一审判决作出更改;如果经审查,二审法院经审查研究认为一审判决存在不当之处,则可以对一审的判决进行修改。

(5)对上诉、抗诉案件的全面审查应当着力于以下的内容:法律事实的认定是否清楚、明确,证据是否充足有效;一审判决的法律适用是否正确,量刑是否适当;一审程序是否符合我国法律的规定;被告人的辩护权利是否得到了充分的尊重等。

(二)上诉不加刑原则

上诉不加刑原则是指,第二审人民法院审判仅有被告人一方提出上诉的案件时,不得改判重于原判的刑罚的原则。根据我国《刑事诉讼法》的相关规定,"第二审人民法院审判只有被告人或者他的法定代理人、辩护人、近亲属上诉的案件,不得加重被告人的刑罚;第二审人民法院发回原审人民法院重新审判的案件,除有新的犯罪事实,人民检察院补充起诉的以外,原审人民法院也不得加重被告人的刑罚。上诉不加刑的核心是不得加重刑罚"。

1. 对上诉不加刑原则的理解

对于上诉不加刑的原则,我们应该从以下几个方面来理解。

(1)上诉不加刑适用于只有被告人一方上诉的案件,如果自诉人提出上诉或者公诉方提出抗诉的,不适用上诉不加刑。

(2)上诉不加刑中的"刑"既包括主刑,也包括附加刑;既包括刑期,也包括刑种。"加刑"还包括加大罚金数量。

（3）上诉不加刑的"刑"还包括刑罚的执行方法，如第一审有缓刑考验期，第二审取消了考验期，就是加刑。再如延长考验期也是加刑。

（4）死缓虽然不是独立刑种，但改判死缓立即执行属于加刑。

2. 上诉不加刑原则的具体适用

上诉不加刑原则主要适用于以下几种情况。

（1）在共同案件的审判过程中，如果只有一部分被告因为不满判决结果而上诉，第二审判决要客观对待上诉人，不能加重上诉人的量刑，同时也不能加强其他被告人的量刑。

（2）如果一审判决认定事实清楚，证据充足有效，只是罪名判定错误，可以根据相关法律对上诉者的罪名进行更改，但判决结果不会改变。

（3）如果一审判决对被告人进行了数罪并罚，二审审查和判决要依照我国法律要求对被告人进行合理的判罚，不能以为上诉而加重一审判决的刑罚。

（4）如果一审判决对被告判决缓刑，那么二审判决不能撤销缓刑或者延长一审判决的缓刑期限。

（5）如果一审判决没有宣告禁止令，那么二审判决也不能增加宣告；如果一审判决宣告禁止令，那么二审的判决不能随意增加或者减少禁止令的内容和期限。

（6）如果一审判决判定被告人死刑缓期执行而且没有减刑的限制，那么二审判决也不应该限制减刑。

（7）如果一审判决的事实清楚，证据充分有效，但是判处的刑罚不当，如果判罚较轻二审不能直接加刑，必须要发挥一审人民法院重新审判。

（8）在团体案件中，如果人民检察院或者自诉人只针对判决中的个别被告的判决进行上诉，二审人民法院不能对该案件的其他被告人增加刑罚。

（9）被告人本人或者其法定代理人对判决提出上述的，第二审人民法院发回重新审判后,除非有新的犯罪证据和犯罪事实,人民检察院针对新罪行补充起诉的情况外,一审人民法院不能加重被告人的刑罚。

二、第二审案件的审判方式和程序

第二审人民法院审判上诉、抗诉案件一律由合议庭进行,而且合议庭的组成人员都必须为审判员,人数为 3～5 人。我国第二审案件的审判方式有两种。

(一)开庭审理

开庭审理,是指以法庭为诉讼活动的场所,在合议庭的主持下,由检察人员和诉讼参与人共同参与,通过法庭调查和辩论、宣判等方式审理案件。我国《刑事诉讼法》第 223 条第 1 款规定:"第二审人民法院对于下列案件,应当组成合议庭,开庭审理:(一)被告人、自诉人及其法定代理人对第一审认定的事实、证据提出异议,可能影响定罪量刑的上诉案件;(二)被告人被判处死刑的上诉案件;(三)人民检察院抗诉的案件;(四)其他应当开庭审理的案件。"按照这一规定,第二审应当开庭审理的案件主要是认定事实、证据存在争议、死刑案件和人民检察院抗诉等争议较大或者量刑为极刑的案件。

第二审人民法院开庭审理案件,除法律已有规定的以外,参照第一审程序的规定进行。这里使用"参照"一词,是因为第二审程序不完全等同于第一审程序,而有其自身的特点,因而第二审人民法院在开庭审理第二审案件时,不能完全照搬第一审程序,而应以第一审程序为基准有所变通。

1. 开庭前的准备

开庭准备的具体程序与第一审程序相同,这里就不再赘述。

2. 通知人民检察院查阅案卷

我国《刑事诉讼法》第 224 条规定:"人民检察院提出抗诉的

案件或者第二审人民法院开庭审理的公诉案件,同级人民检察院都应当派员出席法庭。第二审人民法院应当在决定开庭审理后及时通知人民检察院查阅案卷。人民检察院应当在一个月以内查阅完毕。人民检察院查阅案卷的时间不计入审理期限。"也就是说,人民检察院提出抗诉的案件或者人民法院开庭审理的案件,人民法院必须在决定开庭审理后及时通知人民检察院查阅案卷,做好出庭准备。

3. 在法庭调查阶段

审判长或者审判员宣读第一审判决书、裁定书后,如果被告人或者自诉人对判决不服,可以依法上诉并陈述自己的上诉理由或者由检查人员宣读抗诉书;有些案件既涉及上诉,又包含抗诉,在这类案件的处理中,应先由检察人员宣读抗诉书,然后再由上诉人陈述上诉理由。

4. 在法庭辩论阶段

对于上诉的案件,无论是自诉人作为上诉人还是被告作为上诉人都要先陈述己方诉理由,然后由检察人员及对方当事人发言;对于抗诉的案件来说,首先是检察人员发言,然后再由上诉人员陈述自己的己方理由;对于既有上诉又有抗诉的案件,应当先由检察人员发言,然后进行辩论。

5. 辩论终结后

上诉人(被告人)有权进行最后陈述,然后由合议庭评议,进行裁判。这与法院第一次案件审理的程序相同。

我国《刑事诉讼法》第 223 条第 3 款规定:"第二审法院开庭审理上诉、抗诉案件,应在第二审人民法院所在地进行,情况特殊也可以到案件发生地或者原审人民法院所在地进行。"关于审判地点的选择,二审法院需要根据案件的具体情况进行选择。

(二)不开庭审理

不开庭审理,是指第二审人民法院对上诉案件,经过阅卷,讯问被告人;在听取其他当事人、辩护人、诉讼代理人的意见后,认为案件事实清楚的,以不开庭方式进行审理并作出判决或裁定的审理方式。我国《刑事诉讼法》第 223 条第 2 款规定:"第二审人民法院决定不开庭审理的,应当讯问被告人,听取其他当事人、辩护人、诉讼代理人的意见。"

以不开庭的方式审理案件,需要遵循以下程序。

1. 笔录阅卷

合议庭成员共同阅卷,并制作阅卷笔录。

2. 讯问被告人

合议庭通过直接讯问和听取被告人对一审判决的意见,以及对案件事实的供述和辩解。

3. 听取其他当事人、辩护人、诉讼代理人的意见

合议庭要听取案中其他当事人、辩护人、诉讼代理人的意见,以便了解案件可能存在争议的事实和证据情况,以及有关案件的其他情况,为正确处理案件打下基础。

4. 评议

经评议,合议庭认为案件事实与一审认定的没有变化,证据确实、充分的,可以不开庭审理即作出相应的处理决定。

三、对第二审案件的处理

（一）发回重审

1. 发回重审的情形

《刑事诉讼法》第 227 条规定:"第二审人民法院发现第一审人民法院的审理有下列违反法律规定的诉讼程序的情形之一的,应当裁定撤销原判,发回原审人民法院重新审判。"

(1)违反本法有关公开审判的规定。第二审人民法院发现第一审人民法院的审理有违反法定诉讼程序的,应当裁定撤销原判,发回原审人民法院重新审判。

(2)违反回避制度。

（3）剥夺或限制当事人的法定诉讼权利，可能影响公正审判。

（4）审判组织的组成不合法。

（5）其他违反法律规定的诉讼程序，可能影响公正审判的。

上述 5 种情形中，其中第（1）、（2）、（4）种情形违反了刑事诉讼基本的审判制度、回避制度和合议制度，应当一律发回重审；第（3）、（5）种情形是否要发回重审要视情况而定。如果可能影响公正审判的，应当发回重审。如果情节较轻，且未影响公正审理的，二审法院可以酌情确定是否发回重审。

2. 发回重审的限制

为了避免案件反复，多次发回重审，《刑事诉讼法》第 225 条第二款规定了原审人民法院对于发回重新审判的案件作出判决后，被告人提出上诉或者人民检察院提出抗诉的，第二审人民法院应当依法作出判决或者裁定，不得再发回原审人民法院重新审判。由此可见，发回重审以一次为限。即对于二审法院以事实不清为由发回重审的案件，经过原审法院重新审理后再次被提出上诉或抗诉，二审法院经过审理仍然认为事实不清或者证据不足的，应当依法作出判决，而不应再次发回重审。

3. 发回重审程序及期限计算

根据《刑事诉讼法》第 228 条的规定，对于发回重新审判的案件，应当另行组成合议庭，不得适用独任制，不得由原合议庭审理；对于重新审判后的判决，仍然属于一审判决，依法可以上诉和抗诉。另外，第二审人民法院发回原审人民法院重新审判的案件，原审人民法院从收到发回的案件之日起，应重新计算审理期限。

（二）对上诉、抗诉案件的处理

根据我国《刑事诉讼法》第 225、227 条的规定，第二审法院对不服第一审判决的上诉、抗诉案件进行审理后，应按下列情形分别作出处理：

（1）原判决认定事实正确，证据确实、充分，适用法律正确，量刑适当的，应当裁定驳回上诉或抗诉，维持原判。

（2）原判决认定事实没有错误，但适用法律有错误或者量刑不当的，例如混淆了罪与非罪的界限，认定犯罪性质不准、罪名不当，量刑畸轻、畸重，或者重罪轻判，或者轻罪重判等，第二审法院应当撤销原判，重新判决，并在判决中阐明改判的根据和理由。

（3）原判决事实不清楚或者证据不足的，可由二审法院查清事实后改判，也可以裁定撤销原判，发回原审人民法院重新审判。但需注意的是，原审人民法院对于此种情况发回重新审判的案件作出判决后，被告人提出上诉或者人民检察院提出抗诉的，第二审人民法院应当依法作出判决或者裁定，不得再发回原审人民法院重新审判。也就是说，此种情况下的发回重审以一次为限。

（4）发现一审法院有下列违反法律规定的诉讼程序的情形之一的，应当裁定撤销原判，发回原审人民法院重新审判。违反法律有关公开审判的规定的；第二，违反回避制度的；第三，剥夺或者限制了当事人的法定诉讼权利，可能影响公正审判的；第四，审判组织的组成不合法的；第五，其他违反法律规定的诉讼程序，可能影响公正审判的。根据以上规定，第二审人民法院发现一审法院有违反公开审判规定、违反回避制度、审判组织组成不合法的情形时，应直接裁定撤销原判，发回原审人民法院重新审判，因为公开审判原则、回避制度、审判组织的组成均是我国《刑事诉讼法》中最基本的诉讼原则和制度，违反这些基本原则与制度，势必影响案件的公正审理。但一审法院有剥夺或限制当事人法定诉讼权利或其他违反法律规定的诉讼程序的情形时，并不一定影响案件的公正审判。因此，二审法院还须进一步判断上述违法情形是否可能影响公正审判，换言之，二审法院必须在第三、第五所列违法情形与影响公正审判的可能性同时存在，且两者之间存在因果联系的前提下，才应当裁定撤销原判，发回重审。

发回原审人民法院重新审判的案件,按第一审程序进行审理,对其判决、裁定仍可上诉或抗诉;发回重审的案件,应当另行组成合议庭审理。

第二审人民法院作出的判决或者裁定,除死刑案件与在法定刑以下判处刑罚的案件外,均是终审的判决和裁定,一经宣告即发生法律效力,上诉人及其法定代理人等不得再行上诉,人民检察院也不得再按二审程序提起抗诉。第二审人民法院可以自行宣告裁判,也可以委托原审人民法院代为宣告。

(三)对附带民事诉讼案件的处理

第二审人民法院对刑事附带民事案件的处理,应当根据上诉、抗诉的具体情况进行区分:

(1)二审人民法院在进行附带有民事诉讼的刑事上诉案件时,如果经审查与检验后发现刑事部分和附带的民事部分都存在不当之处需要更改判决,那么应当对刑事部分和民事部分一并审理,并重新进行法律判定。

(2)二审法院审理的刑事上诉和刑事抗诉,附带民事责任已经发生了效力,如果发现一审判决中的附带民事判决存在不当,应当按照我国法律的规定,经审判监督对判决结果进行纠正。

(3)第二审人民法院在对民事上诉案进行审理的过程中,如果审查发现已经发生效力的刑事判决存在判定不当的情况,应按照我国《刑事诉讼法》的相关规定,对案件的刑事犯罪部分与民事违法部分进行重新审理。

(4)第二审期间,一审带有民事诉讼的原告人增加独立的诉讼请求或者第一审附带民事诉讼被告人提出反诉的,二审法院可以在法定程序内进行调节,双方在自愿、平等、公正的原则下进行协商,如果调节不成,法院告知当事人另行起诉。

(四)自诉案件的处理

对于自诉案件来说,如果判决后当事人对一审法院的判决存在疑问或者不服,可以依法向上级人民法院提出上诉,二审法院应该接受上诉请求。二审法院在上诉案的审理中,可以根据案件的具体情况进行调节,当然当事人双方也可以自行调节,双打达成一致的,可以在法院出具加盖法院公章的调节书后结案,一审判决的裁定视为自动撤销;如果双方未能达成一致,二审法院要依法对案件进行审理。

(五)查封、扣押冻结物品的处理

查封、扣押、冻结的犯罪嫌疑人、被告人的财物,是指公安机关、人民检察院、人民法院在诉讼中依据法律规定查封、扣押的证明犯罪嫌疑人、被告人有罪或者无罪的各种财物以及根据侦查需要冻结的犯罪嫌疑人、被告人的存款、汇款、股票、证券基金份额等财产。

1. 查封、扣押、冻结在案财物的处理原则

(1)保管

公安机关、人民检察院、人民法院对于扣押、冻结在案的犯罪嫌疑人、被告人的财物及其孳息,应当妥善保管,以供核查。任何单位和个人不得挪用或者自行处理。

(2)返还

对于被害人的合法财产,被害人明确的,物品查封、扣押、冻结机关应当及时返还,以尽量减少其损失;经过审理确实无法查清是否属于违法所得的查封、扣押、冻结的物品应当返还被告人。

(3)移送

对作为证据使用的实物,包括作为物证的货币、有价证券等,应当制作清单,随案移送。对不宜移送的,应当将其清单、照片或者其他证明文件随案移送。

(4)变卖

对于易腐烂和不易保管的物品,应当按照国家有关规定,予以变卖,保存其价值。

（5）没收

对于国家禁止持有、经营、流通的违禁品，应当一律没收，依照规定处理。

（6）处分

司法工作人员贪污、挪用或者私自处理被扣押、冻结的在案财物及其孳息，依法追究刑事责任；不构成犯罪的，给予处分。

2. 人民法院应当在判决书中表明对财物及其孳息处理的意见和方式

《刑事诉讼法》第二百三十四条第三款规定："人民法院作出的判决，应当对查封、扣押、冻结的财物及其孳息作出处理。"为了维护公民和国家的财产权益，切实保证对查封、扣押、冻结的财物及其孳息的妥善处理，在被告人的刑事责任已经得到最终确定后，人民法院应当在判决中明确财物及其利息处理的方式。

人民法院作出的判决生效以后，有关机关应当根据判决对查封、扣押、冻结的财物及其孳息进行处理。对查封、扣押、冻结的赃款赃物及其孳息，除依法返还被害人的以外，一律上缴国库。

五、第二审案件的审判期限

根据《刑事诉讼法》第 230、232 条的规定，第二审人民法院受理上诉、抗诉案件，应当在 2 个月以内审结。对于可能判处死刑的案件或者附带民事诉讼的案件；交通十分不便的边远地区的重大复杂案件；重大的犯罪集团案件；流窜作案的重大复杂案件；犯罪涉及面广，取证困难的重大复杂案件，经省、自治区、直辖市高级人民法院批准或决定，可以再延长 2 个月，因特殊情况还需要延长的，报请最高人民法院批准。最高人民法院受理上诉、抗诉案件的审理期限，由最高人民法院决定。对第二审人民法院发回原审人民法院重新审判的案件，原审人民法院从收到发回的案件之日起，重新计算审理期限。

第五节　死刑立即执行案件的复核程序

一、判处死刑立即执行案件的核准权

死刑核准权是法律审判中的一种重要权力,它是指对死刑(含死缓)判决、裁定由哪个审判机关进行复核与批准的权限。在死刑核准权中,死刑复核的程序是最基本和最核心的部分,因为它直接关系着死刑的执行、是否能够防止错杀无辜和惩罚等关系法律公正的问题。因此,我国法律特别重视死刑的复核。

《刑事诉讼法》第 235 条规定:"死刑由最高人民法院核准。"这一规定,明确确认了最高人民法院的死刑复核权的行使地位。

二、判处死刑立即执行案件的报请复核

《刑事诉讼法》第 236 条第 1 款规定:"中级人民法院判处死刑的第一审案件,被告人不上诉的,应当由高级人民法院复核后,报请最高人民法院核准。高级人民法院不同意判处死刑的,可以提审或者发回重新审判。"第 2 款规定:"高级人民法院判处死刑的第一审案件被告人不上诉的,和判处死刑的第二审案件,都应当报请最高人民法院核准。"根据《高法解释》第 344 条的规定,最高人民法院核准的死刑立即执行案件的报请复核应当遵循以下要求。

(1)中级人民法院判处死刑的一审案件,对于被告人、原告人以及人民检察院都不进行上诉的,在上诉期和抗诉期满 10 日以内,申报高级人民法院对判决和案情进行复核。高级人民法院经过复核与审查,同意案件审理判决的,在完成复核裁定后10 日内,将死刑核定结果报请高级人民法院。如果高级人民法院不同意下级人民法院的判决,不同意判处被告人死刑的,需要按照二审的程序对案件进行改判或者发回下级人民法院进行重新审理。

（2）中级人民法院判处被告人死刑的，可以由被告人自己提出申诉，也可以由其法定代理人提出申请，当然如果判决存在问题检察院也可以向上级法院提出上诉申请。在接到上诉后，如果经审查高级人民法院认同下级人民法院的判决，应在复核裁定之后的 10 日内向最高人民法院提交死刑复核结果；如果高级人民法院在审查中发现判决不当，可以打回一审法院重审。

（3）如果高级人民法院审理的刑事案件，被告人被判处死刑且不上上诉的，应在上诉、裁定期满之后的 10 日内报请最高人民法院对死刑判决予以核准。

（4）对于判处死刑，缓期两年执行的被告人，在其缓刑执行期间，如果其故意犯罪意图得到证明，应立即执行死刑的，需高级人民法院向最高人民法院报请死刑复核。

三、判处死刑立即执行案件报请复核的材料及要求

根据《高法解释》第 346 条的规定，报请复核的死刑、死刑缓期执行案件，每个案件都应当进行单独的申报与复核，不能将多个案件一次报送复核。根据我国法律的规定，报送的材料主要包括二审的审判文书、二审审判文书和审判报告的电子版文档。

根据《高法解释》第 347 条的规定，报请复核的审判报告必须写明案件的来由、基本案情以及审判过程和最终的判决结果。一般来说，死刑案件的综合性案件报告主要包括以下几个方面的内容。

（1）案件的被告人、被害人、原告的基本状况。如果被告人曾经受到过行政处罚或者有过犯罪历史应该在报告中写明。

（2）案件的由来和详细的案件审理过程。如果案件曾经因为判刑不当或者其他原因发回一审法院重新审理，应当对重审的情况进行详细的说明。

（3）案件侦破情况。如果在破案过程中使用技术手段或者其他侦查手段破获案件，需要进行说明。另外，被告人是否存在自首、立功等情况也需要在报告中写明。

（4）一审的基本情况。控辩双方的主要意见，以及一审判决的认定的法律事实，审判委员会以及审判长的意见和看法等内容也需要在报告中写明。

（5）二审审理的基本情况以及高级人民法院就死刑判决进行的复核判定情况。这些内容主要包括当事人上诉理由、检察机关对审判的态度和意见，二审认定的法律事实以及采证情况等。

（6）需要说明的问题。在报告中需要说明的问题主要包括共同犯罪案中另案处理的同案犯的定罪量刑情况，案件所造成的社会危害和社会影响，此外还包括案件的当事人（原告和被告）对判决以及案情判定的态度和反应。

（7）处理意见。根据法律的规定，在综合案件复核报告应该包括合议庭和审判委员会对案件性质和法律适用等内容。

四、判处死刑立即执行案件的复核程序

最高人民法院复核死刑案件，应当由审判员 3 人组成合议庭进行。复核死刑案件一般要进行以下活动。

（一）提审被告人

《刑事诉讼法》第 240 条第 1 款规定："最高人民法院复核死刑案件，应当讯问被告人，辩护律师提出要求的，应当听取辩护律师的意见。"提审被告人是最高人民法院核准死刑案件的必经程序。提审被告人能够让被告人获得最后的辩解机会，对于查明案情、发现和纠正案情分析和审判中的错误具有重要的意义。提审被告人反映了我国尊重人权，尊重生命的基本法律精神。

（二）审查核实案卷材料（阅卷）

通过对案卷的审查和复核，能够对案情的性质、审判与适用法律的恰当性进行全面的估计，对审判过程中的审判要素和审判程序进行重新梳理，能够保证判决的科学性。

根据我国《高法解释》第 348 条的规定，审阅案卷应当全面审查以下内容：

（1）被告人的年龄，目的是判定其有无刑事责任能力，并且要确定被告人是否是已经怀孕的妇女。

（2）一审判决对案件的主要犯罪事实的认定是否清楚，其所利用的证据是否合法、充分，证人证词是否有效。

（3）被告人的犯罪情节及其违法犯罪行为造成的社会影响、社会危害的严重程度。

（4）一审判决的法律适用和量刑是否恰当，被告人是否必须被判处死刑，以及缓期执行是否适用。

（5）被告人在案件中是否存在法定的减轻刑罚的情节，比如自首、立功等。

（6）诉讼程序的程序是否严格按照我国《刑事诉讼法》的相关规定进行。

（7）其他应当审查的情况。

（三）制作复核审理报告

最高人民法院、高级人民法院对报请复核的死刑案件进行全面审查后，合议庭应当进行评议并写出复核审理报告。

根据我国法律的规定，死刑的复核审理报告必须要包括以下几个方面的内容，才能成立。

（1）案件的具体来由，以及审理的详细过程。

（2）案件当事人的基本状况，既包括被告人和被害人的基本情况，如果是自诉案件，也包括原告的基本状况。

（3）案件在审理和侦破过程中遇到各种问题。

（4）一审判决的关键判罚点，以及被告人和控诉人的辩论焦点和争论焦点。

（5）一审法院对案件违法犯罪的主要事实、证据以及复核分析的认定情况。

（6）法庭审判长以及审判委员会对法律事实认定的基本依据、法律逻辑以及判决结果。

（7）其他需要说明的问题。

（四）最高人民检察院的监督

《刑事诉讼法》第 240 条第 2 款规定："在复核死刑案件过程中，最高人民检察院可以向最高人民法院提出意见。最高人民法院应当将死刑复核结果通报最高人民检察院。"

五、判处死刑立即执行案件复核后的处理

最高人民法院复核死刑立即执行案件，应当作出核准的裁定、判决，或者作出不予核准的裁定。《刑事诉讼法》第 239 条规定："最高人民法院复核死刑案件，应当作出核准或者不核准死刑的裁定。对于不核准死刑的，最高人民法院可以发回重新审判或者予以改判。"《高法解释》第 350～355 条对死刑立即执行案件复核后的处理作了具体规定。

（一）高院复核情形

最高人民法院复核死刑案件，应当按照下列情形分别处理：

（1）原判认定事实和适用法律正确、量刑适当、诉讼程序合法的，应当裁定核准。

（2）一审判决认定的某一点的具体违法事实和法律适用存在不当之处，但是判处被告人死刑并没有不当之处。这种情况下，可以在对案件判决的细节上进行纠正，然后做出准确的判决。

（3）一审判决的法律事实不明确，证据不足甚至不合法，复核应当认定一审判决的裁定不当，并依据《刑事诉讼法》的相关规定对案件进行改判或者重审。

（4）在刑事判决结果的审判过程之中，如果有新的、能够对判决结果产生重大影响的证据出现，应当依据新的证据对案件进行新的事实界定和量刑判定，依法发回一审法院重新审理。

（5）如果一审法院认定的法律事实清楚、正确，证据合法、充足，但是存在法律适用不合理、量刑过重的情况出现，高级人民法院应当对死刑裁定不予核准，并按照法定的程序撤销原判，发

回一审法院对案件进行重新审判。

（6）如果一审法院没有严格按照法定的审判程序对案件进行审判处理，很可能会因为某些环节的疏漏造成审判的公正性受到影响，因此应当裁定不予核准，并按照法定的程序撤销原判，发回一审法院对案件进行重新审判。

（二）一人有两罪以上被判处死刑的数罪并罚案件

最高人民法院在对死刑进行复核后，如果认为案件中的部分法律事实认定不清，案件判定证据有缺陷的应当对全案裁定不予核准，并按照法定的程序撤销原判，发回一审法院对案件进行重新审判；如果最高人民法院认为共同案件审理中的部分犯罪的死刑判决、裁定认定事实正确，但是量刑过重，被告人不应判处死刑的，按照法定的程序撤销原判，发回一审法院对案件进行重新审判。

（三）有两名以上被告人被判处死刑的案件

最高人民法院对提交的死刑报告予以复核后，如果认为其中部分被告人的死刑判决、裁定事实不清、证据不足的，并按照法定的程序撤销原判，发回一审法院对案件进行重新审判；如果最高人民法院认为共同案件审理中的部分罪犯的死刑判决、裁定认定事实正确，但是量刑过重，被告人不应判处死刑的，可以对案件进行改判，并同案中其他量刑适当的罪犯予以死刑的准核。

（四）最高人民法院裁定不予核准死刑的

根据案件情况，可以发回第二审人民法院或者第一审人民法院重新审判。第一审人民法院重新审判的，应当开庭审理。第二审人民法院重新审判的，可以直接改判；必须通过开庭查清事实、核实证据或者纠正原审程序违法的，应当开庭审理。

（五）发回高级人民法院重新审判的

高级人民法院按照法定的死刑复核程序对判决进行审查后，如果裁定不予核准，最高人民法院要按照法定的程序撤销原判,并将案件发回高级人民法院对案件进行重新审判。发回高级人民法院重审的案件,可以按照二审的基本程序对案件重新进行审理与判决,也可以发挥一审法院重新审理。

第六节　死刑缓期二年执行案件的复核程序

一、判处死刑缓期二年执行案件的核准权

判处死刑缓期二年执行案件的核准权由高级人民法院统一行使。

判处死刑缓期二年执行,是我国创立的一种执行死刑的制度。它创立于新中国成立初期,其目的是为了贯彻严肃谨慎相结合的方针,给罪该处死还不是非杀不可的犯罪分子一个悔过自新的机会。

判处死刑立即执行与判处死刑缓期执行,都是死刑只不过二者的执行方式不同。虽然缓期执行的死刑不是对罪犯立即执行死刑,但是如果在缓刑期间故意犯罪或者有其他社会危害的行为产生,仍然要立即执行。因此,在对死刑缓期的案件审理中,也必须通过复核程序核准才能生效。

二、死刑缓期二年执行案件报请复核程序

中级人民法院判处死刑缓期执行的案件,如果被告人服从判决,并且人民检察院对判决没有异议,不抗诉的,在上诉期和抗诉期满之后应该将复核报告递交上一级人民法院。高级人民法院复核认定案件的审理与事实认定存在不当之处,应该按照法定的程序撤销原判,发回一审法院对案件进行重新审判;如果高级人民法院对死刑缓期执行的判决裁定给予核准,则将相关材料报送最高人民法院进行复核。最高人民法院在对死刑进行复核后,如果认为案件中的部分法律事实认定不清,案件判定证据有缺陷的应当对全案裁定不予核准,并按照法定的程序撤销

原判,发回一审法院对案件进行重新审判;如果最高人民法院认为判决的法律事实认定清楚,量刑适当,则对死刑判决予以准核。

对于高级人民法院审理的死刑缓期执行案,如果被告人服从判决,不予上诉,人民检察院对判决没有异议,不抗诉的,在上诉期和抗诉期满之后,其刑事判决及其所附带的民事判决应当开始生效。

三、死刑缓期二年执行案件复核后的处理

《刑事诉讼法》第238条规定:"最高人民法院复核死刑案件,高级人民法院复核准死刑缓期二年执行的案件,应当由审判员3人组成合议庭进行。"合议庭在审查时应当提审被告人。根据《刑事诉讼法》以及《高法解释》的规定,高级人民法院核准死刑缓期二年执行的案件,应当按照下列情形分别办理:

（一）中级人民法院判处死刑缓期二年执行的第一审案件

如果中级人民法院宣判被告人死刑缓期两年执行后,被告人服从法庭判决,对判决结果不予上诉,并且人民检察院对判决结果和法律事实的认定没有异议,不抗诉的,应该在上诉、抗诉期满后,报请高级人民法院核准。

根据《高法解释》第349条的规定,高级人民法院复核死刑缓期执行案件,应当按照下列情形分别处理:

（1）一审判决认定法律事实清楚、证据充足、法律适用与量刑恰当的,要根据法定程度予以裁定核准。

（2）如果审查认为一审判决在法律适用存在瑕疵,但仍然判处被告人死刑缓期执行的,高级人民法院应当对法律事实认定进行纠正后对判决结果进行裁定与核准。

（3）如果一审判决认定法律事实清楚、证据充足,但是法律适用存在不当导致量刑过重的,高级人民法院应当按照法定的程序对案件进行改判。

（4）如果一审判决认定法律事实不清、证据不充足的,可以

裁定不予核准,并根据我国法律的规定撤销原判,发回下级人民法院重新审判,或者依法改判。

(5)如果在案件审判结果的符合法律要求,由于新证据的出现而对案件的法律事实认定和审判结果造成影响,高级人民法院可以裁定不予核准,并根据我国法律的规定的程序撤销原判,发回一审人民法院对案件进行重新审判,或者也可以依照本解释的第220条的规定在对案件进行审理后依法改判。

(6)如果法院没有严格按照法定的审判程序对案件进行审判处理,很可能会因为某些环节的疏漏造成审判的公正性受到影响,因此如果出现这种情况高级人民法院应当裁定不予核准,并按照法定的程序撤销原判,发回一审法院对案件进行重新审判。

(二)中级人民法院判处死刑缓期二年执行的第一审案件

被告人上诉或者人民检察院抗诉的,由高级人民法院进行二审。高级人民法院二审后,按照不同情形分别处理:

(1)如果高级人民法院同意中级人民法院对判处死刑缓二年执行的最终判决,高级人民法院要依法作出维持原判的裁定。此裁定在宣布后会立即生效,并且判决结果无需进行核准程序。

(2)如果高级人民法院认定法律事实不清楚、证据不要充足,并且可能存在量刑不当的情况,高级人民法院要根据我国法律的规定撤销原判,发回下级人民法院重新审判,或者依法改判

(3)原判决认定事实正确,但适用法律有错误或者量刑不当,不需要判处死刑缓期二年执行的,应当用判决直接改判。认为应当判处死刑立即执行的,应当区别对待:其中,如果属于人民检察院提出抗诉而由高级人民法院按照第二审程序审判,并依法改判死刑的案件,应当报请最高人民法院核准;如果只有被告人上诉的案件,高级人民法院必须遵从"上诉不加刑"的原则,不得直接改判死刑立即执行。

(三)高级人民法院第一审判处死刑缓期二年执行的案件

被告人不上诉、人民检察院不抗诉的,在上诉、抗诉期满后

判决即发生法律效力。

总之,对"死缓"案件复核后的处理:如果一审判决认定法律事实清楚、证据充足、法律适用与量刑恰当的,要根据法定程度予以裁定核准;如果高级人民法院认定法律事实不清楚、证据不要充足,并且可能存在量刑不当的情况,高级人民法院要根据法律的规定撤销原判,发回下级人民法院重新审判,或者依法改判;如果一审判决认定法律事实清楚、证据充足,但是法律适用存在不当导致量刑过重的,高级人民法院应当按照法定的程序对案件进行改判;如果因为审判程序没有依法进行,导致以为内某些环节的疏漏造成审判的公正性受到影响的,高级人民法院应当裁定不予核准,并按照法定的程序撤销原判,发回一审法院对案件进行重新审判。

第六章　刑事裁判生效后的执行与监督

刑事裁判生效后必须对相关裁决进行执行与监督,如果不按照相关的法律程序对这些工作进行处理,那么很可能会造成法律判决得不到执行或者执行出现偏差,从而危害法律的权威性。

第一节　执行程序概述

一、执行的概念

刑事诉讼中的执行,是指人民法院将已经发生法律效力的判决和裁定交付执行机关,以实施其确定的内容,以及处理执行中的诉讼问题而进行的各种活动。

二、执行的特点

(一)合法性

执行的合法性是指刑罚执行机关所执行的对象必须是已经发生法律效力的判决和裁定(宣告被告人无罪、免除刑事处罚时立即释放在押被告人的除外):执行活动必须依照法律规定的诉讼程序进行。包括交付执行时,必须移送完备的司法文书及办理相应的法律手续;刑罚变更时,应当依据法定条件和遵照有关管辖及程序的规定进行,不可任意变更或停止执行,否则就是违法。

(二)强制性

执行的强制性是指已经发生法律效力的判决和裁定,具有普遍的约束力,任何机关、团体和个人都应当执行。尤其是被判刑人,不论其是否同意裁判所确定的内容,都应当被强制无条件地执行,如果抗拒执行,情节严重的,根据《刑法》第313条的规定,以拒不执行判决、裁定罪追究其刑事责任。因为,生效的有罪判决和裁定是人民法院对实施犯罪行为的人,代表国家、依据法律作出的处理决定,并以国家强制力为后盾和保证加以强制实行,任何人不得阻碍生效裁判的执行。

(三)执行主体的广泛性

执行主体的广泛性是指有权力和义务执行生效裁判的机关、单位和机构在范围上的宽泛性和层次上的多样化。根据《刑事诉讼法》的规定,有权力和义务执行生效判决和裁定的主体,除人民法院、人民检察院和公安机关以外,还有监狱、未成年犯管教所、拘役所、看守所以及社区矫正机构、罪犯所在单位或其居住地的基层组织等。由此可见,执行的行为主体比进行任何一项诉讼程序,如侦查、起诉、审判等的主体都复杂,范围都宽泛。因此,执行主体的广泛性是执行程序的又一特点。

三、执行的根据和机关

(一)执行的根据

刑事执行的根据是发生法律效力的判决和裁定。根据《刑事诉讼法》第248条、《最高法解释》及《刑法》的相关规定,发生法律效力的判决和裁定包括下列几种:

(1)已过法定期限没有上诉、抗诉的判决和裁定。

(2)终审的判决和裁定,包括中级、高级、最高人民法院第二审和最高人民法院第一审的判决和裁定。

(3)高级人民法院核准的死刑缓期二年执行的判决和裁定。

(4)最高人民法院的判决、裁定和核准死刑的判决、裁定。

(二)执行的机关

按照各种刑罚的不同特点和各执行主体的不同职能,可以把执行机关分为三种不同的类型,即交付执行机关、执行机关和执行监督机关。

1. 交付执行机关

交付执行机关是将生效判决及罪犯依照法定程序交给有关机关执行的机关。《宪法》《刑事诉讼法》和《人民法院组织法》规定,人民法院是将生效裁判交付执行的机关。人民法院根据已生效裁判所确定的内容及其刑罚执行方式,交由相应的执行机关执行。发生法律效力的判决和裁定一般由原第一审人民法院交付执行,但是,罪犯关押在第二审人民法院所在地的,也可以由第二审人民法院交付执行。

2. 执行机关

执行机关是指将生效裁判所确定的刑罚付诸实施的机关。我国法律规定的执行机关包括人民法院、监狱、公安机关以及社区矫正机构。

这些执行机关及其所执行的刑罚种类分别是:

(1)人民法院。人民法院是我国的司法审判机关,在刑事判定的执行中也发挥着重要的作用,其主要的职责是免除查明无罪的嫌疑人刑罚,以及死刑立即执行和复核裁定等。

(2)监狱和未成年犯管教所。监狱是我国的暴力机关,是关押罪犯的场所,法院判定的死刑缓期、无期徒刑、有期徒刑的罪犯,都是由监狱负责执行。

(3)公安机关。对于那些被处以拘役、剥夺政治权利的罪犯由公安机关负责对其判决的执行。

(4)礼区矫正机构。如果人民法院裁定被告人被管制、有期徒刑缓刑、罪犯假释以及监外执行,那么该判决就由社会矫正机构负责刑罚的执行。

3. 执行监督机关

人民检察院依法对刑罚执行活动进行监督。主要包括以下几个方面。

（1）对死刑执行的监督。

（2）对刑罚执行变更活动的监督。

（3）对监狱、看守所等刑罚执行机关执行活动的监督。

四、执行的意义

判决和裁定的执行,是刑事诉讼的最后一个阶段。在这一阶段中,人民法院和执行机关采取法定措施,将判决和裁定中所宣告的刑罚和其他决定付诸实施。因此,执行在整个刑事诉讼过程中占有重要的地位,其意义是:

（一）惩罚不法分子

对案件进行准确、及时地审判和执行,能够使不法分子得到法律的制裁,这对打击犯罪分子的嚣张气焰,维护我国社会的和谐和法律的尊严起到了重要的作用。通过刑罚的执行,可以教育并改造犯罪分子,帮助他们树立信心和重新做人的勇气。

（二）保护无辜者

对案件进行及时、准确地的审判和执行,能够使不法分子得到应有法律的制裁,使受害者早日得到应有的慰藉和法律的保护,并且无罪的在押嫌疑人可以得到及时的释放,恢复自己的自由。特别是那些法律判定没有罪的嫌疑人,可以恢复自己的名义,使自己的名誉权得到有效的保障。

（三）预防犯罪

通过正确地执行判决和裁定,可以教育公民遵守法律,发挥刑罚的预防作用。

第二节　各种判决、裁定的执行程序

一、死刑立即执行判决的执行

死刑是依据我国法律剥夺违法犯罪人员生存权的一种刑

罚,从量刑上来说,死刑是所有刑罚中为最为严重与严厉的。死刑的判决和执行都必须十分慎重,因为它剥夺的是人的生命,为了防止错杀无辜,我国《刑事诉讼法》第 250 条、第 251 条和第 252 条以及《高法解释》等法律对我国死刑判决的执行程序进行了十分严格的限制,每一个死刑犯人的刑罚执行都必须在法律规定的框架之内严格按照既定的程序执行。

（一）死刑执行命令

最高人民法院是我国死刑的最终核准机构,因此无论是中级人民法院还是初级人民法院所作出的量刑裁定和刑事判决,只要涉及死刑,就必须由最高人民法院院长签发执行死刑命令才能真正的生效执行。

我国《高法解释》第 417 条规定:"最高人民法院的执行死刑命令,由高级人民法院交付第一审人民法院执行,第一审人民法院接到死刑执行命令后,应当在 7 日内执行。在死刑缓期执行期间故意犯罪,最高法院核准执行死刑的,由罪犯服刑地的中级人民法院执行。"

（二）停止执行和暂停执行

1. 停止执行和暂停执行的概念

《刑事诉讼法》第 251 条规定:"下级人民法院接到最高人民法院执行死刑的命令后,发现有法定情形之一的,应当停止执行,并且立即报告最高人民法院,由最高人民法院裁定。"《刑事诉讼法》第 252 条第 4 款规定:"指挥执行的审判人员在执行前,如果发现可能有错误,应当暂停执行,报请最高人民法院裁定。"

《高法解释》第 418 条至第 422 条对我国的死刑的停止执行和暂停执行作出了详细的规定。根据《最高法解释》的相关内容,死刑的停止,可以是下级法院申报最高人民法院,也可以是最高人民法院通知下级人民法院。

第一种途径,当下级人民法院在最高人民法院的死刑执行通知下达后,要着手组织执行,如果在执行死刑之前下级人民法院发现有存在停止死刑执行的情况存在时,应当停止执行死刑,并将相关的情况立即上报最高人民法院。

第二种途径,当最高人民法院的死刑执行命令签字生效之后,如果在死刑执行之前,最高人民法院发现刑事诉讼法中规定的停止死刑的情况出现,应当立即对死刑进行停止执行的处理,并将相关的材料发送到下级法院。

对于这两种情况来说,都可以停止死刑的执行,任何一方发现死刑停止情况的存在都要立即执行停止死刑的法律规定,防止错杀铸成悲剧。

2. 暂停执行和停止执行的情形

(1)在执行前发现判决可能有错误的

"可能有错误"包括下列情形:罪犯能犯有其他罪行而未被查出;共同犯罪的量刑过于一致,没有考虑可能会对个别罪犯可能造成量刑过重的情况;共同犯罪某些罪犯的死刑停止执行可能对其他罪犯造成影响的。

(2)有重大立功表现的

在死刑执行前,如果罪犯做出了重大的立功表现(如揭发重大犯罪事实等),就其表现改判减刑。

(3)罪犯正在怀孕的

在理解这一情形时需要注意两点。

第一,最高人民法院《关于人民法院审判严重刑事犯罪案件中具体应用法律的若干问题的答复》规定:"无论是在关押期间,还是在审判期间,对怀孕的妇女,都不应判处死刑。"

第二,最高人民法院《关于对怀孕妇女在羁押期间自然流产审判时是否可以适用死刑问题的批复》规定:"怀孕妇女因涉嫌犯罪在羁押期间自然流产后,又因同一事实被起诉、交付审判的,应当视为'审判的时候怀孕的妇女',不适用死刑。"

《高法解释》第418条第2款规定:"下级人民法院报送的请求停止执行死刑的报告,经最高人民法院审查,不影响罪犯定罪量刑的,应继续执行死刑;可能影响罪犯定罪量刑的,应裁定停止执行死刑。"

3. 停止执行和暂停执行的处理

《高法解释》第 421 条规定："下级人民法院报送的停止执行死刑的调查结果和意见,最高人民法院应作出原核准死刑裁判的合议庭负责审查,如必要,另行组成合议庭进行审查。"

《高法解释》第 422 条的相关规定,最高人民法院对停止执行死刑的案件,依照下列情形分别处理。

(1)如果确认罪犯确系处于怀孕期间,那么应当依法对案件的判定进行改判。

(2)如果确认罪犯确系存在其他的犯罪行为,并且应当追加诉讼的,应不予核准死刑,并由最高人民法院应撤销案件的原判,发回重新审判。

(3)如果认定案件裁判错误,比如忽略罪犯的重大立功表现等,应当裁定死刑不予核准,并由最高人民法院应撤销案件的原判,发回重新审判。

(4)如果审查复核认定原裁判正确无误,并且罪犯也无重大的立功表现,则死刑的予以核准,死刑应继续执行。

(三)具体执行死刑的人员

1. 公安机关交付死刑罪犯

公安规定》第 288 条规定:"对被判处死刑的罪犯,公安机关应当依据人民法院执行死刑的命令,将罪犯交由人民法院执行。"

2. 人民检察院派员临场监督

《刑事诉讼法》第 252 条第 1 款规定:"第一审人民法院将罪犯交付执行死刑前,应将核准死刑的裁判文书送同级人民检察院,并在交付执行 3 日前通知同级人民检察院派员临场监督。"

3. 审判人员指挥执行

执行死刑之前,指挥执行的审判员,在对犯罪嫌疑人进行身份验证之后,要按照规定询问其是否有遗言、遗物等,如果罪犯有遗言,审判人员应制作笔录,然后将罪犯交给执法人员执行死刑。

4. 执行人员具体执行

《人民法院司法警察条例》第 7 条第 5 项规定:"执行死刑,应由人民法院的司法警察执行。"

5. 在场书记员制作笔录

《刑事诉讼法》第 252 条第 6 款规定:"执行死刑完毕,应当由法医验明罪犯确实死亡后,在场书记员制作笔录。"《高法解释》第 427 条规定:"负责执行的人民法院应当在执行死刑后 15 日内将执行死刑情况(包括执行死刑前后照片)上报最高人民法院。"笔录的内容主要包括:罪犯被执行死刑的具体状况;死刑执行的时间;死刑执行的地点;死刑执行的方法;执行的负责人员以及监督人员等。

(四)死刑的执行方法和场所

1. 死刑的执行方法

根据我国《刑事诉讼法》第 252 条第 2 款和《高法解释》第 425 条的相关规定,死刑主要采用枪决或者注射的方式来行刑。如果因为特殊情况的存在而采用其他方式来行刑的,应事前报知最高人民法院,最高人民法院批准后方可执行。

"枪决"是最常用的一种死刑执行方式,也是在我国的使用时间最长使用范围最广泛的一种执刑方式。

"注射"也是我国常用的一种死刑执行方式,它是通过致命药物的注射来到达执行的目的的。"注射"是 1996 年对刑事诉讼法进行修改后确定的一种新的死刑执行方式。注射的方式具有执行方便、痛苦更小、死亡迅速特点,采用注射的方式来执行死刑是一种更加人道、更加先进的执行方式,正在逐渐得到社会的认可。

2. 死刑的执行地点

《刑事诉讼法》第 252 条第 3 款规定:"死刑可以在刑场或者指定的羁押场所内执行。"《高法解释》第 425 条第 2 款规定:"采用注射方法执行死刑的,应当在指定的刑场或者羁押场所内执行。"

所谓"刑场"在传统意义上是指由执行机关设立的,对罪犯执行死刑的场所。一般来说刑场的设立要注意不能设置在商业区、居民区,不能设置在交通要道地域,不能设置在风景旅游区。我们所说的"指定的羁押场所"是指人民法院指定的监狱或者看守所。

(五)执行死刑后的事项

根据《刑事诉讼法》第 252 条第 7 款的规定,罪犯在被执行完死刑之后,人民法院应该及时通知其家属,为其安排后事。《高法解释》第 428 条规定,执行死刑后,负责执行的人民法院需要注意一些问题,这些问题主要包括以下几个。

1. 罪犯遗嘱、遗书

对于死刑犯执行前留下的遗书和以及遗言的笔录,需审判人员对其内容进行审查,确认内容无害后将其交给家属,如果遗书的内容涉及财产继承、分配等问题,要存卷备查;如果涉及案件线索,要将遗书或者遗言笔录抄送相关的机关。

2. 罪犯骨灰或尸体

死刑执行完毕之后,法院要及时通知罪犯的家属来领取罪犯的骨灰;如果没有火化条件,或者在少数民族地区,要及时通知家属领取尸体。对于在通知领取期限之内没有领取的,人民法院会通知有关单位对其进行处理,并对相关情况进行记录备案。

3. 外籍罪犯

外籍罪犯在中国犯罪被判处死刑并执行之后,要通知外国的驻华使馆,相关的程序要严格按照我国法律规定的进行。

（六）执行死刑中的其他规定

执行死刑中执法部门还要注意以下两点。

1. 安排被执行人会见家属

《高法解释》第 423 条:"第一审人民法院在执行死刑前,应当告知罪犯有权会见其近亲属。"罪犯申请与亲属进行最后告别的,要提供亲属的联系方式,人民法院有义务应通知其亲属,并及时安排会面事宜。

2. 维护被执行人的人格尊严

根据我国《刑事诉讼法》和《高法解释》相关法律条款的规定,罪犯宣判并执行死刑应当公布,禁止游街等侮辱罪犯人格的行为发生。要尊重死者,不能对罪犯的遗体进行侮辱。

二、死刑缓期二年执行、无期徒刑、有期徒刑和拘役判决的执行

（一）交付执行程序

1. 交付执行应移送的法律文书

《刑事诉讼法》第 253 条第 1 款规定:"罪犯被交付执行刑罚时,应由交付执行的人民法院将法律文书送达公安机关、监狱及其他执行机关。"如果属于共同犯罪,人民法院在交付执行部门执行刑罚时,应该按照交付罪犯的人数送达相应的法律文书。

根据《监狱法》第 16 条及有关法律的规定,人民法院交付执行时,应当交付下列四种法律文书:①人民检察院起诉书副本、自诉状复印件;②人民法院的判决书、裁定书;③人民法院的执行通知书;④人民法院的结案登记表。

《监狱法》所规定的四种法律文书对于刑罚执行机关正确执行刑罚、对罪犯进行教育改造具有重要意义,四种法律文书必须同时具备,缺一不可。"上述文件不齐全或者记载有误的,作出

生效判决的法院应当及时补充或者作出更正;对其中可能导致错误收监的,不予收监。"

2. 交付执行的期限

根据我国《刑事诉讼法》第 253 条第 1 款的规定,人民法院在对罪犯做出判决的 10 日内,应将法律文书和罪犯一并交付刑罚的执行机关,落实判决内容。罪犯被交付执行刑罚的时候,应当由交付执行的人民法院在判决生效后 10 日以内将有关的法律文书送达执行机关。

3. 交付执行的场所

根据《刑事诉讼法》和《监狱法》的相关规定,交付执行前余刑在 3 个月以下的,由看守所代为执行,旨在减少手续、有利于罪犯改造。但应注意在看守所执行刑罚的罪犯,应当同未决犯罪嫌疑人、被告人分别关押,区别对待。

法律规定对于已满 14 周岁不满 18 周岁的未成年犯,应当在未成年犯管教所执行刑罚,主要是因为以下几个原因。

(1)未成年犯管教所比监狱在监管上相对宽松,更能适应未成年犯在生理上、心理上的承受能力。

(2)将未成年罪犯与成年罪犯实行分押分管,可以防止成年罪犯对未成年犯进行传授、教唆活动,以免造成不良后果。

(3)对未成年犯在"管教所"执行,在名称上可以与"监狱"相区别,这样可以避免给他们造成过深的监狱烙印和心理伤害等。

(二)刑罚执行程序

1. 检查

执行机关收押罪犯,应当对罪犯进行身体检查,对于不适合在监狱或其他执行场所执行的,可以暂不收监,但是如果对其暂予监外执行有社会危害性,应当收监。执法接收部门应对接收的罪犯进行严格的检查,除生活必需品外,其他物品如果没有违禁品应由执法机关代管或交给其家属,如果存在违禁品则一律没收。

2. 通知家属

执行机关对罪犯收押后,应当将罪犯罪名、刑期、执行地址等自收监之日起 5 日以内通知罪犯家属。如果罪犯在服刑期间由于某些原因出现死亡、调动、逃脱 2 月而未被抓捕回来的罪犯,执行机关必须要及时将报告文件递交人民法院和人民检察院。对于在服刑期间死亡的罪犯,人民法院应及时将真实情况通知其家属,并对其死亡原因做出解释。

3. 执行

(1)被判处有期徒刑、拘役的罪犯的刑期,从判决执行之日起计算。判决前被指定居所监视居住的,监视居住 2 日折抵刑期 1 日;判决前被拘留和逮捕的,羁押 1 日折抵刑期 1 日。服刑期满,执行机关立即释放并发给释放证明。

(2)对被判处死缓罪犯的减刑,必须在 2 年期满后及时进行,执行机关不得任意拖延或者提前。对于在缓刑期间故意犯罪的,人民检察院应及时向服刑地所在的人民法院提起公诉,对罪犯的刑罚做出修改,其判决可以上诉、抗诉。如果法院认定罪犯在服刑期间故意犯罪,那么由高级人民法院对罪犯死刑认定进行核准,核准完成后报请最高人民法院进行最终复核。但是如果在罪犯服刑满两年后故意犯罪,但不能执行死刑的,只能依罪行重新审判认定。

三、管制、有期徒刑缓刑、拘役缓刑的执行

(一)社区矫正执行方式

2011 年我国颁布的《刑法修正案(八)》将社区矫正这一法律判决的执行方式正式纳入我国的法律执行体系,规定对被判处管制、缓刑以及对假释的犯罪分子应该以社区矫正的方式来执行刑罚。2012 年 3 月 14 日通过的《刑事诉讼法》在第 258 条规定:"对被判处管制、宣告缓刑、假释或者暂予监外执行的罪犯,依法实行社区矫正,由社区矫正机构负责执行。"这一规定意

味着,社区矫正正式作为一种法定的工作方式被我国法律所确立下来。

所谓社区矫正,就是指对犯罪情节不重,且犯罪行为不是因为出于主观故意,对社会危害性较小的罪犯可以在社区内由专门的国家机关在相关社会团体和民间组织以及社会志愿者的协助下完成服刑。社区矫正本着"治病救人"的原则来实施,其目的是为这些罪犯提供一个重新改造自我,回归社会的机会。

(二)执行主体

在 2003 年 7 月 10 日最高人民法院、最高人民检察院、公安部、司法部联合印发《关于开展社区矫正试点工作的通知》(以下简称《通知》)以前,公安机关是负责管制、缓刑、假释以及暂予监外执行的执行机关与管理机关。但是,公安机关的主要任务是打击犯罪、维护社会治安以及承担安全保卫工作,不可能再建立监督考察的机构。于是,我国社区矫正工作就成为了司法体制与工作机制改革的重要部分。社区矫正工作采取"先试点后立法"的方式推进。

近年来,各地纷纷创新社会管理,县级司法行政机关又设置了"阳光中途之家""社区矫正管理教育服务中心"等社区矫正工作机构,与乡镇(街道)司法所共同开展社区矫正执行工作。同时,司法行政机关还鼓励、扶植民间公益组织与机构等社会力量参与社区矫正的相关工作。

由司法行政机关负责社区矫正执行的意义我们可以从以下几个方面来进行理解。

(1)社区矫正是刑罚执行的一部分,交由司法行政机关负责执行符合侦查权、起诉权、审判权与执行权之间分工配合、相互制约的原则。

(2)我国的司法行政机关本身就具备律师管理、法律援助、普法宣传、安置帮扶等职能,赋予其社区矫正职能有利于多种资源合理配置,调动各方力量推进社区矫正。

(3)对于缓刑、假释、暂予监外执行的罪犯,社区矫正需要在非监禁刑与监禁刑之间相互联结与互动,由于司法行政机关管理的监狱执行多属监禁刑,因而由司法行政机关负责社区矫正执行更有利于服刑人员不间断的、可持续的教育改造,取得较好的矫正效果。

(4)由司法行政机关负责社区矫正执行也符合国际普遍趋势,比如,日本社区矫正工作交由法务部下的保护局负责,英国的社区矫正工作则交给司法部下设的全国犯罪人管理局负责。

(三)交付执行的程序

被判处管制、宣告缓刑的社区服刑人员,应该在判决、裁定、决定发生效力之日起 10 日内,到居住地的司法所和社区矫正工作机构报到并办理登记手续。人民法院对可能被判处管制或宣告缓刑的被告人应该提前进行接受社区矫正的相关教育。同时,人民法院应该在判决、裁定发生效力后 10 日内,将判决书、裁定书、禁止令、决定书副本和结案登记表、接受社区矫正保证书、执行通知书等法律文书送达罪犯居住地的县级司法行政机关。

被判处管制的社区矫正期限自判决执行之日起计算,判决执行之日应该指社区服刑人员到司法所或其他社区矫正机构办理社区矫正登记之日。判决执行前先行羁押的,羁押 1 日折抵刑期 2 日,先行指定居所监视居住的,监视居住 1 日折抵刑期 2 日。

管制期满,社区矫正执行机构应立即向本人及有关群众宣布解除管制,发给本人解除管制通知书。

被宣告缓刑的罪犯,在缓刑考验期内必须遵守的义务,除了没有行使言论、出版的法定限制外,其他内容与管制犯基本一致。

缓刑考验期间内,如果没有再犯新罪或漏罪没有判决等应当撤销缓刑的情形,缓刑考验期满,原判刑罚就不再执行。被宣告缓刑的罪犯有下列情形之一的,应撤销缓刑。

(1)在缓期执行的考验期间之内,罪犯由于主观故意触犯法律并形成犯罪的。

（2）在缓刑期间发现判决之前还有其他的罪行未被发现或违背定罪处罚的。

（3）违反缓刑期间的法律禁令，并且造成严重的后果和不良的社会影响的。

（4）没有正当理由、未经相关部门的批准，在社区矫正区间脱离社会监控超过一个月的。

（5）在社区矫正期间，不服管束违反监督管理规定，且态度恶劣，拒不改正的。

（6）受到社区矫正机构 3 次警告而不改正的。

（7）其他违反规定，情节严重的情形。

有第（1）、（2）种情形的，审判新罪或漏罪的人民法院应在判决时，对原判决宣告的缓刑予以撤销，并把前罪和后罪所判处的刑罚，在总和刑期以下决定执行刑期。有第（3）、（4）、（5）、（6）、（7）种情形的，由执行机构建议原作出缓刑、假释判决、裁定的人民法院裁定撤销缓刑，执行原判刑罚。

四、剥夺政治权利的执行

（一）公安机关对剥夺政治权利的执行

剥夺政治权利，是剥夺犯罪分子参加国家管理和政治活动权利的刑罚方法。剥夺政治权利是一种附加刑，既可以附加适用，也可以单独适用。夺政治权利的效力适用于主刑执行期间对被剥夺政治权利的罪犯，由公安机关执行。被剥夺政治权利的罪犯，执行期满，公安机关应当书面通知本人及其所在单位、居住地基层组织，宣布恢复政治权利。

（二）人民检察院对执行剥夺政治权利刑的监督

如果罪犯仅仅被判处剥夺政治权利而未被判处其他刑罚，如果被告人被羁押，人民检察院应当监督在判决宣布后，在押的被告人是否被立即释放。如果被告人没有被立即释放，检察院可以向人民法院或者执行机关提出纠正建议；如果判决生效后，没有依法交付被告所在地公安机关执行或者主刑服刑完毕，仍将剥夺政治权利作为附加刑罚没有撤销的，人民检察院可以提出纠正建议；对于政治权利剥夺执刑期未满，公民参与民主政治活动的，人民检察院应当向有关部门提出纠正建议。

五、财产刑和附带民事裁判的执行

《高法解释》第 438～447 条对此有较详细的规定。

(一)执行机关

财产刑包括罚金和没收财产，都属于附加刑，当然也可以独立适用。财产刑和附带民事裁判，由第一审人民法院负责裁判执行的机构执行。被执行人或者被执行财产在外地的，可以委托当地人民法院执行。

(二)财产刑的中止执行和终结执行

执行财产刑的过程中，如果出现下面的任意一种情形，人们法院要依法终止执行。

(1)执行标的物系人民法院在进行案件审理与仲裁机构进行权利仲裁时最具争议的标的物，如果执行标的物存在争议只有在案件审理完毕后才能确认其归属。

(2)案件涉及范围之外的人对财产执行标的物的归属权存在异议，并向法庭提出的。

(3)法律规定的应当中止执行的其他情形。在中止执行的因素被移除之后，财产权的执行应该恢复。

执行财产刑过程中，具有下列情形之一的，人民法院应当裁定终结执行。

(1)据以执行的判决、裁定被撤销的。

(2)财产权的被执行人死亡或失踪造成被执行人无法执行且的情况下，是没有财产可供执行的。

(3)被法律判处处以罚金的企业破产，或者财政状况糟糕，没有能力提供执行的。

（4）依照我国《刑法》第 53 条的相关规定,将被告人或被告单位的罚金免除的。

（5）根据我国法律规定,应当终结执行的其他情形。

（三）人民检察院对财产刑和附带民事裁判执行的监督

对于单处罚金,被告人被羁押的,人民检察院应当监督被告人是否被立即释放。发现被告人没有被立即释放的,应立即向人民法院或者看守所提出纠正意见。

六、无罪判决、免除刑罚判决的执行

无罪判决是指人民法院依法确认被告人的行为不构成犯罪或者依法不追究刑事责任的裁决。根据《刑事诉讼法》第十五条、第一百九十五条第一款第二项、第三项的规定,无罪判决包括三种情况:

（1）被告人行为不构成犯罪的无罪。

（2）具有法定不应追究刑事责任情形的无罪。

（3）证据不足,不能认定被告人有罪的,应当作出证据不足、指控的犯罪不能成立的无罪判决。免除刑罚是指人民法院依法作出的确认被告人有罪,但因具有法定免除刑罚情形而免予刑事处罚的裁决。

根据《刑事诉讼法》第二百四十九条的规定,第一审人民法院判决被告人无罪、免除刑事处罚的,如果被告人在押,在宣判后应当立即释放。也就是说人民法院一经宣告被告人无罪和作出免除刑罚判决的,如果被告人在押,人民法院应立即向被裁判人及有关单位宣布,并撤销对被裁判人采取的一切强制措施,对被羁押的被告人,发放释放证明,应该在宣判后立即释放。但在实践中,为了保障第二审程序的顺利进行,第一审人民法院通知公安机关立即释放在押被告人以后,往往同时让被告人或其家属填写取保候审保证书。

在作出无罪判决后,人民法院应该及时恢复无罪公民的人身自由和名誉,维护其人格尊严,保障其基本人权,切实保障公民的合法权益;对于因错误追诉而造成的经济损失,应按照《国家赔偿法》的相关规定予以赔偿;对于有罪但应当免除刑罚的公民,则应使其恢复人身自由、保护其合法权利的同时予以训诫或责令其具结悔过、赔礼道歉、赔偿被害人损失,或建议主管部门予以行政处分。

第三节 执行的变更与其他处理

一、死刑、死缓执行的变更

(一)死刑执行的变更

《刑事诉讼法》第 251 条和第 252 条在执行死刑的程序中规定了停止执行死刑和暂停执行死刑两种变更执行的情况。这些规定,体现了我国在执行死刑上的慎重态度。具体条件参见上面对死刑执行程序的论述。

(二)死缓执行的变更

死刑缓期二年执行不是独立的刑罚种类,而是我国刑罚中死刑的一种特殊执行制度,是指对于罪该判处死刑的犯罪分子,如果不是必须立即执行,在判处死刑的同时宣告缓期二年执行,实行监管改造,以观后效的一种制度。死刑缓期二年执行的执行必然产生减刑或者执行死刑两种结果,都涉及执行变更的问题。

《刑法》第 50 条规定:"判处死刑缓期执行的,在死刑缓期执行期间,如果没有故意犯罪,二年期满以后,减为无期徒刑;如果确有重大立功表现,二年期满以后,减为二十五年有期徒刑;如果故意犯罪,查证属实的,由最高人民法院核准,执行死刑。"第 51 条规定:"死刑缓期执行的期间,从判决确定之日起计算。死刑缓期执行减为有期徒刑的刑期,从死刑缓期执行期满之日起计算。"

《刑事诉讼法》第 250 条第 2 款规定，被判处死刑缓期二年执行的罪犯，在死刑缓期执行期间，如果没有故意犯罪，死刑缓期执行期满，应当予以减刑，由执行机关提出书面意见，报请高级人民法院裁定；如果故意犯罪，查证属实，应当执行死刑，由高级人民法院报请最高人民法院核准。

1. 死缓改为无期徒刑或者有期徒刑

被判处死刑缓期二年执行的罪犯，在死刑缓期执行期间，如果罪犯在服刑期间表现良好，根据法律的规定可以改为无期徒刑或有期徒刑，二年期满时，罪犯所在的监狱应当根据具体的情况提出合理的减刑建议，其建议经过相关部门审核属实后将提请最高人民法院裁定，更改死刑。

《高法解释》第 416 条："被判处死刑缓期二年执行期满应当减刑的，人民法院应当及时减刑。"如果罪犯在两年执行期间没有违法行为，死刑将改判为无徒刑，有重大立功表现的改判有期徒刑，刑期的计算是从死缓二年执行期满之日起计算。

《高法解释》第 448 条规定："被判处死刑缓期二年执行的罪犯，在死刑缓期二年执行期间，如果没有故意犯罪，死刑缓期二年执行期满后，应当裁定减刑。"如果在缓刑期间，罪犯违反法律，则会在两年期满执行死刑。

2. 死缓改为执行死刑

根据《高法解释》第 415 条、第 417 条的相关规定，被判处死刑缓期二年执行的罪犯，在死刑缓期执行期间，如果故意犯罪的，应当由人民法院对其提起公诉，由服刑地所在的中级人民法院受理。如果认定罪犯的违法行为是故意犯罪，则要根据我国法律对其罪行进行改判，经最高人民法院进行复核审查后立即执行死刑。

二、暂予监外执行

(一)暂予监外执行的条件

根据《刑事诉讼法》第 254 条的规定,暂予监外执行适用于以下三种情形。

(1)有严重疾病需要保外就医的。对于罪犯确有严重疾病,必须保外就医的,由省级人民政府指定的医院开具证明文件,依照法律规定的程序审批。

(2)怀孕或者正在哺乳自己婴儿的妇女。

(3)生活不能自理,适用暂予监外执行不致危害社会的罪犯。

(二)不适用暂予监外执行的情形

1. 判处死刑缓期二年执行和无期徒刑的罪犯

对于被判处死刑缓刑的罪犯来说,在两年执行期间,即使有重大立功表现,期满之后将转为有期徒刑,也不能暂予监外执行。如果在执行期间,正在怀孕或者哺乳婴儿的妇女可以暂予监外执行。对于死刑缓刑改判无期徒刑的,如果在无期徒刑执行期间与无期徒刑罪罚一样如果有立功表现可以减刑,并得暂予监执行。

2. 适用保外就医可能有社会危险性的罪犯

对于适用保外就医可能有社会危险性的罪犯,或者自伤自残的罪犯,不得保外就医。

(三)暂予监外执行的决定或者批准

1. 人民法院决定暂予监外执行

对生效判决、裁定交付执行前,人民法院如果认为罪犯符合监外执行的法律规定,可以允许其进行暂予监外执行,并制作《暂予监外执行决定书》对相关的情况进行说明。

2. 监狱管理机关批准暂予监外执行

《监狱法》第26条第1款规定:"在交付执行后,暂予监外执行由监狱提出书面意见,报省级以上监狱管理机关批准。"《刑事诉讼法》第254条第5款规定:"批准机关应当将批准的暂予监外执行决定通知公安机关和原判人民法院,并抄送人民检察院。"

3. 公安机关决定暂予监外执行

对于被判处有期徒刑或者拘役的罪犯,有刑事诉讼法规定的暂予监外执行的情形之一的,看守所应当报经设区的市一级以上公安机关批准,对罪犯暂予监外执行。

《公安规定》第297条规定:"公安机关决定对罪犯暂予监外执行的,应当将《暂予监外执行通知书》交被暂予监外执行的罪犯和负责监外执行的社区矫正机构,同时将《暂予监外执行决定书》送同级人民检察院。"

公安机关接到人民检察院认为暂予监外执行不当的意见后,应当立即对暂予监外执行的决定进行重新核查。

(四)暂予监外执行的执行

对于暂予监外执行的罪犯,依法实行社区矫正,由社区矫正机构负责执行。

(五)暂予监外执行的变更

暂予监外执行的变更包括以下三种情形:

1. 收监

对暂予监外执行的罪犯,有下列情形之一的,应当及时收监:

(1)发现不符合暂予监外执行条件的。

(2)严重违反有关暂予监外执行监督管理规定的。

(3)暂予监外执行的情形消失后,罪犯刑期未满的。

对于人民法院决定暂予监外执行的罪犯应当予以收监的,

由人民法院作出决定,将有关的法律文书送达公安机关、监狱或者其他执行机关。

2. 不计入刑期的情形

不符合暂予监外执行条件的罪犯通过贿赂等非法手段被暂予监外执行的,在监外执行的期间不计入执行刑期。罪犯在暂予监外执行期间脱逃的,脱逃的期间不计入执行刑期。

3. 罪犯死亡

罪犯在暂予监外执行期间死亡的,执行机关应当及时通知监狱或者看守所。

三、减刑和假释

(一)减刑

我国《刑事诉讼法》第 262 条第 2 款规定:"被判处管制、拘役、有期徒刑或者无期徒刑的罪犯,在执行期间确有悔改或者立功表现,应当依法予以减刑、假释的时候,由执行机关提出建议书,报请人民法院审核裁定"。这一规定,不仅明确了适用减刑、假释的条件,也明确了减刑的程序。

根据最高人民法院《解释》第 449 条的规定,由于原判刑罚的不同,减刑案件的管辖法院也不同。

(1)对于判处无期徒刑罪犯的减刑,应该由刑罚的执行机关提出减刑的申请,经过各级执行部门审查报请最高人民法院对死刑进行无期徒刑或有期徒刑的改判。

(2)罪犯被判处无期徒刑或者有期徒刑,如果其在监狱或管教机构中表现良好,监狱或未成年犯管教所应该向服刑地的中级人民法院提出改判申请,法院经审理核定对罪犯的表现进行适当的减刑处理。

(3)对原判拘役、管制的减刑的罪犯,他们的减刑是由拘役所和派出所提出的,经市一级的公关机关审核通过后,报请中级人民法院进行减刑处理。

（二）假释

1. 假释的对象

根据《刑法》第 81 条的规定，假释的对象不能是死刑犯人或者死刑缓期两年执行的犯人以及拘役、监禁的犯人，只有无期徒刑和有期徒刑的罪犯才能给予其假释。这是因为拘役和监禁时间较短，不存在假释的必要。如果犯人为累犯，且为抢劫、绑架等性质恶劣的犯罪，应该不予假释，以防止他们再次危害社会。

2. 假释案件的管辖

对假释案件的管辖与减刑案件基本相同，即无期徒刑罪犯的假释需高级人民法院进行核准后批准生效；有期徒刑的假释申请需要中级人民法院审核批准后生效。

（三）对减刑、假释的审理及其期限

人民法院受理减刑、假释案件，应当审查下列内容：

（1）减刑、假释建议书。

（2）终审法院的判决书、裁定书、历次减刑裁定书的复印件。

（3）罪犯确有悔改或者立功、重大立功表现的具体事实的书面证明材料。

（4）罪犯评审鉴定表、奖惩审批表等。

人民法院审理减刑、假释案件，应当依法组成合议庭进行。经法庭审理，具备减刑、假释条件的，依法作出裁定，制作裁定书。根据我国法律的规定裁定书应当及时并送往相关的部门，并及时通知罪犯本人，并向其开具假释证明。

（四）对假释裁定的执行及处理

根据《刑法》第 85 条和《刑事诉讼法》第 258 条的规定，对被假释的罪犯，在假释考验期内，依法实行社区矫正。社区矫正的程序、执行机构与前述暂予监外执行基本相同，在此不赘述。

对于被宣告假释的犯罪分子，在考验期内，依照《刑法》规定，没有犯新罪和发现有遗漏罪行的，考验期满，则认为原判刑罚执行完毕,并公开宣告,无须办理释放手续。如果罪犯在假释考验期内犯新罪的,应当撤销假释,实行数罪并罚,对决定执行的刑罚收监执行。如果罪犯在假释考验期内,有违反法律、行政法规或者国务院公安部门有关假释的监督管理规定的行为,尚未构成犯罪的,应当依法定程序撤销假释,收监执行未执行完毕的刑罚。

四、对新罪、漏罪和申诉的处理

新罪是指罪犯在服刑期间又犯的新罪行。漏罪是指判决生效后在执行过程中发现的判决的时候所没有发现的罪行。根据《刑事诉讼法》第262条第1款、第290条以及《监狱法》第60条的规定,罪犯在服刑期间又犯新罪或者发现漏罪的,应当区分不同情形予以处理:

(一)罪犯在刑罚执行期间又犯新罪

这种情况,应由执行机关进行侦查终结后移送肖地人民检察院审查起诉;在看守所、拘役所服刑的,由负责执行的公安机关侦查终结后移送当地人民检察院审查起诉;对于在社区机构进行矫正的被宣告缓刑、假释、暂予监外执行的人员,由矫正机构所在地的公安机关侦查终结后移送当地人民检察院审查起诉。

(二)服刑罪犯脱逃后又犯新罪

如果新罪是在监狱将罪犯抓捕后发现的,由监狱侦查终结后移送人民检察院审查起诉;如果是在犯罪地发现的,由犯罪地的公安机关侦查终结后移送人民检察院审查起诉。人民法院判决后,原则上仍应当将罪犯送回原所在监狱或其他执行机关执行。

根据《刑事诉讼法》第264条和《监狱法》的相关规定,罪犯在刑罚执行过程中认为生效裁判有错误的,有权向人民检察院或原判人民法院提出申诉,要求撤销或者变更原判刑罚。监狱和其他执行机关对罪犯提出的申诉,应当及时转请人民检察院或者原判人民法院处理。对于罪犯的申诉材料,监狱和其他执行机关应当及时转递,不得扣留。

人民检察院、人民法院接到执行机关转递的罪犯的申诉材料后,应当及时进行审查。对于确有错误的,应依法提起审判监督程序。对于不符合再审条件的,可以驳回申诉,并将处理结果通知申诉人和有关执行机关。人民检察院或人民法院应当自收到监狱及其他执行机关提请处理意见书之日起6个月内将处理结果通知监狱等执行机关。

第四节　人民检察院对执行的监督

一、人民检察院对执行死刑的监督

《刑事诉讼法》第 252 条第 1 款规定:"人民法院在交付执行死刑前,应当通知同级人民检察院派员临场监督。"

被判处死刑的罪犯在被执行死刑时,人民检察院应当派员临场监督。执行死刑临场监督,由检察人员担任,并配备书记员担任记录。

人民检察院收到同级人民法院执行死刑临场监督通知后,应当查明同级人民法院是否收到最高人民法院核准死刑的裁定或者作出的死刑判决或者裁定和执行死刑的命令。

临场监督执行死刑的检察人员应当依法监督执行死刑的场所、方法和执行死刑的活动是否合法。在执行死刑前,发现有下列情形之一的,应当建议人民法院停止执行。

(1)被执行人并非应当执行死刑的罪犯的。

(2)罪犯犯罪时不满 18 岁或者审判的时候已满 75 周岁,依法不应当适用死刑的。

(3)判决可能有错误的。

(4)在执行前罪犯检举揭发重大犯罪事实或者有其他重大

立功表现,可能需要改判的。

(5)罪犯正在怀孕的。

在执行死刑过程中,人民检察院临场监督人员根据需要可以进行拍照、摄像;执行死刑后,人民检察院临场监督人员应当检查罪犯是否确已死亡,并填写死刑临场监督笔录,签名后人卷归档(《高检规则》第638条)。

二、人民检察院对暂予监外执行的监督

《刑事诉讼法》第255条规定:"监狱、看守所提出暂予监外执行的书面意见的,应当将书面意见的副本抄送人民检察院。人民检察院可以向决定或者批准机关提出书面意见。"第256条规定:"决定或者批准暂予监外执行的机关应当将暂予监外执行决定抄送人民检察院。人民检察院认为暂予监外执行不当的,应当自接到通知之日起一个月以内将书面意见送交决定或者批准暂予监外执行的机关,决定或者批准暂予监外执行的机关接到人民检察院的书面意见后,应当立即对该决定进行重新核查。"

(一)人民检察院监督的范围

人民检察院对监狱、看守所、拘役所暂予监外执行的执法活动实行监督,发现有下列违法情况的,应当提出纠正意见。

(1)将不符合法定条件的罪犯报请暂予监外执行的。

(2)对罪犯报请暂予监外执行没有完备的合法手续的。

(3)罪犯被决定或者批准暂予监外执行后,未依法交付罪犯居住地社区矫正机构实行社区矫正的。

(4)罪犯在暂予监外执行期间严重违反暂予监外执行监督管理规定,或者暂予监外执行的条件消失且刑期未满,应当收监执行未收监的。

(5)暂予监外执行的罪犯刑期届满,未及时办理释放手续的。

（二）人民检察院对暂予监外执行的批准或者决定的审查

《高检规则》第 645 条规定：人民检察院接到批准或者决定机关抄送的暂予监外执行决定书后，应当进行审查。审查的内容包括。

（1）是否属于被判处有期徒刑或者拘役的罪犯。

（2）是否属于有严重疾病需要保外就医的罪犯。

（3）是否属于正在怀孕或者正在哺乳自己婴儿的妇女。

（4）是否属于自伤自残的罪犯。

（5）是否属于生活不能自理，适用暂予监外执行不致危害社会的罪犯。

（6）办理暂予监外执行是否符合法定程序。

检察人员可以向罪犯所在单位和有关人员调查，可以向有关机关调阅有关材料。

经审查认为暂予监外执行不当，应当向批准或者决定暂予监外执行的机关提出纠正意见的，由检察长决定。

（三）人民检察院提出纠正意见

人民检察院认为暂予监外执行不当的，应当自接到通知之日起 1 个月内提出书面纠正意见呈报批准或者决定暂予监外执行机关的同级人民检察院送交批准或者决定暂予监外执行的机关。

人民检察院向批准或者决定暂予监外执行的机关送交不同意暂予监外执行的书面意见后，应当监督其立即对批准或者决定暂予监外执行的结果进行重新核查，并监督重新核查的结果是否符合法律规定。对核查不符合法律规定的，应当依法提出纠正意见，并向上一级人民检察院报告。

（四）暂予监外执行情形消失的监督

对于暂予监外执行的罪犯，人民检察院发现罪犯不符合暂予监外执行条件、严重违反有关暂予监外执行的监督管理规定或者暂了监外执行的情形消失而罪犯刑期未满的，应当通知执行机关收监执行,或者建议决定或者批准暂予监外执行的机关作出收监执行决定。

三、人民检察院对减刑、假释的监督

《刑事诉讼法》第262条中规定,执行机关提出减刑、假释建议时,应当将建议书副本抄送人民检察院。人民检察院可以向人民法院提出书面意见。第263条规定,人民检察院认为人民法院减刑、假释的裁定不当,应当在收到裁定书副本后20日以内,向人民法院提出书面纠正意见。人民法院应当在收到纠正意见后1个月以内重新组成合议庭进行审理,作出最终裁定。

(一)人民检察院对减刑、假释的监督范围

人民检察院对执行机关报请人民法院裁定减刑、假释的活动实行监督,发现有下列违法情况,应当提出纠正意见。

(1)将不具备法定条件的罪犯提请人民法院裁定减刑、假释的。

(2)对依法应当减刑、假释的罪犯不提请人民法院裁定减刑、假释的。

(3)报请人民法院裁定对罪犯减刑、假释违反法定程序,或者没有完备的合法手续的;等等。

(二)人民检察院对减刑、假释裁定的审查

《高检规则》第652条规定,人民检察院接到人民法院减刑、假释的裁定书副本后,应当进行审查。审查的内容包括:

(1)被减刑、假释的罪犯是否符合法定条件。

(2)执行机关呈报减刑、假释的程序是否合法。

(3)人民法院裁定减刑、假释的程序是否合法。

(4)按照有关规定应当开庭审理的,法院是否开庭审理。

检察人员可以向罪犯所在单位和有关人员调查,可以向有关机关调阅有关材料。法院开庭审理减刑、假释案件,检察院应当指派检察人员出席法庭,发表意见。

经审查认为人民法院减刑、假释的裁定不当,应当提出纠正意见的,由检察长决定。

(三)人民检察院提出纠正意见

《刑事诉讼法》第263条规定:"人民检察院认为人民法院减刑、假释的裁定不当,应当在收到裁定书副本后二十日以内,向人民法院提出书面纠正意见。人民法院应当在收到纠正意见后一个月以内重新组成合议庭进行审理,作出最终裁定。"因此,人民检察院对减刑、假释裁定不能提出抗诉,只能提出书面纠正意见;提出书面纠正意见的期限为20日,而不是提出二审抗诉的10日。

对人民法院减刑、假释裁定的纠正意见,由作出减刑、假释裁定的人民法院的同级人民检察院书面提出。下级人民检察院发现人民法院减刑、假释裁定不当的,应当立即向作出减刑、假释裁定的人民法院的同级人民检察院报告。

人民检察院对人民法院减刑、假释的裁定提出纠正意见后,应当监督人民法院是否在收到纠正意见后1个月内重新组成合议庭进行审理,并监督重新作出的最终裁定是否符合法律规定。对最终裁定不符合法律规定的,应当向同级人民法院提出纠正意见。

四、人民检察院对执行机关执行刑罚活动的监督

《刑事诉讼法》第265条规定:"人民检察院对执行机关执行刑罚的活动是否合法实行监督。如果发现有违法的情况,应当通知执行机关纠正。"

(一)对某些刑罚执行的监督

人民法院判决被告人无罪,免予刑事处罚,判处管制,宣告缓刑,单处罚金或者剥夺政治权利,被告人被羁押的,人民检察院应当监督被告人是否被立即释放。

处被告人死刑缓期二年执行的判决、裁定在执行过程中,人民检察院进行监督的内容主要包括：

（1）死刑缓期执行期满，符合法律规定的应当减为无期徒刑、有期徒刑条件的，监狱是否及时提出减刑建议提请人民法院裁定，人民法院是否依法裁定。

（2）罪犯在缓期执行期间故意犯罪的，监狱是否依法侦查和移送起诉；罪犯确系故意犯罪的，人民法院是否依法核准或者裁定执行死刑。

被判处死刑缓期二年执行的罪犯在死刑缓期执行期间故意犯罪，执行机关移送人民检察院受理的，由罪犯服刑所在地的分、州、市人民检察院审查决定是否提起公诉。

人民检察院发现人民法院对被判处死刑缓期二年执行的罪犯减刑不当的，应当向人民法院提出纠正意见；如果罪犯在死刑缓期执行期间又故意犯罪，经人民检察院起诉后，人民法院仍然予以减刑的，人民检察院应当向人民法院提出抗诉。

人民检察院发现对被判处剥夺政治权利的罪犯，公安机关未依法执行或者执行期满没有通知本人并公开宣布恢复政治权利等违法行为的，应当依法提出纠正意见。

人民检察院发现人民法院执行罚金、没收财产刑罚以及执行生效判决、裁定中没收违法所得及其他涉案财产活动中，没有依法予以执行，或者执行不当，或者罚没的财物未及时上缴国库的，应当依法提出纠正意见。

（二）对执行机关的监督

1. 对看守所收押、监管、释放犯罪嫌疑人、被告人的监督

人民检察院对看守所收押、监管、释放犯罪嫌疑人、被告人的活动，依法实行监督，发现违法行为，应当通知看守所纠正。人民检察院发现看守所在罪犯送交执行活动中有下列违法情形之一的，应当依法通知纠正。

（1）对判处死刑缓期二年执行、无期徒刑或者有期徒刑余刑在 3 个月以上的罪犯，自接到人民法院执行通知书、判决书或者

裁定书之日起 30 日以内未送交执行机关执行的。

（2）公安机关对需要收押执行刑罚但下落不明的罪犯，没有及时抓捕、通缉的。

（3）对判处管制、宣告缓刑或者人民法院决定暂予监外执行的罪犯，在判决或者裁定生效后未依法交付社区矫正机构执行的。

2. 对监狱、未成年犯管教所、拘役所在收押罪犯活的监督

人民检察院发现监狱、未成年犯管教所、拘役所在收押罪犯活动中有下列违法情形之一的，应当依法通知纠正。

（1）没有已经发生法律效力的刑事判决书或者裁定书、执行通知书等有关法律文书而收押的。

（2）收押罪犯与收押凭证不符的。

（3）应当收押而拒绝收押的。

（4）收押依法不应当关押的罪犯的。

（5）其他违反收押规定的。

3. 对执行机关的监督

人民检察院发现执行机关在管理、教育改造等活动中有违法行为的，应当依法提出纠正意见。

4. 对监狱、看守所服刑期满以及当依法释放罪犯活动的监督

人民检察院发现监狱、看守所对服刑期满或依法应当予以释放的人员没有按期释放，或者对服刑未满又无合法释放根据的罪犯予以释放等违法行为的，应当依法提出纠正意见。

（三）对缓刑、假释、暂予监外执行具体执行情况的监督

对于被判处拘役、有期徒刑适用缓刑的罪犯、被假释的罪犯和暂予监外执行的罪犯，人民检察院应当监督社区矫正执法活动，发现有违法情形的，应当依法向社区矫正机构提出纠正意见。

第七章 刑事诉讼特别诉讼程序

而今，我国将民事诉讼程序化分为一般程序和特别程序，一般程序和特别程序立法目的不同，处理的案件不同，产生的效果不同。特别程序在案件审理的过程之中免不了会和刑事诉讼程序相联系，即刑事诉讼特别诉讼程序。就世界法律的发展趋势而言，扩大简易程序和其它速决程序的适用范围是世界各国立法逐渐想要实现的目标。但是在我国在立法的过程之中，诉讼程序重视一般程序的程度似乎远大于特别程序，这样不免会导致诉讼程序一元化的趋势，当诉讼程序呈现一元化的时候，源自于一元化程序与多元化的社会、多样化的纠纷之间的矛盾就会不断突显出来。所以从法律长远发展的角度来说，诉讼法学需要逐步重视特别诉讼程序研究，扩大特别诉讼程序的适用范围，达到快速、有效地解决纠纷的目的。本章着重于对诉讼法特别诉讼程序的研究，这为我们认识和理解特别诉讼法提供了一个很好的窗口。

第一节 附带民事诉讼

一、附带民事诉讼概述

（一）附带民事诉讼的概念

附带民事诉讼是指司法机关在解决被告人刑事责任的同时，在当事人的参加下，附带解决因犯罪行为所造成的物质损失的赔偿纠纷的诉讼活动。

附带民事诉讼是刑事诉讼过程之中附带进行的民事诉讼，既不完全属于刑事诉讼，也不是独立的民事诉讼。附带民事诉讼连接着刑事诉讼和民事诉讼,是发生在刑事案件上的民事诉讼行为。这种交叉性在实体法和程序法上也能够体现出来,在实体法上,对损害事实的认定,不仅要依照刑事实体法对犯罪的规定,而且要以民事法律为依据;在程序法上,民事诉讼法适用的范围比较广泛,适用于刑事诉讼法有特殊规定外的内容。

附带民事诉讼的作用体现在两个方面:

(1)方便诉讼参与人参加诉讼

①刑事案件的被害人可以在一次诉讼过程之中同时解决追究被告人刑事责任和要求被告人赔偿损失两个问题,不必另行提起民事诉讼,并且,通过刑事附带民事诉讼的方式不必交纳诉讼费,节约了被害人的诉讼成本。

②证人只需要在一次审理活动中就侵害事实提供证言,而不必两次出庭作证,减少了证人的心理负担。

(2)节约司法资源,提高诉讼效率

二十一世纪以来,我国的刑事案件呈现上升的趋势,刑事案件的逐年上升和司法有限的资源之间的矛盾决定了提高司法的效率迫在眉睫。附带民事诉讼的出现对这一问题产生了很多的推动,大大提高了司法的效率,节约了司法资源。在审理刑事案件的时候可以一并审理民事诉讼的赔偿问题,避免了同一事实通过不同程序、由不同的审判组织进行审理,避免了不必要的人力、时间的浪费。

(二)附带民事诉讼的特点

1. 以正在进行的刑事诉讼为前提

附带民事诉讼的成立必须以刑事诉讼为依托。假设刑事诉讼不成立,则附带民事诉讼也不成立。

2. 特殊的民事诉讼

附带民事诉讼产生的目的是解决当事人的经济赔偿问题,属于民事诉讼性质。但它和一般的民事诉讼又有不同,主要体现在两个方面:①这种民事赔偿是建立在刑事犯罪的基础上的,依托于刑事犯罪的成立;②审理的过程之中也是由刑事法庭审理,而不单独将其划分到民事法庭审理。

3. 附带民事诉讼依附于诸多法律

附带民事诉讼在审理的过程之中,会依据诸多法律,具体包括:《刑法》《刑事诉讼法》《民法通则》《民事诉讼法》的有关规定。附带民事诉讼依附于诸多的法律使得附带民事诉讼在审理的过程中较其它案件的审理更为复杂。

(三)附带民事诉讼的意义

附带民事诉讼的意义可以从三个方面来看:①有利于相关部门一次性全面处理案件,提高了司法机关的案件处理效率和案件处理的全面性;②减少犯罪的发生,附带民事诉讼增加了犯罪成本,在一定程度上能够减少犯罪的发生;③有利于保护被害人的合法权益,被害人在身体遭受伤害的过程之中,如果能够得到一部分的财产补偿也是一种合法权益得到维护的途径。

二、附带民事诉讼的成立

根据附带民事诉讼的性质和刑事诉讼法的规定,附带民事诉讼的成立应符合以下条件:

(一)以刑事诉讼的成立为前提条件

附带民事诉讼的成立必须依附与刑事案件的成立,以刑事案件的成立为前提,如果刑事案件不能成立,那么附带民事诉讼也是不可能成立的。

(二)提起附带民事诉讼的人应当合法

根据我国的相关法律,有权提起附带民事诉讼的人主要有四类,具体包括:

1. 被害人

被害人提起附带民事诉讼是最常见的原告,被害人可以是公民、法人和其他组织。根据相关法律的规定,因刑事犯罪行为而遭受物质损失和有需要提起物质赔偿的任何公民和集体,在刑事诉讼案件审理过程中,该被害人有权提起附带民事诉讼。

2. 死亡的被害人的近亲属

死亡的被害人的权利仍旧应该得到应有的尊重,近亲属作为已死亡被害人的亲近亲属人员,如果身份合适是可以提起有关附带民事诉讼的。

3. 无行为能力或限制行为能力的被害人的法定代理人

在某些特殊的情况之下,如果被害人是未成年人或者精神病患者,根据我国的法律,这些人是无诉讼行为能力的,但有维护自身权利的能力,只是这种维权方式与一般的被害人的维权方式有一点不一样,必须由他们的代理人或者监护人提起附带民事诉讼。需要说明的是此种情形下,无行为能力或限制行为能力的被害人本人仍然是原告,只不过由其法定代理人在诉讼过程中代行原告的权利而已,但是在法律文书上应列明法定代理人或者监护人的详细情况。

4. 人民检察院

如果国家财产、集体财产遭受损失,但是受损失的单位未提起附带民事诉讼,此时为了维护国家和集体的财产不遭受损失,人民检察院可以做为原告在公诉时提起附带民事诉讼。

需要注意的是在人民检察院提起附带民事诉讼时,应当注意以下几点:①遭受损失的是国家财产或集体财产,如果是个人财产遭受损失一般不由人民检察院提起附带民事诉讼;②受损失的单位未提起附带民事诉讼;③人民检察院不是"应当"而是"可以"提起附带民事诉讼。

(三)有明确的被告人和具体的诉讼请求

除了极少数的情况之外,附带民事诉讼的被告人是刑事诉讼的被告人。而负有赔偿责任的人却不一定只有原告。可以是刑事被告人以及未被追究刑事责任的其他共同侵害人,也可以是刑事被告人的监护人等等。需要根据具体的案件、具体的情况来追究被告的责任。

（四）刑事被告人的行为给被害人造成了物质损失

对于这点需要从两个角度重点阐释：

（1）被害人所遭受的损失只能是物质损失。所谓物质损失是指可以用金钱数值来衡量的损失。只有被害人遭受的损失是物质损失时，才可以提起附带民事诉讼，而对于其它的损失（如精神损失）人民法院依法不予受理附带民事诉讼。

（2）被告人的犯罪行为直接造成了被害人物质损失，这种损失是由被告人直接接造成的。只有这种直接由被告人造成的损失，被害人或者是相关合法人才能够提起附带民事诉讼，不满足条件的人民法院依法不予受理。

三、附带民事诉讼的提起和审判

（一）附带民事诉讼的提起

1. 提起附带民事诉讼的时间

根据我国的相关法律，附带民事诉讼应当在刑事案件立案以后第一审判决宣告以前提起。如果有权提起附带民事诉讼的人在第一审判决宣告以前没有提起的，不得再提起附带民事诉讼，但可以在刑事判决生效后另行提起民事诉讼。

在侦查、预审、审查起诉阶段，有权提起附带民事诉讼的人向公安机关、人民检察院提出赔偿要求，公安机关、人民检察院已经记录在案的，刑事案件起诉后，人民法院应当按附带民事诉讼案件受理；经公安机关、人民检察院调解，当事人双方达成协议并已给付，被害人又坚持向法院提起附带民事诉讼的，人民法院也可以受理。

2. 提起附带民事诉讼的方式

提起附带民事诉讼一般应当提交附带民事诉状，书写诉状确有困难的，可以口头起诉。审判人员应当对原告人的口头诉讼请求详细询问，并制作笔录，向原告人宣读；原告人确认无误后,应当签名。人民法院收到附带民事诉状后,应当进行审查,并在七日内决定是否立案。符合《刑事诉讼法》第99条规定的,应当受理;不符合规定的,应当裁定驳回起诉。

人民法院受理附带民事诉讼后,应当在五日内向附带民事诉讼的被告人送达附带民事起诉状副本,或者将口头起诉的内容及时通知附带民事诉讼的被告人,并制作笔录。被告人是未成年人的,应当将附带民事起诉状副本送达其法定代理人,或者将口头起诉的内容通知其法定代理人。人民法院送达附带民事起诉状副本时,应当根据刑事案件审理的期限,确定被告人或者其法定代理人提交民事答辩状的时间。

(二)附带民事诉讼中的保全措施

附带民事诉讼的提起具有滞后性,实践中犯罪嫌疑人、被告人可能在判决前转移财产以逃避附带民事赔偿。为保证未来判决的执行,加强对附带民事诉讼中被害人权利的保障,法律规定了附带民事诉讼中的保全措施,明确在刑事案件立案后当事人就可以申请进行财产保全,公、检、法三机关根据申请可以采取相应财产保全措施。

1. 附带民事诉讼的财产保全

附带民事诉讼的财产保全,是指在刑事诉讼过程中,在可能因被告人或其他人的行为导致将来发生法律效力的附带民事诉讼判决不能或难以得到执行时,司法机关对被告人的财产采取一定的保全措施,从而保证附带民事判决能够得到执行。

《刑事诉讼法》第100条规定:"人民法院在必要的时候,可以采取保全措施,查封、扣押或者冻结被告人的财产。附带民事诉讼原告人或者人民检察院可以申请人民法院采取保全措施。人民法院采取保全措施,适用民事诉讼法的有关规定。"由此可见,附带民事诉讼的财产保全有两类:第一类是依职权的保全措施,即人民法院在必要的时候,可以采取保全措施,查封、扣押或者冻结被告人的财产。人民法院在审判过程中采取保全措施时,适用《民事诉讼法》的有关规定。第二类是依申请的保全措施,即附带民事诉讼原告人或者人民检察院可以申请人民法院采取保全措施。附带民事诉讼原告人在刑事案件立案后即可申请保全犯罪嫌疑人的财产。但立案后、提起公诉前,随着侦查活动的继续进行,案件的审判管辖往往难以确定,司法解释应当明确附带民事诉讼原告人在立案、侦查阶段应向何地、何级人民法院申请财产保全。

2. 附带民事诉讼的先予执行

附带民事诉讼的先予执行,是指在刑事诉讼过程中,在法院就附带民事诉讼作出判决之前,司法机关根据民事原告人的请求,要求民事被告人先行给付民事原告人一定款项或履行一定义务并立即执行的措施。

附带民事诉讼的先予执行必须符合以下条件:①附带民事诉讼当事人之间的权利义务关系明确、肯定,因被告人的行为给被害人造成了极大的损失,使被害人的生活存在障碍而难以继续。如伤害案件中的被害人的医疗费用、死亡案件中的丧葬费以及被抚养人的抚养费问题。②双方当事人之间不存在对等的给付义务。③附带民事诉讼原告人必须提出了申请,否则,司法机关不依职权决定先予执行。④附带民事诉讼被告人必须有履行能力,如果被告根本就没有能力先行给付,裁定先予执行也无法执行。

对于附带民事诉讼原告人提起的民事请求,人民法院应当依照《民事诉讼法》的规定裁定先予执行或者不予以裁定。采取先予执行的措施时既要考虑到被害人的生活急需,又要考虑到被告人的实际支付能力。先予执行的数额应当折抵附带民事诉讼的最终判决所确定的数额。

(三)附带民事诉讼的审理程序

1. 附带民事诉讼的审查和受理

根据我国的相关法律,当法院决定受理后,应当进行的工作是:"人民法院受理附带民事诉讼后,应当在五日内将附带民事起诉状副本送达附带民事诉讼的被告人及其法定代理人,或者将口头起诉的内容及时通知附带民事诉讼的被告人及其法定代理人,并制作笔录。人民法院送达附带民事起诉状副本时,应当根据刑事案件的审理期限,确定被告人及其法定代理人提交民事答辩状的时间。"(《高法解释》第 150 条)

2. 附带民事诉讼审判的一般原则

《刑事诉讼法》第 102 条规定:"附带民事诉讼应当同刑事案件一并审判,只有为了防止刑事案件审判的过分迟延,才可以在刑事案件审判后,由同一审判组织继续审理附带民事诉讼。"根据这一法律规定的原则,一般情况下,附带民事诉讼应当同刑事诉讼一并审理并作出判决。所谓"一并审判",是指由同一审判组织、与刑事案件同时开庭审判、用同一份判决书判决。

如果一并审判确有困难,则可以先审理刑事部分,后审理民事部分。需要注意的是如果审判的过程之中很难界定民事赔偿的数额,可以有刑事审判的同一组织进行审判民事部分。

刑事诉讼法规定在刑事案件审判后审理附带民事诉讼的必须是同一审判组织,但《高法解释》第 159 条对此做了灵活性的解释:"同一审判组织的成员确实不能继续参与审判的,可以更换。"这是考虑到司法实践中有可能存在的一些特殊情况,例如审判人员调离、退休、病故、由于健康原因无法履行职务、人民陪审员换届等,如果出现这些情况,严格执行刑事诉讼法的规定是不现实的。当然,在执行这一解释的时候应当将其视为例外规定,即能够由同一审判组织进行审判的,就由同一审判组织进行审判;如果出现特殊情况,也只能更换无法履行职务的审判人员,其他审判人员应当仍是原来的组成人员。

3. 附带民事诉讼审理程序

(1)举证责任人。"附带民事诉讼当事人对自己提出的主张,有责任提供证据"(《高法解释》第 151 条)。这一规定规定了附带品民事诉讼当事人的举证责任,只限于附带民事诉讼部分,其内容应当是损失数额的具体数字、损失数额是否属于物质损失、某一损失数额是否属于必然遭受的损失、票据的真伪、损失与犯罪行为的因果关系等等,而不包括刑事犯罪是否成立的事实。如果该案件是公诉案件,关于刑事犯罪的事实的证明责任由人民检察院承担;如果该案件是自诉案件,关于刑事犯罪的事实的证明责任由自诉人承担。

(2)附带民事诉讼中的查封或者扣押。《刑事诉讼法》第100条规定:"人民法院在必要的时候,可以采取保全措施,查封、扣押或者冻结被告人的财产。附带民事诉讼原告人或者人民检察院可以申请人民法院采取保全措施。人民法院采取保全措施,适用民事诉讼法的有关规定。"《高法解释》第152条对人民法院采取保全措施作出了具体规定。这是为了保证将来发生法律效力的附带民事诉讼判决能够得到切实执行,而对被告人的财产采取的强制性措施。

(3)附带民事诉讼中的调解。《刑事诉讼法》第101条规定:"人民法院审理附带民事诉讼案件,可以进行调解,或者根据物质损失情况作出判决、裁定。"根据该条款,在审理附带民事诉讼案件时,可以进行调解。调解双方自愿达成的条款一般不受司法的限制。例如,调解达成的赔偿数额可以大大超过实际损失,也可以包括精神损害。

(4)附带民事诉讼中原告人不参加审理活动的处理。"附带民事诉讼原告人经传唤,无正当理由拒不到庭,或者未经法庭许可中途退庭的,应当按撤诉处理"(《高法解释》第158条)。

(5)赔偿、追缴或者退赔对刑事部分的影响。《高法解释》第157条规定:"人民法院应当结合被告人赔偿被害人物质损失的情况认定其悔罪表现,并在量刑时予以考虑。"第139条规定:"追缴、退赔的情况,可以作为量刑情节考虑。"根据这些规定,刑事被告人如果对被害人的损失及时、充分地进行了赔偿,或者充分地追缴、退赔,则在对其进行量刑的时候,可以作为从轻处罚的情节。如果刑事被告人拒绝履行应当承担的赔偿、追缴或者退赔的义务,可以作为从重处罚的情节。

(6)被告人无财产可供执行情形的处理。对于被告人无财产可供执行情形的处理的情况,根据我国相关法律的要求,该案件应当裁定中止或者终结执行。

第二节　未成年人刑事案件诉讼程序

一、未成年人刑事案件诉讼程序的概念

未成年人刑事案件诉讼程序是为了保护未成年人而专门制定的一种特别刑事诉讼程序。未成年人刑事案件诉讼程序应当与成年人刑事案件诉讼程序区别开来,这是由未成年人犯罪特点以及未成年人自身的特点所决定的。

(1)生理变化明显。未成年人是十四至十八岁的青少年,这个时间段的青少年正值青春发育期,身体各组织发展的很快,而且在这一时期的青少年精力十分旺盛,对于各种新奇的事物都充满了好奇,并且勇于尝试。

(2)心理正处在变化的时期。在这个时期的未成年人算半个成人,心理一般也是半成熟半不成熟的状态。较童年独立意识会有明显的增强,但是较成年人而言他们的情绪易受到外界的干扰,容易冲动和感情用事,做事情欠缺考虑。

未成年人犯罪动机一般都比较简单,一是自身的心理身理不成熟导致经不住环境的诱惑;二是对于法律缺乏应有的了解。但是处于这一阶段的未成年人也是最容易改造和抢救的一类人,对于他们进行合适的教育和辅导,随着年龄的增长,这类人仍然可以是国家和社会的支柱。

世界各地为了挽救悬崖边上的未成年人都制定了专门针对未成年人的法律。我国就有专门针对未成年人各种类型的法律。这些法律的逐渐完善能够及时有效地保护未成年人。

二、未成年人刑事案件诉讼程序的法律依据

未成年人刑事案件诉讼程序的法律依据主要来源于两个方面的有关规定：

（一）有关主要法律

对于未成年人所专门编制的法律在我国一直以来都在逐渐的完善，目前主要有：《刑事诉讼法》、《未成年人保护法》和《预防未成年人犯罪法》。

（二）有关司法解释和部门规章等

（1）最高人民法院 2001 年 4 月 2 日发布的《关于审理未成年人刑事案件的若干规定》，2006 年 1 月 23 日起施行的《关于审理未成年人刑事案件具体应用法律若干问题的解释》，2010年 7 月 23 日发布的《关于进一步加强少年法庭工作的意见》，以及于《最高人民法院关于适用〈中华人民共和国刑事诉讼法〉的解释》，对各级法院办理未成年人刑事案件具有重要指导作用。

（2）公安部的《公安机关办理未成年人违法犯罪案件的规定》，成为公安机关办理未成年人刑事案件的主要依据。

（3）最高人民检察院发布的《人民检察院办理未成年人刑事案件的规定》则成为检察机关办理未成年人刑事案件的重要依据。

（4）六部门联合下发的《关于进一步建立和完善办理未成年人刑事案件配套工作体系的若干意见》（以下简称"2010'六部门'《意见》"）。

这些司法解释和部门规章在一定程度上完善了《刑事诉讼法》、《未成年人保护法》和《预防未成年人犯罪法》等法律，使得对于未成年人的保护更加完善和严密，争取在法律的范围内使未成年人成为国家和社会有用的人才。

三、未成年人刑事案件诉讼程序的意义

需要指出的是尽管未成年人犯罪与成年人犯罪在某些方面

存在着差异,但是未成年人犯罪与成年人犯罪一样都造成了社会危害,都应当追究刑事责任。只是由于未成年人犯罪案件有着与成年人犯罪案件不同的特点,在刑事诉讼活动中适用与成年人刑事案件不同的特别程序有着特别的意义。具体来看,未成年人刑事案件诉讼程序的意义表现为以下几个方面:

(一)有助于教育、挽救违法犯罪的未成年人

未成年人因为在生理上、心理上都处于正在发育成长的时期,自控能力较差,容易冲动,行为不计后果。与成年人相比,未成年人犯罪时的动机相对简单,一般是环境的影响所致,带有很大程度的盲目性和随意性,所以,未成年人具有较强的可塑性,矫正起来比较容易,更易于接受教育改造。在刑事诉讼中,采用适应未成年人特点的程序,有利于教育、挽救年龄尚小、人生道路漫长的未成年人。

(二)有助于解决未成年人刑事案件增多的社会问题

近年来,未成年人犯罪案件日益增多,这已经成为突出的社会问题。解决这个问题涉及许许多多的因素,通过特殊的司法程序来处理未成年人案件是一个很好的保护未成年的方式。立法机关充分考虑到未成年人的生理、心理特点,设立了更适合未成年人特点的专门诉讼程序,有助于在整体上使未成年人违法犯罪日益增多的社会问题得到缓解。

(三)符合国际上未成年人立法的发展趋势

目前,世界上许多国家和地区都制定了专门的少年法规,甚至建立了专门适合未成年人的少年法院。虽然各个国家对于未成年人立法、侦查、诉讼的情况并不相同,但有关未成年人犯罪的司法制度的基本精神大体相似,都充分考虑了未成年人的特点(心理和身理上的特点),立足于对未成年人的教育、挽救和保护。这也是人类法律制度随着人类文明的进步而相应发展的体现。

四、未成年人刑事案件诉讼程序原则和制度

（一）未成年人刑事案件诉讼程序的原则

未成年人刑事案件的诉讼程序的原则主要包括八个方面的内容：①教育、感化、挽救原则；②专门机构和专业人员的办理原则；③分案处理原则；④不公开审理原则；⑤及时、和缓、迅速原则；⑥充分保障未成年犯罪嫌疑人、被告人、证人、被害人的诉讼权利原则；⑦社会调查原则；⑧隐私保护原则。

未成年人是国家的未来，在未成年人的犯罪案件之中必须遵守以上的原则对未成年人予以正确地指导和保护，使其朝着正确的方向前进，朝着对国家、对社会有益的方向发展。这也是对于未成年人的诉讼案件制定特别原则的主要原因。

（二）未成年人刑事案件诉讼程序的制度

在处理未成年人的案件的过程之中，除了要遵守一些特别针对未成年人的原则之外还得遵守一些特别的有针对性的制度。这些制度主要包括：①未成年人的犯罪记录封存制度；②强制辩护制度；③成年人在场制度。

未成年人是祖国的花朵、民族的未来，当未成年犯罪的时候，我们应该坚持这些原则和制度，在这些原则和制度的基础上给予未成年人应有的教育和保护，让这些"花朵"能够在阳光下成长。

五、未成年人刑事案件诉讼程序的内容

未成年人刑事案件诉讼程序的内容包括：立案、侦查、起诉、审判及执行。

（一）立案程序

未成年人案件的立案在材料来源、立案条件以及立案程序方面与成年人案件立案程序是相同的。但与成年人案件立案程序相比，未成年人立案程序还具有一些不同之处。

（1）在审查立案材料时，查明未成年人准确的出生年、月、日，并且严格按照科学方法计算，这是区分是否为未成年人犯罪的本质要素。

（2）在立案时，还要注意审查未成年人是否系教唆犯罪。

（3）查明立案的事实条件和法律条件外，对认定案情有意义的材料，都要尽量予以查证。

经过审查，凡是不符合立案条件的，属于罪行轻微，社会危害性不大，不需要判处刑罚的，可以将案件材料转交有关部门，作适当处理；或者责令其家长或者监护人严加管教，并且要协调有关各方，落实帮教措施。对符合立案条件的，制作立案报告，除了要与其他案件一样办理立案手续外，还应将未成年人的有关情况予以注明。

（二）侦查程序

根据未成年人案件的诉讼原则，对未成年人案件在侦查时，应当注意以下几个方面：

1. 贯彻全面调查制度，扩大侦查范围

在对普通案件进行侦查时，侦查的对象主要是与定罪量刑有关的事实和情节。在对未成年人案件进行侦查时，不仅要查明与定罪量刑有关的事实、情节，还必须对案件事实以外的其他有关情况进行调查。在详细调查的基础上，使刑事诉讼一方面可以公正地惩罚犯罪，另一方面也可以对未成年人进行良好的教育与改造。[①]

2. 慎用强制措施

在对未成年犯罪嫌疑人采取强制措施时，要特别慎重，尽量不采用或少采用强制措施，针对未成年犯罪嫌疑人的特点，可将其交由父母、老师或监护人看管。对可用可不用的，坚持不用；

---

① 丁为群. 刑事诉讼原理与实务［M］. 广州：暨南大学出版社，2013，第271页

对适用强度弱的强制措施可以达到目的的,不应适用更强的强制措施。

3. 采用有利于未成年人身心健康的传唤、讯问方式

在未成年人案件中侦查中,当需要传唤未成年人时,要注意未成年人的心理特点,避免引起其过度紧张。因此,对未成年人一般可通过其父母、监护人等间接传唤而不宜直接传唤。[①] 在讯问未成年人时,尽量选择其熟悉的场所和地点,并根据《刑事诉讼法》第 270 条的规定,充分贯彻成年人在场制度,通知其法定代理人到场,在讯问女性未成年犯罪嫌疑人时,有女工作人员在场。在对未成年人讯问时,坚持教育、挽救的方针,要注意讯问的方式,要用符合未成年人的语言和方式,避免生硬、粗暴地训斥和讽刺,要采取教育、启发的方法,减缓其心理压力,使讯问能够在宽松的气氛中进行。这对保护未成年人身心健康,增强未成年犯教育改造效果具有极为重要的意义。

4. 依法保障未成年犯罪嫌疑人获得辩护的权利

修改后的《刑事诉讼法》已将未成年犯罪嫌疑人获得法律援助的权利提前至侦查阶段。根据新法第 267 条的规定,只要未成年犯罪嫌疑人没有委托辩护人,公安机关就有义务通知法律援助机构指派律师为其提供辩护。当然,在审查起诉和审判阶段,此项义务分别由人民检察院和人民法院承担。

(三)起诉程序

对未成年人的起诉需要遵守以下几个方面的内容:①贯彻全面审查的原则;②应由专门的部门和人员负责;③起诉书的内容应详细记录未成年人的情况;④对不起诉的案件要做好后继工作,做好教育指导工作,避免未成年人的再次犯罪;⑤附条件不起诉的使用条件与程序。

---

① 丁为群. 刑事诉讼原理与实务[M]. 广州:暨南大学出版社,2013,第272 页

（四）审判程序

在对未成年人进行审判的过程中，为了对未成年人进行适当的保护和挽救，需要遵守适当的审判程序：①审判组织的专业化；②注意审判的技术和方法；③坚持直接审理原则。

（五）执行程序

未成年人依法被判处有罪之后，在执行的过程之中仍然有其自己的特点：(1)未成年人的关押应当与成年犯分开；(2)注重对未成年人的思想和社会生存能力的教育，避免未成年人走出监狱后不适应社会的现象；(3)在改造的过程之中注意利用社会各界的力量。

第三节　当事人和解的公诉案件诉讼程序

一、当事人和解的公诉案件诉讼程序概念与特征

（一）当事人和解的公诉案件诉讼程序概念

当事人和解程序是指在刑事诉讼程序中，被告以真诚悔过的心态获得被害人谅解且双方达成和解协议后，相关的办案机关在审查和解过程符合相关的规定之后，根据案件具体情况作出宽缓处理的一种案件处理方式。

（二）当事人和解的公诉案件诉讼程序的相关概念

1. 当事人和解与调解

调解制度在刑事诉讼中则只适用于自诉案件和刑事附带民事诉讼案件的审理之中。"当事人和解"与"调解"明显的区别在于："调解"一开始就在第三方的主持和促进下双方达成解决纠纷的协议；而"和解"强调双方当事人在没有第三方介入的情况下自主达成和解协议。

2. 当事人和解与"私了"

首先需要明白"私了"与"公了"的区别，私了是指纠纷双方不经过国家专门机关而自行协商解决，也就是不经过诉讼程序的双方当事人和解。脱离了公权力的监督和审查的"私了"情况比较复杂，民事纠纷中当事人对诉权依法可以自由处分，因此，一般民事纠纷都可以"私了"。在刑事案件中，自诉案件的诉权属于被害人，当事人之间自然也可以"私了"，而公诉案件的追诉权由国家的专门机关来行使，因此"私了"是不合法的。但在社会实践之中因刑事案件"私了"能给被害人和加害人双方都带来实惠，此种解决方式在我国民间很常用。正因为如此，建立公诉案件中的当事人和解程序将"私了"纳入到刑事诉讼程序之中，在一定程度上能够消除公诉案件"私了"的这种不合法的现象。

3. 当事人和解与辩诉交易

《布莱克法律辞典》对辩诉交易的定义为："辩诉交易是指在刑事被告人就较轻的罪名或者数项指控中的一项或几项作出有罪答辩，以换取检察官的某种让步，通常是获得较轻的判决或者撤销其他指控的情况下，检察官和被告人之间经过协商达成的协议。"这种交易协议得到法庭认可后才具有法律上的效力。实践中，绝大多数辩诉交易都能得到法官的认可。根据以上辩诉交易的定义，它与我国的当事人和解之区别主要在于：

（1）辩诉交易的主体为检察官和被告人；

（2）辩诉交易只以被告人认罪为条件，而不要求以赔偿、道歉等方式取得被害人的谅解；而当事人和解必须通过加害人向被害人赔礼、道歉、赔偿等方式取得被害人的谅解，并使之同意自愿和解为条件；

（3）辩诉交易主要在审判阶段进行，由法官作出处理；而当事人和解在侦查、审查起诉和审判阶段都可以进行，并由公、检、法作出不同的处理；

（4）辩诉交易的重要动因是控辩双方为应对对抗制诉讼模

式下判决的不确定性而选择对自己来说风险更小、损失更小的案件解决方式。

4.当事人和解与恢复性司法

根据联合国经济及社会理事会《关于在刑事事项中使用恢复性司法方案的基本原则》对恢复性司法的定义,该制度是指犯罪人、受害人或犯罪案件的其他当事人共同参与解决由该犯罪所引发的事项,常常是在代理人的协助下进行。其目的主要是满足个人和集体的需要,重新调整受害人与犯罪人之间的关系。

恢复性司法与当事人和解有其相通之处,但又有明显的区别。具体包括:

(1)二者目的不同。恢复性司法强调一种交流、沟通、对话,达到心灵的回归,主张加害人回归社会;而当事人和解重在和解,侧重于解决社会纠纷;

(2)适用范围不同。恢复性司法的适用没有法定刑的限制,既可以适用于轻罪,也可以适用于比较严重的犯罪;而当事人和解仅能适用于一些法定刑比较轻的轻罪案件当中;

(3)适用阶段不同。恢复性司法不仅适用于刑事诉讼的各个阶段,而且也适用于刑事诉讼结束后的执行阶段,特别是社区矫正的执行;而当事人和解只适用于刑事诉讼的侦查、起诉和审判阶段,而不包括执行阶段。

(三)当事人和解的公诉案件诉讼程序的特征

当事人和解的公诉案件诉讼程序作为一种特殊的诉讼程序一般有如下方面的特征:①由公安司法机关主导进行当事人和解程序;②当事人的意愿对于和解的进程和结果具有决定性的影响;③以案件事实基本清楚、加害人认罪悔罪且当事人双方自愿和解等条件为前提进行和解;④当事人和解的过程主要体现为一种加害人与被害人双方之间的商谈;⑤当事人和解的内容不仅仅是民事部分,也包括刑事部分。

二、当事人和解的公诉案件诉讼程序的创建背景

（一）源于深厚的法律传统底蕴

中国古代早已存在体现和解思想的传统文化。刑事当事人和解是对我国固有法律文化在新的历史条件下的传承与创新。

（二）是对域外刑事和解制度的借鉴、吸收

在当代域外刑事诉讼中盛行着不同形式的当事人和解制度。这些海外的刑事和解制度的实践表明，该制度有旺盛的生命力和重要的存在价值。

（三）是对各地试点成功经验的总结和法律化

近年来，我国在构建和谐社会和贯彻宽严相济刑事政策的背景下，司法实务部门积极尝试运用当事人和解的方式解决轻微刑事案件，取得了良好的社会效果。当事人和解程序正是试点经验和有关司法文件的进一步提高和法律化。

（四）顺应了时代发展的潮流

恢复性司法的兴起与联合国司法准则的倡导是当事人和解程序入法的国际背景。运用当事人和解程序处理刑事案件符合刑事司法发展的国际趋势。

三、当事人和解的公诉案件诉讼程序的意义

（一）有助于贯彻宽严相济刑事政策

宽严相济刑事政策是我国的基本刑事政策。它要求，对不同的犯罪和犯罪分子区别对待，做到严中有宽、宽以济严；宽中有严、严以济宽。而当事人和解通过犯罪嫌疑人、被告人与被害人的自主协商，有利于犯罪嫌疑人、被告人真诚悔罪，并获得从轻处理，这为贯彻宽严相济刑事政策提供了重要的路径。

（二）有助于促进社会秩序的和谐安定

当事人和解作为一种新型的解决纠纷方式，具有传统刑事

处罚方式所不具有的优点和功能。只有在当事人双方的意愿都得到一定程度的满足时,和解才可能达成,至于其中的协商谈判、心理博弈过程由当事双方进行,法律只能够给予一定的指导。这种充分尊重双方当事人主体地位的案件处理方式不仅能补偿被害人的物质损害和心理创伤,增加被害人的满意感,还由于犯罪嫌疑人、被告人可能得到从宽处理,而在心理上感激社会身体上回归社会,减少因犯罪而受到的歧视,也增加了社会的和谐。

(三)有助于提高诉讼效率和有效解决纠纷

在和解程序中,通过当事人双方的协商达成和解使得办案机关能够快速处理一些罪行较轻的案件,可以节约大量司法资源。而且当事人和解是由双方当事人自愿协商达成协议解决纠纷的,通常可以避免上访和缠讼的发生。

四、当事人和解的公诉案件诉讼程序的适用条件和适用范围

(一)适用的条件

1. 犯罪嫌疑人、被告人真诚悔罪

当前,刑罚的目的已经从报应性惩罚转变为教育改造为主。刑事和解虽然以犯罪嫌疑人、被告人最终获得宽缓处理为结果,但其并非简单的"以钱买刑",其同样关注对犯罪嫌疑人、被告人的教育、改造,从而帮助其顺利回归社会,因此,刑事和解必然要以犯罪嫌疑人、被告人的真诚悔罪为必要条件。所谓真诚悔罪,是指犯罪嫌疑人、被告人已经充分认识到自己的犯罪行为给被害人等相关人员和组织带来的损害,并且通过积极赔偿、赔礼道歉等方式表现出来。

2. 获得被害人谅解

被害人谅解是达成刑事和解的决定性条件。刑事和解以当事人双方特别是被害人的和解意愿为前提,而被害人谅解是被

害人表达和解意愿的行为方式。如果只有犯罪嫌疑人、被告人表示悔罪,而被害人没有表达谅解,那么刑事和解也无从达成。

3. 被害人自愿和解

被害人自愿和解,是指被害人作出谅解并且达成和解协议是出于其自由意志作出的,而非受到外来压力的影响而作出。自愿性是刑事和解的应有之义,是保证刑事和解正当性的必要条件。办案机关、犯罪嫌疑人、被告人等均不得以任何方式强迫被害人违背自己的意愿作出同意和解决定。为了保证被害人和解的自愿性,2012 年《刑事诉讼法》第 278 条规定公安机关、人民检察院和人民法院应对和解自愿性进行审查。

4. 犯罪嫌疑人、被告人在 5 年以内未曾故意犯罪

根据 2012 年《刑事诉讼法》的规定,达成和解协议之后,可以对犯罪嫌疑人、被害人作出从宽处罚,甚至在检察环节就可以作出不起诉的决定。对犯罪嫌疑人、被告人的宽缓处理不但要以其真诚悔罪为前提,同时还要考虑到其主观恶性以及由此所反映出的社会危险程度。犯罪嫌疑人、被告人如果在 5 年以内有过故意犯罪记录,说明其主观恶性较大,对其之前故意犯罪的教育改造并不成功,因此,非但不应对其宽缓处理,而且还有可能从重处理。在这样的状况下,无从适用刑事和解。

5. 属于侵害特定被害人的故意犯罪或者有直接被害人的过失犯罪

刑事和解的重要前提就是被害人的谅解,在侵害不特定被害人的故意犯罪中,由于被害人是不特定的多数人,无法获得被害人的谅解,某个或者某几个被害人的谅解不能代表全体不特定被害人的意思,刑事和解也就无法进行。而在没有直接被害人的过失犯罪中,无从获得被害人原谅,刑事和解就更是无从谈起。

6. 案件事实清楚,证据确实、充分

适用刑事和解的案件要求事实清楚,证据确实、充分,这是

不言自明的。并非所有的案件都能适用刑事和解,根据 2012 年《刑事诉讼法》的规定,仅在"因民间纠纷引起,涉嫌刑法分则第四章、第五章规定的犯罪案件,可能判处三年有期徒刑以下刑罚的"或者"除渎职犯罪以外的可能判处七年有期徒刑以下刑罚的过失犯罪案件"中适用。如果事实不清,证据不足,则无法确认案件是否属于刑事和解的适用范围,刑事和解程序也就无法顺利进行。

(二)适用的范围

(1)因民间纠纷引起,涉嫌《刑法分则》第四章、第五章规定的犯罪案件,可能判处 3 年有期徒刑以下刑罚的必须是因民间纠纷引起的案件,并且涉嫌的犯罪是《刑法分则》第四章、第五章规定的"侵犯公民人身权利、民主权利的犯罪"、"侵犯财产的犯罪"。满足以上两个条件,还必须符合可能判处 3 年有期徒刑以下刑罚。这 3 个条件同时满足才能适用该程序。

(2)除渎职犯罪以外的可能判处 7 年有期徒刑以下刑罚的过失犯罪案件。

(3)排除条件。即使符合以上两方面的案件范围,但是属于犯罪嫌疑人、被告人在 5 年以内曾经故意犯罪的,也不适用该程序。

五、当事人和解的公诉案件诉讼程序的内容

(一)当事人和解的主体

我国《刑事诉讼法》规定当事人和解的主体是犯罪嫌疑人、被告人、被害人。犯罪嫌疑人、被告人与被害人之间自行和解。

(二)和解的条件和方式

当事人和解的公诉案件诉讼程序的前提条件是犯罪嫌疑人、被告人自愿真诚悔过,也就是犯罪嫌疑人、被告人真心悔过,并且有悔过的现实表现。必须获得被害人的谅解,通过赔偿损失(包括物质损失和精神损失)、赔礼道歉等方式,并且被害人必

须是自愿和解。

（三）审查的主体

对当事人和解的审查由公安机关、人民检察院、人民法院进行审查，从而确定其效力。

（四）审查的程序和内容

双方当事人和解的，公安机关、人民检察院、人民法院应当听取当事人和其他有关人员的意见，对和解的自愿性、合法性进行审查，并主持制作和解协议书。

（五）审查的结果及处理方式

对于达成和解协议的案件，公安机关可以向人民检察院提出从宽处理的建议；人民检察院可以向人民法院提出从宽处罚的建议，对于犯罪情节轻微，不需要判处刑罚的，可以作出不起诉的决定；人民法院可以依法对被告人从宽处罚。

第四节　犯罪嫌疑人、被告人逃匿、死亡案件违法所得的没收程序

一、没收违法所得程序产生背景

在我国的司法实践中，某些案件的犯罪嫌疑人、被告人会拥有和其它案件的犯罪嫌疑人和被告人不同的特点，例如：犯罪嫌疑人和被告人长期潜逃或者已经死亡，这种案件的侦查和审理如果按照普通案件所适用的诉讼原则和程序就无法进行审判，也无法及时挽回国家、集体或者被害人的经济损失。这种情形在贪污腐败案件中尤为突出。一些腐败案件的犯罪嫌疑人在实施犯罪行为后，往往将贪腐所得转移境外或通过其他方式隐瞒。由于犯罪嫌疑人的长期潜逃或死亡，如果不建立有效的财产追回机制，那么不仅无法对贪腐等行为进行相应的制裁，而且也无

法挽回相应的损失。在其他一些严重的犯罪案件中,也存在类似的问题。如在恐怖犯罪案件中,如果不及时没收与犯罪相关的财物,不仅不能惩治犯罪行为,而且由于不能采取有力措施切断其经济来源,也不能有效防止有关犯罪行为继续发生。

为了遏制和打击这种犯罪活动,及时追缴犯罪活动违法所得及其他涉案财物,并为了衔接我国已加入的反腐败国际公约及有关反恐怖问题的决议,我国 2012 年修订的《刑事诉讼法》在"特别程序编"中增加了"犯罪嫌疑人、被告人逃匿、死亡案件违法所得的没收程序"章。

二、没收违法所得程序的概念以及特点

违法所得没收程序是指某些案件中犯罪嫌疑人、被告人逃匿或死亡时,追缴其违法所得及其他涉案财产特有的方式、方法与步骤。违法所得的没收程序具有以下特点:

（一）国际普遍性

对特定案件中特定情形下的违法所得予以没收是国际公约的普遍要求。这样做的最大的好处是可以及时地挽回国家的损失,避免国家的财富外流。

（二）效率性

没收违法所得的目的就是希望及时断了犯罪嫌疑人的经济补给,以防止资产的流失。程序设计的目标也更偏重于诉讼效率而非诉讼公正。因此有学者认为,这一程序是对正当程序的减损。

（三）基本公正性

虽然和普通刑事诉讼程序相比,违法所得没收程序在程序设计上,就刑事诉讼基本原理而言有一定退让,但并非完全颠覆。该程序仍应遵循司法被动性、合议制、公开审理、参与性、有效救济性等基本要素与规律。

（四）可回转性

违法所得没收程序涉及的是犯罪嫌疑人、被告人的财产性权利，并非人身权利与民主权利，因此在救济上更易于回转，即当没收判决出现错误时，可以通过相关程序（如审判程序和执行回转程序）赔偿相关人的物质损失。

三、违法所得没收程序的意义

没收违法所得程序的意义主要体现的三个方面：

（一）有利于挽回国家巨额经济损失

当前司法实践中，没收违法所得针对的主要是犯罪嫌疑人、被告人自杀、潜逃以逃避刑事责任的情形。我国《刑事诉讼法》第15条的规定："对于已经死亡的犯罪嫌疑人和被告人，不追究其刑事责任，已经启动诉讼程序的，应当依据不同的诉讼阶段分别作出撤销案件、不起诉、终止审理或者宣告无罪的处理决定。"由该法律条款可知犯罪嫌疑人如果发生逃匿或者死亡而无法到案的情形时，正常进行的诉讼程序会被终止。更严重的是依据此发条法院无权对其涉案财产实施强制处分，由此可能导致司法实践中犯罪嫌疑人逃匿或者死亡后，其犯罪所得的巨额财产无法追缴，这会造成国家的巨额损失。为了弥补这种立法上的缺陷，2012年《刑事诉讼法》修改时增设的犯罪嫌疑人、被告人逃匿、死亡案件违法所得的没收程序，在一定程度上弥补了这一立法上的缺陷，从立法上能够挽回国家的损失。

（二）有利于发挥预防功效

一旦犯罪分子潜逃或死亡，被告人的口供与关键证人的证言就将缺失，这样不仅相关人会得到保全，危害性更大的是这些巨额财产会被其相关人和本人所使用，最终使国家的财产遭受重大的损失。通过违法所得没收程序，追缴这些巨额财产，不仅使已涉案的犯罪人及其亲属无法获得非法的经济利益，也可以警告那些潜在的犯罪人，从而发挥刑法的一般预防与特别预防的作用。

(三)有利于追缴境外财产的国际司法协助的开展

犯罪嫌疑人、被告人逃匿、死亡案件违法所得的没收程序的确立使得我国在追缴国家财产的过程之中做到有法可依,也使得能够和其它国家进行密切的配合。同时该程序的确立也符合《联合国反腐公约的要求》。

四、没收违法所得程序的法律依据

(一)刑法和刑事诉讼法的规定

我国《刑法》规定了没收制度,其中第 64 条规定:"犯罪分子违法所得的一切财物,应当予以追缴或者责令退赔;对被害人的合法财产,应当及时返还;违禁品和供犯罪所用的本人财物,应当予以没收。没收的财物和罚金,一律上缴国库,不得挪用和自行处理。"《刑事诉讼法》第 234 条第 4 款规定:"人民法院作出的判决生效以后,有关机关应当根据判决对查封、扣押、冻结的财物及其孳息进行处理。对查封、扣押、冻结的赃款赃物及其孳息,除依法返还被害人的以外,一律上缴国库。"第 280 条规定:"对于贪污贿赂犯罪、恐怖活动犯罪等重大犯罪案件,犯罪嫌疑人、被告人逃匿,在通缉一年后不能到案,或者犯罪嫌疑人、被告人死亡,依照刑法规定应当追缴其违法所得及其他涉案财产的,人民检察院可以向人民法院提出没收违法所得的申请。"

(二)六机关共同制定的司法解释

《六机关规定》第 36 条中规定:"对于依照刑法规定应当追缴的违法所得及其他涉案财产,除依法返还被害人的财物以及依法销毁的违禁品外,必须一律上缴国库。"

(三)公安部制定的司法解释

《公安部规定》第 328 条规定:"有下列情形之一,依照刑法规定应当追缴其违法所得及其他涉案财产的,经县级以上公安机关负责人批准,公安机关应当写出没收违法所得意见书,连同相关证据材料一并移送同级人民检察院：(1)恐怖活动犯罪等重大犯罪案件，犯罪嫌疑人逃匿，在通缉一年后不能到案的；(2)犯罪嫌疑人死亡的。犯罪嫌疑人死亡，现有证据证明其存在违法所得及其他涉案财产应当予以没收的，公安机关可以进行调查。公安机关进行调查，可以依法进行查封、扣押、查询、冻结。"

（四）最高人民检察院制定的司法解释

《检察院规则》第 523 条规定："对于贪污贿赂犯罪、恐怖活动犯罪等重大犯罪案件，犯罪嫌疑人、被告人逃匿，在通缉一年后不能到案，依照刑法规定应当追缴其违法所得及其他涉案财产的，人民检察院可以向人民法院提出没收违法所得的申请。对于犯罪嫌疑人、被告人死亡，依照刑法规定应当追缴其违法所得及其他涉案财产的，人民检察院也可以向人民法院提出没收违法所得的申请。犯罪嫌疑人实施犯罪行为所取得的财物及其孳息以及犯罪嫌疑人非法持有的违禁品、供犯罪所用的本人财物，应当认定为前两款规定的违法所得及其他涉案财产。"

（五）最高人民法院制定的司法解释

《高法解释》第 507 条规定："依照刑法规定应当追缴违法所得及其他涉案财产，且符合下列情形之一的，人民检察院可以向人民法院提出没收违法所得的申请：①犯罪嫌疑人、被告人实施了贪污贿赂犯罪、恐怖活动犯罪等重大犯罪后逃匿，在通缉一年后不能到案的；②犯罪嫌疑人、被告人死亡的。"

五、没收违法所得程序的具体内容

（一）没收违法所得程序所适用的案件范围

1. 案件类型

没收违法所得涉及的案件类型大致可以分为三类：
(1)贪污贿赂案件；
(2)恐怖活动犯罪案件；
(3)其他重大犯罪案件。除了上述两类案件以外，其他案件需要实现相同的危害程度才能适用本程序。具体来说满足以下三个方面的任意一条都可以认为是"其它重大案件"：①犯罪嫌疑人、被告人犯罪事实可能被判处无期徒刑或死刑；②案件在本地区或超出本地区造成重大恶劣影响的；③其他重大案件的情形。

2. 适用对象和条件

根据《刑事诉讼法》第 280 条的规定，违法所得没收程序的适用对象和条件为犯罪嫌疑人、被告人逃匿，在通缉 1 年后不能到案或者犯罪嫌疑人、被告人死亡，而且依照《刑法》规定应当追缴其违法所得及其他涉案财产的案件。除了"依照刑法规定应当追缴其违法所得及其他涉案财产"的共同前提条件以外，适用本程序的其他条件可以分为以下两种情况：①潜逃的犯罪嫌疑人、被告人必须经过通缉一年后不能到案，才可以适用该程序处理违法所得；②犯罪嫌疑人、被告人死亡的。

(二)没收违法所得程序的客体范围

《刑事诉讼法》第 280 条的规定，违法所得没收程序的客体是犯罪嫌疑人、被告人的违法所得及其他涉案财产。此处的"违法所得及其他涉案财产"包括犯罪嫌疑人、被告人在犯罪过程中非法获取和非法持有的财物以及供犯罪所用的本人财物，包括动产、不动产、存款、汇款、债券、股票和基金份额等。而且公安机关在向人民检察院递交没收违法所得意见书以前，可以对犯罪嫌疑人、被告人的违法所得及其他涉案财产进行查封、扣押和冻结。人民法院在必要时也可以对上述财产进行查封、扣押和冻结。

(三)没收违法所得程序的管辖

1. 职权管辖

即在处理此类案件中各机关的职权划分。根据我国 2012 年《刑事诉讼法》第 280 条的规定：对于符合条件的案件，"人民检察院可以向人民法院提出没收违法所得的申请"。"公安机关认为有前款规定情形的,应当写出没收违法所得意见书,移送人民检察院。"可见,人民检察院具有启动没收程序的职权,人民法院具有案件审理裁判权,而公安机关只具有提出意见的权力。

2. 审判管辖

在审判管辖方面,我国《刑事诉讼法》只规定了级别管辖和地域管辖。根据我国《刑事诉讼法》第 281 条的规定,"没收违法所得的申请,由犯罪地或者犯罪嫌疑人、被告人居住地的中级人民法院组成合议庭进行审理"。可见,从级别管辖上讲,没收违法所得的申请,由中级人民法院作为第一审;在地域管辖上,此类案件由犯罪地或者犯罪嫌疑人、被告人居住地的法院受理,亦即对于此类案件,法院可以根据案情的需要来决定由犯罪地法院管辖或者犯罪嫌疑人、被告人居住地法院管辖。

(四)没收违法所得程序的启动

根据《刑事诉讼法》第 280 条第 1 款的规定,检察机关对于启动违法所得没收程序采取便宜主义原则,人民检察院可以根据现实情况,选择是提出没收违法所得的申请,还是继续通缉犯罪嫌疑人、被告人。

如果检察机关决定申请违法所得没收程序,必须先查明有关涉案人员犯罪的充分的犯罪证据。不过,有足够充分证据的标准不必达到排除合理怀疑的程度,只需要达到盖然性的程度即可。

(五)没收违法所得程序的公告

根据《刑事诉讼法》第 281 条第 2 款以及相关司法解释的规定,人民法院受理没收违法所得的申请后 15 日内发出公告。公告期为 6 个月。公告应当列明案由,犯罪嫌疑人、被告人通缉在逃或死亡等基本情况,申请没收财产的详细情况。公告的目的是督促逃匿的犯罪嫌疑人、被告人归案,同时公告也有助于犯罪嫌疑人、被告人的近亲属和其他利害关系人有足够的时间了解案情,申请参加没收程序,从而使审判者更加全面、客观地审查与犯罪事实、违法所得相关的证据材料、财产的种类、数量、所在地以及是否应当查封、扣押、冻结这些财产。在这 6 个月期间，犯罪嫌疑人、被告人的近亲属和其他利害关系人有权申请参加诉讼，也可以委托诉讼代理人参加诉讼。公告期满后，人民法院对违法所得没收的申请进行审理。

（六）没收违法所得程序的审理

根据《刑事诉讼法》第 281 条第 3 款的规定，人民法院审理违法所得没收申请应当组成合议庭，并采取"公开审理为原则、不公开审理为例外"的审判方式进行。需要注意的是人民法院都应同意犯罪嫌疑人、被告人的近亲属和其他利害关系人申请参加没收违法所得程序审理，这是因为违法所得的没收程序是在犯罪嫌疑人、被告人没有被定罪量刑的前提下进行的，而公开审理能够确保诉讼的公正性和没收违法所得的准确性。利害关系人接到通知后无正当理由拒不到庭，或者未经法庭许可中途退庭的，可以转为不开庭审理，但还有其他利害关系人参加诉讼的除外。

（七）没收违法所得程序的裁定

根据《刑事诉讼法》第 282 条的规定，人民法院经审理，对于经查证属于违法所得的财产以及其他涉案财产有以下两种处理方式：（1）属于被害人财产的，应当依法返还被害人；（2）除此以外，应当裁定予以没收。对于不属于应当追缴的财产的，应该裁定驳回申请，解除查封、扣押、冻结措施。经过人民法院审理后，人们法院应当依法作出裁定并制作相应法律文书，将这些法律文书送达参加诉讼的犯罪嫌疑人、被告人的近亲属、被害人和其他利害关系人以及提出申请的人民检察院。

（八）没收违法所得程序的上诉、抗诉

《刑事诉讼法》第 282 条之规定，犯罪嫌疑人、被告人的近亲属或其他利害关系人对于违法所得没收程序的裁定不同意的，可以在裁定宣告后 5 日内提出上诉，人民检察院可以提出抗诉。

这里的利害关系人不仅仅指犯罪嫌疑人、被告人的近亲属,也包括财产的正当权利人。如果他们认为,没收的财产不属于或部分不属于逃匿、死亡的犯罪嫌疑人或被告人的违法所得,可以向上一级人民法院提起上诉。人民检察院如果认为法院裁定在事实认定或者法律适用上存在问题影响到公正审判的,也可以向上一级人民法院提起抗诉。

对于不服裁定的抗诉与上诉案件,第二审人民法院经过审理,一般会做出如下的裁定:①原裁定正确的,应当驳回上诉或者抗诉,维持原裁定;②原裁定确有错误的,可以根据实际情况进行重新裁定,当然也可以撤销原裁定,发回原检察院重新审判;③原裁定违反法定诉讼程序,可能影响公正审判的,应当撤销原裁定,发回重新审判。

(九)没收违法所得程序的的回转

《刑事诉讼法》第283条规定了回转程序:"在审理过程中,在逃的犯罪嫌疑人、被告人自动投案或者被抓获的,人民法院应当终止审理。没收犯罪嫌疑人、被告人财产确有错误的,应当予以返还、赔偿。"此时会有两种情况需要考虑:①如果此时违法所得没收程序正在审理的过程之中,人民法院应该立即终止没收程序的审理,对犯罪嫌疑人、被告人的涉案财物的处理将在实体判决中一并解决。②如果违法所得没收程序已经作出生效裁定或已执行完毕,但到案的犯罪嫌疑人、被告人对没收裁定提出异议的,没收所得的事实认定与法律适用也应与刑事普通审判程序一并重新处理。如此才能准确地认定案件事实,有利于保障犯罪嫌疑人、被告人的合法权益。违法所得没收具有可回溯性,对于没收犯罪嫌疑人、被告人财产确有错误的,已经没收的财产,应当予以及时返还;已经上缴国库的,由原没收机关申请退库,予以返还;已经出卖或变卖的,应当退还价款;造成犯罪嫌疑人、被告人或利害关系人财产损失的,应当依法赔偿。

即使在犯罪嫌疑人、被告人没有归案的情形下,人民法院和人民检察院一旦发现生效并已执行的没收裁定存在错误,也可以启动对没收裁定的审判监督程序,确有错误的,启动执行回转程序。

第五节　依法不负刑事责任的精神病人的强制医疗程序

一、精神病人强制医疗诉讼程序概述

（一）精神病人强制医疗程序的概念

依法不负刑事责任的精神病人的强制医疗程序,是指公安司法机关对不负刑事责任能力且有社会危害性的精神病人采取强制治疗措施的特别诉讼程序。

由于精神病人缺乏健全的辨别能力和控制能力,因此在不具备刑事责任能力的情形下对其实施的危害行为并不负刑事责任。但是,为了维护公众人身、财产安全,同时也从有利于病人健康恢复的角度考虑,国家对其人身自由进行一定限制并对其采取强制治疗措施是必要的。因此,强制治疗的目的不是为了对行为人进行惩罚和教育,而本质是一种特殊的社会防卫措施。相应地,对依法不负刑事责任的精神病人的强制医疗程序的目的也不是解决犯罪嫌疑人、被告人的刑事责任问题,而是为了审查决定是否对其采取强制医疗措施。作为一种保安处分措施,一般由刑法规定强制医疗的实体问题,而刑事诉讼法规定相关的程序问题。

（二）精神病人强制医疗程序的特征

1. 适用对象的特殊性

根据 2012 年《刑事诉讼法》第 284 条的规定,我国强制医疗的适用对象是经过法定程序鉴定确认,实施了危害公共安全或者严重危害公民人身安全的暴力犯罪行为,并有可能继续危害

社会的精神病人。由此可见,强制医疗制度的适用对象仅仅局限于具有暴力倾向且有社会危险性的精神病人。

2. 适用措施的强制性

与自愿性入院医疗不同,强制医疗的适用具有显著的强制性特征,即如果行为人符合法定的强制医疗的适用条件,不论其本人或其家属是否同意,只要经过司法机关认定和裁决都应强制入院,在专门的医疗机构中接受监护隔离和康复治疗。

3. 适用目的的双重性

强制医疗的目的具有双重性:一是通过积极康复治疗,使被强制对象恢复健康、改善精神状况,从而达到维护精神病人身体健康利益的目的;二是通过强制性医疗,消除被强制对象的人身危险性,使其不再对社会公众构成威胁,从而实现保障公众安全,维护社会和谐、有序的目的。

4. 强制医疗的决定权有人民法院行驶

根据法律规定,精神病人的强制医疗程序,由人民检察院提出申请,人民法院通过法庭审理方式,做出决定。这样做使得过去由公安机关直接决定精神病人是否需要强制医疗现象得到了改善。

5. 法院对强制医疗案件审理后,作出的是"决定",而非裁定

这表明有关当事人对强制医疗决定不能上诉,根据法律规定可以提出申请复议。

6. 强制医疗是一种特殊的刑事措施,但不属于刑事责任范畴

从刑法和刑事诉讼法的规定来看,我国针对精神病人的强制医疗程序,是建立在精神病人不负刑事责任的基础之上的非刑事处分的诉讼方式。对精神病人实施强制医疗,不具有刑罚的惩治、威慑功能,实施强制医疗的目的在于两个方面:①通过强制治疗,预防精神病人危害社会;②避免精神病人由于其自身的行为而受到伤害。

（三）精神病人强制医疗程序的意义

从性质上说，强制医疗是针对精神病人的一种社会防卫措施，而非刑罚措施。在精神病人的犯罪中，病理作用的影响导致其在丧失辨认与控制能力的情况下实施了犯罪行为，因而不能追究其刑事责任以及对其适用通常意义的刑罚措施。然而，很多精神病人具有严重的暴力性攻击倾向，人身危害性极强，如果不把这些精神病人强制医疗，他们可能会继续危害社会。所以，不追究刑事责任、不处以刑罚并不意味着将无刑事责任能力的精神病人放任自流，相反，为了维护公共利益和社会秩序，我国法律专门规定了强制医疗制度。

（四）精神病人的强制医疗诉讼程序的背景与立法发展

1. 精神病人的强制医疗诉讼程序的背景

（1）立法基础

我国《刑法》第十八条规定，"精神病人在不能辨认或者不能控制自己行为的时候造成危害结果，经法定程序鉴定确认的，不负刑事责任，但是应当责令他的家属或者监护人严加看管和医疗；在必要的时候，由政府强制医疗"。可以看出《刑法》有关强制医疗的规定原则性很强，但是现行的《刑事诉讼法》却没有规定具体的程序，这种立法上的不完善使得强制医疗在实际执行的过程之中时常会出现一些问题：（1）一般来说，触犯刑法的精神病人的病情是十分严重的。如果由单个家庭承担这些人的治疗管理一般不太现实，因为对于精神病人的治疗需要大量的人力、物力和财力，也需要承担很大的精神压力，巨大的经济负担和心理负担使得一部分家庭放弃了对这些精神病人的治疗，一般的家庭会采取两种办法：①任由这些精神病人在社会上游荡；②将这些精神病人禁锢在家中，防止他们外出。显然这两种办法都是不科学的办法，却也是没有办法之中的办法。长此以往这些精神病人得不到治疗和管理其危害社会的行为会更加严重；（2）《刑法》第十八条规定了"必要的时候"由政府强制医疗，但是却没有详细的论述"必要的时候",这种模糊的定义直接导致了法律的"无作为"和"乱作为"。

总的来说,这种立法状况不仅不能有效维护社会秩序,也给公民人身自由带来很大威胁,存在强制医疗任意化的危险。另外,强制医疗行政性太强,司法性不足。在决定过程中,既没有一个中立的第三方对于强制医疗的申请合法性和合理性进行审查,相关当事人及其他利害关系人也没有有效渠道参与到该程序中以维护自己的合法权益。

(2)实践基础

我国两家民间公益组织发布的一份《中国精神病收治制度法律分析报告》(以下简称《报告》),通过对100多个真实案件、300篇新闻报道的分析,揭示了当前我国精神病人收治制度的不完善现象,"该收治的不收治、不该收治的却被收治"现象在我国时有发生,这种乱象的危害十分严重,一方面它不仅使得一部分需要治疗管理的精神病人得不到治疗和管理,有可能就会使这些人继续危害社会;另一方面这种实践缺陷也使得每个人都有被收治的风险,增加了公民的精神压力。

这种立法上的缺陷随着时代的进步产生的负面效应将会越来越大,需要进行及时有效的弥补。我国新刑事诉讼法在"特别程序编"规定了"依法不负刑事责任的精神病人的强制医疗程序",详细论述了强制医疗的"必要的时候"(当然这个词已经被详细的论述所取代),即强制医疗的适用条件、决定程序、解除程序,在审理程序中设置了法律援助和法律救济程序,同时规定由人民检察院对强制医疗的决定和执行实行监督,弥补了这一立法的缺陷。

2. 精神病人的强制医疗诉讼程序立法发展

我国在1997年修改《刑法》以前,并不存在立法意义上的强制医疗制度。1997年全国人大修改后的《刑法》,在第18条规定:"精神病人在不能辨认或者不能控制自己行为的时候造成危害后果,经法定程序鉴定确认的,不负刑事责任,但是应当责令他的家属或者监护人严加看管和医疗;在必要的时候,由政府强制医疗。"但该项规定原则性太强,实际作用不强,不仅对强制医疗的条件——"在必要的时候"语焉不详,而且在强制医疗的决定主体与实施主体问题上也不无歧义。"徒法不足以自行",《刑法》规定强制医疗措施以后,《刑事诉讼法》并没有规定强制医疗的适用程序与救济机制,这导致强制医疗在很长一段时间缺乏程序衔接,实践中要么相互推诿,要么滥用权力,引发社会舆论对强制医疗合法性与公正性的不断质疑,法律的权威和法律完整性受到挑战。2012 年 3 月 14 日《关于修改＜中华人民共和国刑事诉讼法＞的决定》,第一次较为系统完整地规定了精神病人强制医疗程序,并作为"特别程序编"中的专门一章,用 6 个条文结束了我国强制医疗程序缺失的时代。

二、精神病人强制医疗的适用条件

依据《刑事诉讼法》第 284 条的规定,行为人如果同时满足以下三个条件,无论家属是否能够以及是否愿意履行监护职责,都应入院接受强制治疗。

(一)对社会造成过危害

立法将强制医疗的适用对象局限于具有暴力倾向以及主动攻击意识的精神病人,这在客观上要求强制收留的对象实施了犯罪事实并造成了一定的社会危害。

(二)经过鉴定为精神病人,无刑事责任的能力

根据《中华人民共和国刑事诉讼法》《全国人民代表大会常务委员会关于司法鉴定管理问题的决定》《精神疾病司法鉴定暂行规定》《检察院规则》以及《司法鉴定程序通则》(以下简称《司鉴通则》)等有关法律的规定,在侦查、审查起诉阶段,公安机关、人民检察院有权启动精神病鉴定程序;在审判阶段,针对控辩双方有争议的鉴定意见进行核实时,法院可以启动重新鉴定或者补充鉴定;犯罪嫌疑人的辩护人、近亲属在审查起诉阶段有权申

请启动精神病鉴定程序,而侦诉机关已经进行鉴定的,应当将鉴定意见告知犯罪嫌疑人或者被害人,被害人死亡或者丧失诉讼行为能力的,应当告知被害人的近亲属或法定代理人,犯罪嫌疑人或者被害人(被害人死亡或者丧失诉讼行为能力时其近亲属或者法定代理人)有权申请重新鉴定或者补充鉴定。

对于精神病的鉴定时限,《司鉴通则》第 26 条规定:司法鉴定机构应当在与委托人签订司法鉴定协议书之日起 30 个工作日内完成委托事项的鉴定。鉴定事项涉及复杂、疑难、特殊的技术问题或者检验过程需要较长时间的,经本机构负责人批准,完成鉴定的时间可以延长,延长时间一般不得超过 30 个工作日。司法鉴定机构与委托人对于完成鉴定的时限另有约定的,从其约定。在鉴定过程中,补充或者重新提取鉴定材料所需的时间,不计入鉴定时限。

(三)有可能会对社会继续造成危害

精神病人作为无刑事责任的人如果不加以治疗和管理,这些人就如"定时炸弹"一样,随时可能对社会造成较大的危害。对这些人急需有效的管理和治疗,如果有可能会对社会继续造成伤害需要国家和政府进行收治治疗。

三、精神病人强制医疗程序的主要类容

(一)强制医疗程序案件的管辖

根据国家相关法律的规定,精神病人强制医疗案件由最初受理的人民法院或者被申请人、被告人实施危害行为地的人民法院管辖,如果由被告人居住地、强制医疗所在地的人民法院审判更为适宜的,可以由被告人居住地、强制医疗所在地人民法院管辖。当精神病人强制医疗案件管辖权发生争议时,由共同上级人民法院指定下级法院管辖,或指定下级人民法院将案件移送其他法院管辖。

（二）强制医疗程序的启动

1. 启动的主体

根据《刑事诉讼法》第 285 条第 2 款的规定，"公安机关发现精神病人符合强制医疗条件的，应当写出强制医疗意见书，移送人民检察院。对于公安机关移送的或者在审查起诉过程中发现的精神病人符合强制医疗条件的，人民检察院应当向人民法院提出强制医疗的申请"。可见，人民检察院是启动强制医疗程序的主体，公安机关、精神病人的监护人、法定代理人和被害人都没有强制医疗程序的启动权。

该条第 2 款后半段规定："人民法院在审理案件过程中发现被告人符合强制医疗条件的，可以作出强制医疗的决定。"可见人民法院也是启动强制医疗程序的主体。但人民法院也必须先依照法定程序对被告人进行法医精神病鉴定，只有经相关部门的鉴定，被告人确实为无刑事责任能力的精神病人的，才可以启动强制医疗程序进行审理。

2. 启动的时点

适用强制医疗的前提之一是法医精神病鉴定，我国精神病鉴定程序的相关内容主要规定于《刑事诉讼法》、全国人大常委会《关于司法鉴定管理问题的决定》《精神疾病司法鉴定暂行规定》《人民检察院刑事诉讼规则（试行）》《司法鉴定程序通则》之中。依据上述规定，公安机关、人民检察院都有权进行精神病鉴定。鉴定意见的作出很大程度上决定着强制医疗程序能否继续往前推进，只有经鉴定为精神障碍者，且具备有关法定适用条件，才可以向法院提起强制医疗申请。因此，强制医疗程序最早可以在立案前的审查阶段启动，也可以在立案、侦查、起诉的过程中启动。

在审判阶段，针对控辩双方有争议的鉴定意见予以核实时，法院可以启动重新鉴定与补充鉴定。犯罪嫌疑人的辩护人、近亲属在审查起诉阶段有权申请启动精神病鉴定程序，侦诉机关已经进行鉴定的,应当将鉴定意见告知被害人的近亲属与法定代理人,犯罪嫌疑人或者被害人有权申请重新鉴定或者补充鉴定。因此审判中也可以启动强制医疗诉讼程序。

3. 启动的方式

根据《刑事诉讼法》第 285 条和最高人民法院《解释》的规定,精神病人强制医疗程序的启动有两种方式:一种是人民检察院申请启动。即由公安机关移送的或者人民检察院在审查起诉中发现的精神病人符合强制医疗法定条件的,人民检察院可以向人民法院提出强制医疗的申请。人民检察院申请强制医疗程序应该采用书面的形式,制作申请意见书,主要内容应包括:涉案精神病人及其法定代理人的基本情况;案由以及案件来源;对行为人实行强制医疗的事实和依据;提出申请的理由与法律依据并附有法医精神病鉴定意见。人民法院应当在 7 天之内审查完毕,对于属于强制医疗程序受案范围和本院管辖,且材料齐全的案件应当受理。二是人民法院在审判过程中依职权予以启动。

4. 强制医疗的保护性约束措施

在人民法院审查案件并作出最终强制医疗决定以前,对实施暴力行为的精神病人,为了防止公共安全与不特定人之人身、财产权益遭受精神病人暴力行为的紧迫危险,需要对此类精神病人与外界实施暂时性隔离与约束,必要时由公安机关将其送至精神病医院接受治疗,这在理论上属于行政临时性强制措施。《刑事诉讼法》第 285 条第 3 款规定,"在人民法院决定强制医疗前,公安机关可以采取临时的保护性约束措施"。该项措施有以下几个特点:(1)作出保护性约束措施的决定主体是公安机关。(2)保护性约束措施的适用目的是维护社会秩序与公共安全,因此具体约束的方式、方法和力度,以避免和防止危害他人和精神病人自身安全为限。一旦精神病人已经没有继续危害社会的可能,解除约束没有社会危险性的,应当及时解除约束性措施。

（3）保护性约束措施的适用范围是实施暴力犯罪行为的精神病人，而不能是其他精神病人，这是该项措施本身紧急性特点的要求。

（三）强制医疗程序的审理

《刑事诉讼法》第二百八十六条规定："人民法院受理强制医疗的申请后，应当组成合议庭进行审理。""人民法院审理强制医疗案件，应当通知被申请人或者被告人的法定代理人到场。被申请人或者被告人没有委托诉讼代理人的，人民法院应当通知法律援助机构指派律师为其提供法律帮助。"

1. 审判组织

《刑事诉讼法》第286条第1款规定："人民法院受理强制医疗的申请后，应当组成合议庭进行审理。"对强制医疗案件规定由合议庭进行审理，主要是考虑到，强制医疗直接关系到公民的人身自由、社会安全和公共秩序，且强制医疗案件除了要查明行为人是否实施了暴力行为，还要查明行为人在实施暴力的过程之中是否患有精神病（也就是判断其是否有刑事责任的能力），受否仍然有危害社会的可能性而必须受到强制治疗，这些情况一般专业性极强，为了给被告人一个公正的判决需要专业的医学人员担任陪审团的成员。

2. 告知程序

《刑事诉讼法》第286条第2款规定："人民法院审理强制医疗案件，应当通知被申请人或者被告人的法定代理人到场。"这主要是考虑到被申请人或者被告人很可能是精神病人，不具有诉讼行为能力，通知其法定代理人到场，可更好地维护其合法权益。

3. 法律援助

由于强制医疗案件涉及精神医学及法律两方面的专业知识，加之行为人无行为能力或人身自由受限，其无法正常行使法律赋予的诉讼权利，且有些诉讼行为依法只有辩护人或诉讼代理人才有权行使,如调查收集证据的权利,因此,法律规定"被申请人或者被告人没有委托诉讼代理人的,人民法院应当通知法律援助机构指派律师为其提供法律帮助",这种法律援助、"强制代理"制度,对于更好地维护被申请人或者被告人合法权益很有必要。

4.审理期限

《刑事诉讼法》第287条第1款规定:"人民法院经审理,对于被申请人或者被告人符合强制医疗条件的,应当在一个月以内作出强制医疗的决定。"规定审理期限可促使人民法院及时处理案件。对于那些被公安机关采取保护性约束措施的精神病人而言,这一期限规定可使其避免长期处于"不确定"状态。

(四)强制医疗程序的监督与救济

没有救济就没有权利。强制医疗程序适用错误,可能出现两种情况:一是将正常人当做精神病人错误地适用强制医疗;二是需要强制医疗的精神病人规避法律并继续危害社会。通过当事人的救济、检察机关的监督,可以促进强制医疗程序的申请、审理、决定等依法进行。

1.救济

为纠正错误的强制医疗决定,我国《刑事诉讼法》赋予有关当事人包括申请复议、申请解除在内的一系列救济性权利。同时,还规定了强制医疗机构定期评估诊断的义务、针对不需要继续强制医疗的及时提出"解除意见"的义务。

(1)申请复议

根据《刑事诉讼法》第287条的规定,被决定强制医疗的人、被害人及其法定代理人、近亲属对强制医疗决定不服的,可以向上一级人民法院申请复议。对于强制医疗的救济申请方式是由上一级人民法院复议。如此规定,主要是考虑到当事人本人在诉讼行为能力方面的欠缺,允许法定代理人、近亲属申请复议,可帮助其维护合法权益。

（2）定期诊断评估与申请解除

精神病人的病情可能因为治疗等得以缓解,甚至治愈。强制医疗机构应当定期对被强制医疗的人进行诊断评估。强制医疗机构是治疗精神病人的主体,规定其定期诊断评估,具有极大的便利性和可行性。这些诊断和评估是查明精神病人的康复情况,准确判断是否应当解除强制医疗的重要依据。

对于已不具有人身危险性,不需要继续强制医疗的,强制医疗机构应当及时提出解除意见。也就是说,解除强制医疗有两个条件:①已不具有人身危险性;②不需要继续强制医疗。需要特别说明的是解除强制医疗并不一定要求精神病的彻底治愈,只要满足以上两个条件就可以。

被强制医疗的人及其近亲属有权申请解除强制医疗。这一规定可以保证强制医疗机构一旦不作为,被强制医疗的人及其近亲属仍有救济渠道。是否解除强制医疗,由决定强制医疗的人民法院负责批准。

2. 监督

检察机关是我国专门的法律监督机关,有权对刑事诉讼进行全面的法律监督。人民检察院对强制医疗的决定和执行实行监督。

在强制医疗的决定上,针对强制医疗的对象是否合法、审理组织的组成是否合法、是否依法进行法律援助、审理期限是否合法等等方面,检察机关均可以实施监督。在执行过程中,针对强制医疗机构是否定期诊断和评估、被强制医疗人合法权益是否遭受侵犯、解除强制医疗是否合法等,检察机关也有权监督。

在强制医疗程序中,人民法院和强制医疗机构均有一定的自由裁量权。在法律监督时,检察机关既要尊重其依法进行的裁量,又要防止其滥用职权行为。

参考文献

[1]王仲兴,杨鸿.刑法学(第五版)[M].广州:中山大学出版社,2015.

[2]杨春然.刑法学[M].武汉:华中科技大学出版社,2015.

[3]刘广三.刑法证据法学(第二版)[M].北京:中国人民大学出版社,2015.

[4]曲新久.刑法学原理(第二版)[M].北京:高等教育出版社,2014.

[5]刘军.刑事诉讼原理与实务[M].北京:中国政法大学出版社,2014.

[6]陈光中.刑事诉讼法[M].北京:北京大学出版社,2013.

[7]刘宪权.刑法学研究(第11卷)[M].上海:上海人民出版社,2014.

[8]臧冬斌.量刑自由裁量权制度研究[M].北京:法律出版社,2014.

[9]龙宗智,杨建广.刑事诉讼法[M].北京:高等教育出版社,2010.

[10]陈光中,徐静村.刑事诉讼法学[M].北京:中国政法大学出版社,2010.

[11]张军.新刑事诉讼法法官培训教材[M].北京:法律出版社,2012.

[12]田文昌,陈瑞华.刑事辩护的中国经验——田文昌,陈瑞华对话录[M].北京:北京大学出版社,2012.

[13]汪建成.理想与现实——刑事证据理论的新探索[M].北京:北京大学出版社,2006.

[14]孙长永.探索正当程序——比较刑事诉讼法专论[M].北

京:中国法制出版社,2005.

[15]刘卫政,司徒颖怡. 疏漏的天网[M]. 北京:中国社会科学出版社,2000.

[16]毕玉谦. 证据法要义[M]. 北京:法律出版社,2006.

[17]郭华. 辩护与代理制度[M]. 北京:中国人民公安大学出版社,2011.

[18]瑞华. 刑事诉讼的中国模式[M]. 北京:法律出版社,2010.

[19]周伟. 刑事诉讼法学[M]. 北京:北京大学出版社,2006.

[20]刘玫. 刑事诉讼法(第二版)[M]. 北京:中国人民大学出版社,2013.

[21]丁为群. 刑事诉讼原理与实务[M]. 广州:暨南大学出版社,2013.

[22]宋英辉. 刑事诉讼法[M]. 北京:清华大学出版社,2012.

[23]李麒. 刑事诉讼法[M]. 北京:法律出版社,2010.

[24]易延友. 刑事诉讼法(第四版)[M]. 北京:法律出版社,2013.

[25]陈卫东. 刑事诉讼法[M]. 北京:中国人民大学出版社,2014.

[26]左为民. 中国刑事诉讼运行机制实证研究[M]. 北京:法律出版社,2007.

[27]曾宪义,王利明. 刑事诉讼法[M]. 北京:中国人民大学出版社,2013.

[28]宋英辉. 刑事诉讼原理导读[M]. 北京:中国检察出版社,2011.

[29]靳学仁. 刑讯逼供研究[M]. 北京:中国检察出版社,2007.

[30]程滔. 刑事被害人的权利及其救济[M]. 北京:中国法制出版社,2011.

[31]孟军. 犯罪嫌疑人的权利救济研究[M]. 北京:中国人民

公安大学出版社,2008.

[32]沈德咏.刑事证据制度与理论[M].北京:人民法院出版社,2006.

[33]李心鉴.刑事诉讼构造论[M].北京:中国政法大学出版社,1997.

[34]李莉,任忠臣.刑事政策与刑事立法关系探析[J].法制与社会,2008(24).

[35]齐晓伶.刑事政策科学化界定[J].中国刑事法杂志,2013(11).

[36]王昭武.犯罪的本质特征与但书的机能及其适用[J].法学家,2014(4).

[37]姜涛.社会管理创新与经济刑法双重体系建构[J].政治与法律,2012(6).

[38]刘旭东.中国刑事辩护制度浅析[J].品牌,2014(8).

[39]曹志新.公共安全需要公众维护[J].国际公关,2015(1).

[40]王志远.在"公益"与"私权"之间:违法性认识问题再认识[J].法学家,2015(1).

[41]高维俭.少年司法之社会人格调查报告制度论要[J].环球法律评论,2010(3).